Édouard BLED
Odette BLED
Lauréats de l'Académie française

Nouvelle édition assurée par

Daniel Berlion
Inspecteur d'académie

Conception graphique
Couverture : Karine NAYÉ
Photographies de couverture : À gauche et au centre © Éducation / Banana Stock ;
à droite © Eye Wire / Getty Images

Intérieur : Laurent CARRÉ – Audrey IZERN

Réalisation
Intérieur : MÉDIAMAX

ISBN 978-2-01-160060-0

SOMMAIRE

Le participe passé

Les confusions à éviter

Des signes orthographiques

L'écriture des sons

L'écriture des mots

GRAMMAIRE 97

CONJUGAISON 111

AVANT-PROPOS

Il en est de l'orthographe, de la grammaire et de la conjugaison comme de bien d'autres apprentissages : pour atteindre l'objectif fixé, avec ce que cela implique d'efforts patients, persévérants et ordonnés, il faut procéder en adoptant une démarche rigoureuse. Comme l'écrivaient Odette et Édouard Bled : « *Hâtons-nous lentement et méthodiquement !* »

Cette démarche fut adoptée par Odette et Edouard Bled dans tous leurs ouvrages. Nous avons conservé la ligne de conduite qui a assuré le succès de la collection : la rigueur, l'exhaustivité, la clarté de la présentation. Tous les utilisateurs des *Bled* retrouveront ici ces qualités, gages de progrès.

Une nouvelle édition modernisée en profondeur

Les recherches didactiques ont mis en évidence certains faits qui permettent de mieux soutenir les efforts de ceux qui apprennent ; aussi avons-nous introduit une cohérence nouvelle, sans pour autant modifier un contenu qui demeure le socle essentiel de notre langue.
Par ailleurs, les transformations, voire les bouleversements de notre société sont tels que nous avons choisi de présenter des situations rencontrées dans la vie quotidienne : la télévision, la vidéo, l'informatique, les moyens de communications, les modes alimentaires, les avancées technologiques, les voyages, les loisirs, le sport, bref tous les centres d'intérêt d'un citoyen du XXIe siècle servent de supports aux exemples et aux exercices.

Un apprentissage progressif

L'orthographe grammaticale

Toutes les règles fondamentales de ponctuation et d'accord font l'objet d'un exposé accompagné d'exemples. Vous apprendrez à reconnaître la nature des mots pour appliquer correctement les règles des différents accords dans la phrase. Chaque difficulté est étudiée pour elle-même, de façon exhaustive, dans des situations variées et soigneusement choisies. Enfin, au fur et à mesure que les connaissances grammaticales se précisent, nous vous proposons des procédés pour éviter les erreurs dues aux homonymies.

L'orthographe d'usage

Les mots sont regroupés par analogie de sons, de terminaisons ou de difficultés orthographiques. Ce classement vous permet de constituer des séries, et surtout de mémoriser progressivement les circonstances d'usage des différentes écritures. Cette démarche favorise ainsi l'acquisition de nouveaux savoirs par l'enrichissement de bases solides.

Les notions grammaticales et les remarques syntaxiques

Les notions grammaticales vous aident à structurer vos écrits et à résoudre les problèmes que pose l'emploi de certains mots (les paronymes, les barbarismes, les pléonasmes, les contresens) ou de certaines tournures (les subordonnées, la voix passive, les différentes formes, la place des adverbes...).

La conjugaison

Les verbes sont les mots essentiels des propositions. Aussi faut-il apprendre à les identifier rapidement, à retrouver leur radical et à les replacer dans des ensembles qui possèdent les mêmes régularités.
Les différentes conjugaisons sont présentées selon le classement en trois groupes qui est simple et facilite la mémorisation des terminaisons.
Les conjugaisons particulières, les temps et les modes les plus usuels font l'objet d'études détaillées. Pour éviter les confusions de formes dues aux terminaisons homophones (je **cours** ; il faut que je **coure** – je **parlerai** ; je **parlerais**, etc.), nous proposons des procédés simples de différenciation par substitution qui vous permettront de placer rapidement la terminaison correcte.

Une organisation claire en 129 leçons

Chacune des leçons traite une difficulté spécifique. Les principales règles, exposées clairement et simplement, sont suivies de remarques qui prolongent la réflexion. Règles et remarques sont accompagnées de nombreux exemples.

Les exercices corrigés

Plus de 100 exercices vous permettent de travailler sur les difficultés expliquées dans les leçons. Nous vous recommandons vivement de les effectuer en totalité, c'est-à-dire de copier l'intégralité des phrases. Contrairement à une idée reçue, ce temps de copie n'est pas du temps perdu, il permet la mémorisation, en situation, de milliers de mots et d'accords.
Tous les exercices font l'objet d'un corrigé (pages 169 à 181) auquel vous pourrez vous reporter aussi souvent que nécessaire.

Les 83 tableaux de conjugaison types et l'index de plus de 6 000 verbes

Pratiquement tous les verbes du français peuvent être rattachés à 83 séries types qui présentent les mêmes variations du radical et les mêmes terminaisons. Chacune de ces séries fait l'objet d'une présentation exhaustive des temps et des personnes dans des tableaux de lecture aisée. Pour conjuguer un verbe, il vous suffira de le chercher dans l'index et de noter le numéro du modèle de conjugaison type.

L'index des notions clés

Chaque notion grammaticale, orthographique ou de conjugaison est répertoriée dans l'index (pages 313 à 318) qui renvoie à la leçon où la difficulté est présentée.

La maîtrise de la langue

À travers l'apprentissage de l'orthographe et de la conjugaison, c'est en fait la maîtrise de la langue que nous visons ; si vous êtes à l'école de la rigueur et de la correction, vous serez progressivement en mesure de régler les problèmes posés lors d'une expression personnelle.
Nous avons voulu offrir à la personne rencontrant des difficultés un ouvrage qui lui permette de reprendre confiance et de progresser à sa mesure ; quant au lecteur plus avancé dans la maîtrise de la langue, il trouvera dans ce livre matière à se perfectionner pour être toujours plus assuré dans ses écrits.

Daniel Berlion
Inspecteur d'académie

ORTHOGRAPHE

1 LES POINTS

Les signes de ponctuation donnent des indications précieuses pour la lecture et la compréhension d'un texte. Ils marquent les pauses et les inflexions de la voix dans la lecture et fixent les rapports entre les propositions et les idées. Une ponctuation mal placée, ou omise, peut entraîner des contresens.

Le point

Le point marque la fin d'une phrase dont le sens est complet. Il indique une pause très nette ; l'intonation est descendante.
L'architecte a conçu un immeuble fonctionnel.
Les locataires emménageront dans les prochains jours.

⚠ Remarque

Une phrase nominale, ou sans verbe, se termine par un point, sauf s'il s'agit d'un titre d'œuvre.

À tout seigneur, tout honneur.
Léon fut surpris par l'accueil. Un vrai repas de fête.
Voyage au bout de la nuit (roman de Céline)

Le point d'interrogation

Le point d'interrogation se place à la fin d'une phrase lorsqu'on pose une question ; l'intonation est montante.
Quelle est la capitale de la Birmanie ?
Les navires sont-ils arrivés au port ?

⚠ Remarques

1 Lorsque l'interrogation est indirecte, on place simplement un point.

Dites-nous ce que vous ferez pendant les vacances.

2 Placé entre parenthèses, le point d'interrogation peut marquer le doute.

Clovis fut baptisé en 496 (?) à Reims.

Le point d'exclamation

Le point d'exclamation se place à la fin d'une phrase ayant un sens injonctif ou exclamatif ; l'intonation est montante.
Vous devez immédiatement répondre à ce courrier !
Quel beau jardin que celui de Villandry !

⚠ Remarques

1 Le point d'exclamation peut aussi être placé après une interjection. Dans ce cas, le mot suivant ne prend pas de majuscule et le point d'exclamation se répète à la fin de la phrase.

Attention ! ce trottoir est glissant !

2 La phrase impérative se termine généralement par un point.

Emporte un anorak, des gants et un bonnet.

Mais pour marquer l'intention ou l'ordre, on place un point d'exclamation.

Viens ici immédiatement !

EXERCICE P. 146

2 LA VIRGULE

La virgule marque une courte pause dans la lecture, sans que la voix baisse.

L'emploi de la virgule

• **La virgule** sépare, dans une même phrase, les éléments semblables, c'est-à-dire de même nature ou de même fonction, qui ne sont pas unis par l'une des conjonctions de coordination *et, ou, ni.*
Voilà un spectacle magnifique, il faut le reconnaître.
• Lorsque, dans une succession d'éléments semblables, les conjonctions de coordination *et, ou, ni* sont utilisées plusieurs fois, il faut séparer ces éléments semblables par des virgules.
Dans ce désert, on ne trouve ni oasis, ni puits, ni abri, ni piste.
• Les conjonctions *mais, ou, donc, car* sont précédées d'une virgule.
L'eau est froide, mais nous nous baignons.
Nous nous baignons, car l'eau est chaude.

Un élément de séparation

La virgule peut séparer :

• **les sujets d'un même verbe**
Les gazelles, les lions, les gnous, les éléphants peuplent ce parc naturel.

• **les épithètes ou les attributs d'un même nom ou d'un même pronom**
Une plainte lointaine, brève, pratiquement inaudible, perça le silence.
La statue était imposante, admirable, parfaitement ressemblante et bien éclairée.

• **les compléments d'un verbe, d'un nom, d'un adjectif**
Julien éplucha les courgettes, les aubergines, les tomates, les oignons.
L'expert détermine la valeur des timbres, des pièces, des cartes postales.
L'officier se présenta bardé de décorations, de médailles, de cocardes, d'écussons.

• **les verbes ayant un même sujet**
Le valet de chambre frappa, entra, se présenta et attendit les ordres.

• **les propositions de même nature, plutôt courtes**
Dehors, le vent soufflait, les volets claquaient, la pluie fouettait les murs.

• **les mots mis en apostrophe ou en apposition**
Moi, je ne partirai pas avant vingt heures.
L'avion, retardé par des vents contraires, n'atterrira qu'à dix heures.

• **les propositions incises**
Cette offre, je l'avoue, me tente.

• **les compléments circonstanciels ou les subordonnées placés en tête de phrase**
Devant la barrière de péage, les véhicules attendent.

⚠ Remarque

On ne place pas de virgule entre les pronoms relatifs *qui, que* et leur antécédent, sauf pour isoler une proposition subordonnée explicative.

L'émission qui vient d'être diffusée n'a duré que vingt minutes.
L'émission, que chacun a pu apprécier, n'a duré que vingt minutes.

EXERCICE P. 146

3 LE POINT-VIRGULE – LES POINTS DE SUSPENSION

Le point-virgule **s'emploie dans une phrase** ; les points de suspension **dans et en fin de phrase.**

Le point-virgule

Le point-virgule sépare des propositions ou des expressions qui ont un lien faible. Son emploi est délicat car il est proche du point ou de la virgule.
Les cultures manquent d'eau **;** la récolte de maïs sera médiocre.

⚠ Remarques

1 On place un point-virgule lorsque la deuxième proposition commence par un adverbe.

Les travaux sont terminés **;** désormais, la circulation est fluide.

2 Le point-virgule ne peut jamais terminer un texte et n'est jamais suivi d'une majuscule.

Les points de suspension

• **Les points de suspension** (toujours trois) indiquent que la phrase est inachevée. Ils marquent une interruption causée par l'émotion, la surprise, l'hésitation ou un arrêt voulu dans le développement de la pensée pour mettre en relief certains éléments de la phrase.
Il était une fois un prince charmant**...**
Un jour, je partirai à l'aventure**...**

• Ils peuvent également marquer la fin d'une énumération, peut-être incomplète. Dans ce cas, ils suivent directement le dernier mot.
L'alpiniste vérifie l'état de son piolet, la fixation de ses crampons, la fermeture de son sac, la présence de sa lampe frontale, le nombre de ses mousquetons**...**

⚠ Remarques

1 Les points de suspension ne peuvent jamais être placés après une virgule ou un point-virgule.

2 Les points de suspension placés entre crochets indiquent une coupure dans une citation.

De tous les bonheurs qui lentement m'abandonnent, le sommeil est l'un des plus précieux, des plus communs aussi. Un homme qui dort peu et mal **[...]** médite tout à loisir sur cette particulière volupté.

Marguerite Yourcenar, *Mémoires d'Hadrien*, Plon, 1953, Folio, Gallimard, 1977.

3 On emploie les points de suspension après l'initiale d'un nom que l'on ne veut pas citer.

J'ai rencontré monsieur K**...** dans l'escalier.

4 *Etc.* est une abréviation (latin : *et cætera*) qui signifie *et ainsi de suite*, soit l'équivalent de points de suspension. C'est pourquoi, elle n'est jamais suivie de points de suspension.

Au supermarché, on trouve de tout, des jouets, des aliments, des livres, des vêtements, **etc.**

EXERCICE P. 146

4 LES DEUX-POINTS – LES GUILLEMETS – LES PARENTHÈSES

Les deux-points annoncent un groupe de mots. Les guillemets et les parenthèses isolent un mot ou un groupe de mots.

Les deux-points

On utilise **les deux-points** pour annoncer :

- **une énumération**
Tout le monde était là : les femmes, les hommes, les enfants.
- **une explication**
Vous ne pouvez pas entrer : la porte est fermée à clé.
- **une justification**
Je n'ai pas avalé ce sirop pour la toux : il est proprement imbuvable.
- **une citation**
Rimbaud a écrit : « Je est un autre. »
- **un discours direct**
Lorsqu'il vit le souterrain obstrué, Henri s'écria : « Me voilà pris au piège ! »

Les guillemets

Les guillemets (créés par l'imprimeur Guillaume, dit Guillemet, en 1525) encadrent un discours direct. L'ouverture des guillemets est généralement précédée de deux-points.
L'homme s'arrêta à ma hauteur et me demanda : « Avez-vous l'heure ? »

Remarques

1 Lors d'un dialogue, on place **un tiret** au début de chaque changement de prise de parole ; on n'en place pas pour la première personne qui parle.

Lorsque le client eut déposé ses achats sur le tapis, la caissière lui demanda :
« Comment réglez-vous ?
– Par carte bancaire.
– Alors, insérez-la ici. »

En fin de phrase ou de dialogue, le point (simple, d'interrogation, d'exclamation) est toujours placé à l'intérieur des guillemets.

2 Parfois, dans un dialogue, il faut indiquer la personne qui parle. Dans ce cas, on ne ferme pas les guillemets après ses paroles ; on place simplement une courte phrase entre deux virgules.

La caissière demanda poliment :
« Avez-vous une carte de fidélité ?
– Non, **répondit le client,** je ne viens qu'exceptionnellement dans ce magasin. »

Cette courte **proposition incise** n'est jamais précédée d'un point et ne commence jamais par une majuscule.

Les parenthèses

Les parenthèses servent à isoler une idée, une réflexion qui pourraient être supprimées sans altérer le sens de la phrase.
Comme il est maître nageur (même s'il n'en a pas fait son métier), Jean-Paul a appris à nager à tous ses neveux.

EXERCICE P. 146

5 LES MAJUSCULES

La lettre majuscule est aussi appelée lettre capitale.

L'emploi de la majuscule

On met une majuscule :

- **au premier mot d'une phrase**

On a découvert une trace de dinosaure dans cette carrière.

- **aux noms propres, aux prénoms, aux surnoms, aux noms de famille**

Pasteur – Charles-Henri – Philippe le Bel – la famille Dupont

- **aux noms communs pris comme des noms propres**

un chien nommé Caramel

La Commune de Paris fut une date marquante de l'histoire de France.

- **aux noms ou aux titres des œuvres artistiques ou littéraires, des journaux, des magazines**

la Joconde de Léonard de Vinci — la Bible et le Coran

Le premier journal sportif fut l'Auto. Aujourd'hui, l'Équipe lui a succédé.

- **à certains termes de politesse**

Madame, Mademoiselle, Monsieur

- **aux noms qui marquent la nationalité**

Cette partie oppose les Anglais aux Gallois.

- **à certains termes historiques ou géographiques**

Richelieu – la Libération – Marseille – Jupiter – les Vosges

- **aux noms de bateaux, d'avions, de rues, d'édifices**

le Titanic – l'Airbus – l'avenue de la Gare – le musée du Louvre

- **aux noms d'institutions, de sociétés ou de distinctions**

le Conseil régional – l'Éducation nationale – Air France – la Légion d'honneur

- **aux premiers mots des vers de poèmes**

Ô temps, suspends ton vol ! et vous, heures propices,
Suspendez votre cours ! (Lamartine, *Méditations poétiques*)

Cas particuliers

- Les noms de mois, de saisons, de dates s'écrivent avec des minuscules.

le premier mardi du mois de juillet – le début du printemps

- Les noms de fêtes prennent des majuscules.

La Toussaint – Noël – l'Ascension – Pâques – Yom Kippour

- Les points cardinaux, lorsqu'ils désignent un territoire, une région, un pays, prennent une majuscule.

les régions du Nord – les départements de l'Ouest – les peuples d'Orient

Mais s'ils désignent les points de l'horizon, ils prennent une minuscule.

le vent souffle du nord – aller en direction du sud-ouest

- Les noms déposés et les noms de marques prennent une majuscule.

boire un Martini – piloter un Jodel – réparer une Vespa

EXERCICE P. 146

6 LE GENRE DES NOMS

Les noms ont un genre – masculin ou féminin –, fixé par l'usage et repérable, le plus souvent, par le déterminant singulier qui les précède.

Noms féminins sur lesquels on peut hésiter

une acné	une argile	une encaustique	une oasis
une acoustique	une artère	une éphéméride	une octave
une agrafe	une atmosphère	une épigramme	une omoplate
une alcôve	une attache	une épitaphe	une orbite
une alèse	une autoroute	une épithète	une oriflamme
une algèbre	une azalée	une épître	une primeur
une amnistie	une chrysalide	une espèce	une primevère
une amorce	une dynamo	une gaufre	une réglisse
une anagramme	une ébène	une gemme	une stalactite
une antilope	une ecchymose	une idole	une stalagmite
une apostrophe	une échappatoire	une idylle	une stèle
une apothéose	une écritoire	une mandibule	une vésicule
une arachide	une égide	une nacre	une vis

Noms masculins sur lesquels on peut hésiter

un abîme	un armistice	un esclandre	un opercule
un ail	un arôme	un exode	un opuscule
un amalgame	un astérisque	un globule	un ovule
un ambre	un autographe	un haltère	un pétale
un amiante	un automate	un hémisphère	un pétiole
un anathème	un chrysanthème	un horoscope	un planisphère
un antidote	un edelweiss	un hymne	un pore
un antipode	un éloge	un indice	un poulpe
un antre	un emblème	un insigne	un rail
un aphte	un en-tête	un interclasse	un sépale
un apogée	un épiderme	un intermède	un tentacule
un appendice	un épilogue	un ivoire	un termite
un arcane	un équinoxe	un obélisque	un tubercule

⚠ Remarques

1 Tous les noms en *-e* ne sont pas féminins et tous les noms féminins ne se terminent par un *-e*.

le répertoire – un massage – un héroïsme – le souffle – le chêne – un parapluie...
la douleur – une pression – une loi – la vertu...

2 Certains noms changent de sens selon leur genre.

faire **un tour** – admirer **une tour**

3 Quelques noms ne s'emploient qu'au féminin, même s'ils désignent un homme ou un animal mâle !

une sentinelle – une idole – une victime – une vigie – une recrue – une bête...

4 Pour certains noms, les deux genres sont acceptés.

un (une) après-midi – un (une) alvéole – un (une) enzyme – un (une) HLM

EXERCICE P. 146

7 LE FÉMININ DES NOMS

On forme généralement le féminin des noms des être animés en ajoutant un *-e* à la forme du nom masculin. Si le nom masculin se termine déjà par un *-e*, on place simplement un article féminin devant le nom.

un apprenti → une apprenti**e** — un marchand → une marchand**e**
un journaliste → une journaliste — un élève → une élève

Terminaisons différentes au féminin

- Les noms masculins terminés par ***-er*** font leur féminin en ***-ère***.
  un écuyer → une écuy**ère** — un gaucher → une gauch**ère**
- Certains noms masculins doublent la consonne finale.
  un paysan → une paysa**nne** — un chat → une cha**tte**
- Les noms masculins terminés par ***-eur*** font souvent leur féminin en ***-euse***.
  un nageur → une nag**euse** — un coiffeur → une coiff**euse**
- Des noms masculins terminés par ***-teur*** font leur féminin en ***-trice***.
  un directeur → une direc**trice** — un éducateur → une éduca**trice**
- Certains noms masculins terminés par ***-e*** font leur féminin en ***-esse***.
  un prince → une princ**esse** — un âne → une ân**esse**
- Certains noms masculins changent la consonne finale.
  un époux → une épou**se** — un veuf → une veu**ve** — un loup → une lou**ve**
- Quelques noms masculins sont légèrement modifiés au féminin.
  un vieux → une vi**eille** — un fou → une f**olle** — un jumeau → une jum**elle**

Autres cas

- Le nom masculin a un équivalent féminin différent.
  un oncle → une tante — un coq → une poule
  Attention à certaines confusions :
  Le crapaud n'est pas l'équivalent masculin de la grenouille.
  Le hibou n'est pas l'équivalent masculin de la chouette.
- Peu à peu, l'usage donne à tous les noms masculins (notamment les noms de métiers) un équivalent féminin.
  un député → une députée — un professeur → une professeure
  Mais certains noms masculins n'ont toujours pas de féminin.
  un bandit – un assassin – un bourreau – un cardinal – un forçat – un témoin...

⚠ Remarques

1 Le mot *enfant* a une forme unique.
un/une enfant

2 Les noms d'habitants prennent également la marque du féminin.
un Anglais → une Anglais**e**
un Italien → une Italie**nne**

3 Le féminin de certains noms peut avoir un sens tout à fait différent du nom masculin ; il ne désigne pas alors un être animé.
Le portier nous précède dans le hall.
Vous fermez **la portière**.

EXERCICE P. 147

8 LE PLURIEL DES NOMS

On forme généralement le pluriel des noms en ajoutant un *-s* au nom singulier.

Règles générales

• Les noms terminés par *-au, -eau, -eu* prennent un *-x* au pluriel.
un tuyau → des tuyaux un seau → des seaux un cheveu → des cheveux
Exceptions :
des landaus – des sarraus – des pneus – des bleus – des émeus (oiseaux australiens) – des lieus (les poissons)

• Beaucoup de noms masculins terminés par *-al* font leur pluriel en *-aux*.
un animal → des animaux le général → les généraux un cheval → des chevaux
Exceptions :
des bals – des chacals – des carnavals – des festivals – des récitals – des régals...

• Une majorité de noms terminés par *-ail* au singulier font leur pluriel en *-ails*.
un rail → des rails un détail → des détails le portail → les portails
Exceptions :
les coraux – des émaux – des soupiraux – des travaux – des vitraux...

• Les noms terminés par *-ou* prennent un *-s* au pluriel.
un trou → des trous le clou → les clous un cachou → des cachous
Exceptions :
les bijoux – les cailloux – les choux – les genoux – les hiboux – les joujoux – les poux

• Les noms terminés par *-s, -x, -z* ne prennent pas la marque du pluriel.
le bois → les bois une voix → des voix un gaz → des gaz

Cas particuliers

• Certains noms ont un pluriel particulier.
un monsieur → des **messieurs** ; un œil → des **yeux** ; un ail → des **aulx** (des **ails**)

• Certains noms ne s'emploient qu'au singulier ; d'autres seulement au pluriel.
Uniquement au singulier : le bétail – (faire) le guet – (joindre) l'utile à l'agréable
Uniquement au pluriel : les funérailles – les entrailles – les préparatifs – les mœurs – les ténèbres – les honoraires – aux confins – les vivres – les alentours – les décombres – les arrhes

⚠ Remarques

1 Au pluriel, certains noms ont un sens différent de celui du singulier.

faire sa **toilette** ≠ aller aux **toilettes**
Le film tire à sa **fin**. (il se termine) ≠ Jean arrive à ses **fins**. (il réussit)
prendre le **frais** (l'air) ≠ entraîner des **frais** (des dépenses)

2 Quand un nom sans article, précédé des mots *à, de, en, sans, ni, pas de...*, est complément d'un autre nom, il peut être au singulier ou au pluriel selon le sens.

des bracelets en or – une paire de chaussettes – des patins à roulettes – des jours sans soleil

EXERCICE P. 147

9 LE PLURIEL DES NOMS PROPRES ET DES NOMS D'ORIGINE ÉTRANGÈRE

Les noms propres et d'origine étrangère **peuvent parfois prendre la marque du pluriel.**

Les noms propres

Les noms propres ne prennent pas la marque du pluriel.
Les sœurs **Ferlet** nous ont rendu visite. Les magasins **Carrefour** soldent.
Les nouvelles **Citroën** sont des voitures économiques.

Exceptions :

• les noms de population ou de lieux géographiques qui désignent un ensemble ;
les Toulousain**s** – les Mexicain**s** – les Péruvien**s** – les Alpe**s** – les Canarie**s** – les Baléare**s**
Mais il n'y a pas de marque du pluriel si la pluralité n'est pas réelle.
Il n'existe pas deux **Rome** en Italie.

• certaines familles royales, princières ou illustres de très vieille noblesse.
les Horace**s** – les Capétien**s** – les Condé**s** – les César**s**

⚠ Remarques

1 On admet deux orthographes pour :
– des personnages illustres pris comme types ;
les Pasteur(**s**) – les Curie(**s**) – les Einstein(**s**)
– des œuvres artistiques ou littéraires désignées par le nom de leur créateur.
des Picasso(**s**) – des Simenon(**s**)

2 Le nom propre, une fois considéré comme un nom commun, prend la marque du pluriel.
Les **harpagons** rendent leur famille malheureuse.

Les noms d'origine étrangère

Les noms d'origine étrangère peuvent :

• prendre un ***-s*** au pluriel s'ils sont francisés depuis longtemps par l'usage ;
un duo → des duo**s** un album → des album**s** un matador → des matador**s**

• garder leur pluriel étranger ;
une lady → des lad**ies** un rugbyman → des rugby**men**
un erratum → des errat**a** un scenario → des scenar**ii** (sans accent)

• avoir deux pluriels, indifféremment l'étranger et le français ;
un sandwich → des sandwich**es**/des sandwich**s**
un maximum → des maxim**a**/des maximum**s**

• rester invariables pour certains noms d'origine latine.
un extra → des extra un credo → des credo

⚠ Remarque

Donner aux noms d'origine étrangère le pluriel de leur langue est une marque d'affectation. On francisera donc largement les pluriels des noms d'origine étrangère.
Quelquefois, la forme plurielle francisée s'est imposée aussi au singulier.
des confettis → un confetti
(singulier italien : un confetto)
des touaregs → un touareg
(singulier arabe : un targui)

EXERCICE P. 147

10 LE PLURIEL DES NOMS COMPOSÉS

Les noms composés sont formés de deux ou trois mots unis par un ou des traits d'union.

Les noms composés variables

Dans les noms composés, seuls les noms et les adjectifs se mettent au pluriel.
une basse-cour → des basse**s**-cour**s** un rouge-gorge → des rouge**s**-gorge**s**

Remarques

1. Lorsque le nom composé est formé de deux noms unis par une préposition, en général, seul le premier nom s'accorde.
un chef-d'œuvre → des chef**s**-d'œuvre

2. Si l'adjectif a une valeur adverbiale, il reste invariable.
un haut-parleur → des haut-parleur**s**
un long-courrier → des long-courrier**s**

Les noms composés invariables

Dans les noms composés, les verbes, les adverbes, les prépositions sont toujours invariables.
des pince-sans-rire – des laissez-passer – des quant-à-soi – des avant-toits

Garde s'accorde quand il est employé comme nom ; il reste invariable s'il s'agit du verbe.

des garde**s**-chasse**s** – des garde**s**-malade**s**
des garde-manger – des garde-robe**s**

Cas particuliers

- Pour un nom composé singulier, le sens peut imposer le pluriel du second mot.
un porte-bagage**s** → C'est un dispositif pour porter **les** bagages.
- Pour un nom composé pluriel, le sens peut imposer le singulier du second mot.
des timbres-poste → des timbres pour **la** poste
- Quelquefois, le sens s'oppose à l'accord de certains noms composés.
des pot-au-feu → de la viande et des légumes mis dans **un** pot sur **le** feu
- Si le premier mot d'un nom composé est un élément terminé par la voyelle *-o*, il est invariable.
des primo-arrivant**s** – des broncho-pneumonie**s** – des auto-école**s**

Remarques

1. Les dictionnaires mentionnent parfois deux orthographes.
un essuie-main(**s**) – des grand(**s**)-mères

2. Certains noms composés sont formés de deux mots que l'usage a soudés.
Ils prennent normalement les marques du pluriel.
un portefeuille → des portefeuille**s**

Quelques noms qui se sont soudés ont conservé des pluriels particuliers.
madame → **mesdames**
un bonhomme → des **bonshommes**

EXERCICE P. 147

11 LE FÉMININ DES ADJECTIFS QUALIFICATIFS

Les adjectifs qualificatifs s'accordent en genre.

Règles générales

- On forme généralement le féminin des adjectifs qualificatifs en ajoutant un ***-e*** à la forme du masculin.
un joli bouquet → une jolie fleur   un grand détour → une grande traversée
- Les adjectifs qualificatifs terminés par ***-e*** au masculin ne changent pas de forme.
un ami fidèle → une amie fidèle   un lieu agréable → une région agréable

Cas particuliers

- Les adjectifs qualificatifs terminés par ***-er*** au masculin font leur féminin en ***-ère***.
un morceau entier → une part entière
- Certains adjectifs qualificatifs doublent la consonne finale au féminin.
un meuble bas → une table basse   un gentil garçon → une gentille fille
- Les adjectifs qualificatifs terminés par ***-et*** au masculin doublent généralement le ***t*** au féminin.
un prix net → une nette différence   un ruban violet → une écharpe violette
Exceptions : *complet, concret, désuet, discret, inquiet, replet, secret* se terminent par ***-ète*** au féminin.
un tour complet → une partie complète   un cri discret → une joie discrète
- Certains adjectifs qualificatifs modifient leur terminaison au féminin.
un objet précieux → une pierre précieuse – un faux nom → une fausse adresse
un pain frais → une boisson fraîche – un drap blanc → une chemise blanche
un parc public → une place publique – un regard hâtif → une réponse hâtive
un sourire doux → une voix douce – un long parcours → une longue randonnée
un sourire malin → une mimique maligne – un théâtre grec → une statue grecque
- Les adjectifs qualificatifs terminés par ***-eur*** au masculin font généralement leur féminin en ***-euse***.
un fil baladeur → une lampe baladeuse
Néanmoins, certains adjectifs qualificatifs masculins terminés par ***-eur*** font leur féminin en ***-resse*** ou en ***-eure***.
un coup vengeur → une réplique vengeresse
un espace intérieur → une cour intérieure
- Nombre d'adjectifs qualificatifs en ***-teur*** font leur féminin en ***-trice***.
un projet novateur → une idée novatrice

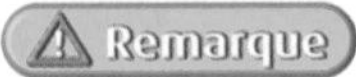

Formes particulières au féminin :
un cri aigu → une plainte aiguë
un fromage mou → une pâte molle
un numéro favori → une carte favorite
un vieux livre → une vieille revue
un beau visage → une belle coiffure
un texte rigolo → une histoire rigolote
le peuple hébreu → la langue hébraïque

EXERCICE P. 147

12 LE PLURIEL DES ADJECTIFS QUALIFICATIFS

Les adjectifs qualificatifs s'accordent en nombre.

Règle générale

- On forme généralement le pluriel des adjectifs qualificatifs en ajoutant un ***-s*** à la forme du singulier.
des réglages parfait**s** – des travaux manuel**s** – des saules pleureur**s**
- C'est notamment le cas de tous les adjectifs qualificatifs féminins.
des salles bruyante**s** – des assiettes creuse**s** – des destinations lointaine**s**

Cas particuliers

- Les adjectifs qualificatifs terminés par ***-s*** ou ***-x*** au singulier ne prennent pas de marque du pluriel.
un détail préci**s** → des détails préci**s** un hôtel luxueu**x** → des hôtels luxueu**x**
- L'adjectif *bleu* prend un ***-s*** au pluriel.
un drap bleu → des draps bleu**s** une eau bleue → des eaux bleue**s**
- Les quelques adjectifs qualificatifs terminés par ***-eau*** au singulier prennent un ***-x*** au pluriel.
un nouveau jeu → de nouveau**x** jeux un beau tir → de beau**x** tirs
- Les adjectifs qualificatifs terminés par ***-al*** au singulier forment le plus souvent leur pluriel en ***-aux***.
un site régional → des sites region**aux** un plan mondial → des plans mondi**aux**
Exceptions :
bancal, fatal, final, natal, naval prennent simplement un ***-s*** au pluriel.
un lit bancal → des lits bancal**s** un destin fatal → des destins fatal**s**
un point final → des points final**s** un pays natal → des pays natal**s**
un chantier naval → des chantiers naval**s**

⚠ Remarques

1 *Banal* a un pluriel en ***-aux*** dans les termes de féodalité.

des fours ban**aux** – des moulins ban**aux** – des pressoirs ban**aux**

Dans les autres cas, au sens de *sans originalité*, son pluriel est en ***-s***.

des propos banal**s** – des compliments banal**s**

2 Les adjectifs qualificatifs composés s'accordent lorsqu'ils sont formés de deux adjectifs.

des paroles aigre**s**-douce**s**
des personnes sourde**s**-muette**s**

Si l'un des deux termes de l'adjectif composé est un mot invariable (ou un adjectif pris adverbialement), ce terme reste invariable.

des petits pois extra-fin**s**
des veaux nouveau-né**s**
les accords franco-italien**s**

3 Avec l'expression *avoir l'air*, l'adjectif peut s'accorder avec *air* ou avec le sujet de *avoir l'air* lorsqu'il s'agit de personnes. S'il s'agit de choses, l'accord se fait avec le sujet.

Les fillettes ont l'air dou**x** (ou dou**ces**).
Les voitures ont l'air neu**ves**.

EXERCICE P. 147

13 LES PARTICIPES PASSÉS EMPLOYÉS COMME ADJECTIFS QUALIFICATIFS

La plupart des participes passés peuvent être employés comme des adjectifs qualificatifs. Ils s'accordent, en genre et en nombre, avec les noms auxquels ils se rapportent.

Les verbes du 1er groupe

Les participes passés des **verbes du 1er groupe** (ainsi que *aller*) se terminent tous par *-é*.

saler → sal**é** souder → soud**é** entourer → entour**é** aller → all**é**

⚠ Remarque

On peut confondre le participe passé d'un verbe du 1er groupe avec son infinitif, car, à l'oral, les terminaisons sont semblables.

des sols nivel**és**
Cet engin permet de nivel**er** les sols.

Pour faire la distinction, on peut remplacer le verbe du 1er groupe par un verbe du 2e ou du 3e groupe ; on entend alors la différence.

des sols entreten**us**
Cet engin permet d'entreten**ir** les sols.

Les verbes des 2e et 3e groupes

- Les participes passés des **verbes du 2e groupe** se terminent tous par *-i*.

remplir → rempl**i** enfouir → enfou**i** abolir → abol**i**

- Les participes passés des **verbes du 3e groupe** se terminent généralement par *-i* ou par *-u*.

servir → serv**i** suivre → suiv**i** vendre → vend**u** taire → t**u**

Mais il peut exister des consonnes muettes en fin de participe passé ;

sédui**t** → sédui**t** surprendre → surpri**s** éteindre → étein**t**

ou des formes particulières.

mourir → **mort** naître → **né** couvrir → **couvert**

Mettre ces participes au féminin permet de vérifier la présence, ou non, d'une consonne finale.

un public sédui**t** → une salle sédui**te** un public surpri**s** → une salle surpri**se**

Sauf pour : *dissoudre* → du sucre disso**us** – une matière disso**ute**

⚠ Remarques

1 Comme l'adjectif qualificatif, le participe passé peut se trouver séparé du nom auquel il se rapporte par un adverbe.

une fête très/plutôt/parfaitement réussi**e**

2 Les participes passés *attendu, compris, non compris, y compris, entendu, excepté, passé, vu,* placés devant le nom, s'emploient comme des prépositions et restent invariables.

Vu les intempéries, les maçons ne travailleront pas aujourd'hui.
Passé les fêtes, les magasins sont déserts.

3 Certains participes passés peuvent être employés comme noms (plus rarement au féminin). Dans ce cas, ils s'accordent en genre et en nombre.

handicaper → un (des) handicapé(s)
inscrire → un (des) inscrit(s)

EXERCICE P. 148

14 LES ADJECTIFS QUALIFICATIFS ET LES PARTICIPES PASSÉS ÉPITHÈTES OU ATTRIBUTS

Les adjectifs qualificatifs et les participes passés peuvent être épithètes ou attributs.

Les épithètes

• Les adjectifs qualificatifs et les participes passés peuvent être employés comme **épithètes** des noms (ou pronoms) auxquels ils se rapportent ; ils appartiennent alors au groupe nominal et s'accordent avec le nom principal (ou pronom) de ce groupe.
L'épithète peut précéder ou suivre le nom et en être séparée par un adverbe.

• Pour trouver ce nom (ou pronom), il faut poser, devant l'adjectif qualificatif ou le participe passé, la question : « Qui est-ce qui est (sont) ? »

Tu visites des **petits** édifices **romans** bien **restaurés**.
Qui est-ce qui sont **petits, romans, restaurés** ? **des édifices** → masculin pluriel

Les attributs

• Lorsque les adjectifs qualificatifs et les participes passés sont séparés du nom sujet (ou pronom sujet) par un verbe, ils sont **attributs** du sujet de ce verbe (*être, demeurer, paraître, rester, sembler...*) avec lequel ils s'accordent en genre et en nombre.

L'émission fut **intéressante**. M. Léonardi demeure **fidèle** à ses convictions.

• L'attribut se rapporte généralement au sujet du verbe, mais il peut également se rapporter au complément d'objet (souvent un pronom) avec lequel il s'accorde.

Les pâtes sont préparées avec passion par les cuisiniers italiens ; celui qui les déguste les trouve **délicieuses**.
Qui est-ce qui sont **délicieuses** ? **les** (mis pour les pâtes) → féminin pluriel

Remarques

1 L'adjectif qualificatif et le participe passé, épithète ou attribut, peuvent eux-mêmes avoir des compléments.

Elle porte des vêtements **passés** de mode.
Ces portraits sont **célèbres** dans le monde entier.

2 Pour les 1re et 2e personnes du singulier et du pluriel, bien souvent seule la personne qui écrit sait quel accord il faut faire.

Je suis actif.
(un homme parle)
Nous sommes heureuses.
(des femmes parlent)

3 *Vous* peut désigner une seule personne (formule de politesse). Dans ce cas, l'adjectif qualificatif ou le participe passé qui s'y rapporte reste au singulier.

« Vous serez **satisfait(e)** », déclare le vendeur.

EXERCICE P. 148

15 L'APPOSITION

Les adjectifs qualificatifs et les participes passés peuvent être placés en apposition.

Les adjectifs et les participes apposés

• Lorsqu'ils sont séparés du nom par une ou deux virgules, l'adjectif qualificatif et le participe passé sont mis en **apposition**.
Confortables, ces voitures séduisent de nombreux conducteurs.
Bien équipées, ces voitures séduisent de nombreux conducteurs.
Ces voitures, **confortables,** séduisent de nombreux conducteurs.
Ces voitures, **bien équipées,** séduisent de nombreux conducteurs.

• Plusieurs adjectifs qualificatifs ou participes passés peuvent être placés en **apposition**.
Confortables et économiques, ces voitures séduisent de nombreux conducteurs.
Ces voitures, **confortables et économiques,** séduisent de nombreux conducteurs.

Remarques

1 L'adjectif qualificatif et le participe passé mis en apposition sont souvent accompagnés d'un complément.

Différentes de leurs concurrentes, ces voitures séduisent de nombreux conducteurs.

2 On peut supprimer l'apposition sans rendre la phrase incorrecte ni en modifier le sens.

Ces voitures séduisent de nombreux conducteurs.

Les autres formes de l'apposition

L'apposition, qui apporte un complément d'information dans un rapport d'équivalence, peut également être :

• **un nom (ou un groupe nominal)**
M. Leroux, **le boulanger**, cherche vainement un apprenti.
M. Leroux, **le seul boulanger du quartier**, cherche vainement un apprenti.

• **un pronom (ou un groupe pronominal)**
M. Leroux, **lui-même**, cherche vainement un apprenti.
M. Leroux, **celui que tout le monde connaît**, cherche vainement un apprenti.

• **un infinitif**
M. Leroux n'a qu'une idée en tête, **chercher un apprenti**.

• **une subordonnée relative**
M. Leroux, **qui tient boutique dans le quartier**, cherche vainement un apprenti.

• **une subordonnée conjonctive**
M. Leroux ne pense qu'à une chose : **qu'un apprenti se présente**.

Remarque

Il ne faut pas confondre l'apposition et le complément de nom. L'apposition et le nom, auquel elle apporte un complément d'information, renvoient à la même réalité.

Le complément de nom concerne une réalité différente de celle du nom.

Apposition : la profession de boulanger

Complément de nom : la boulangerie de M. Leroux

EXERCICE P. 148

16 LES PARTICULARITÉS DE L'ACCORD DES ADJECTIFS QUALIFICATIFS

Les adjectifs qualificatifs et les participes passés s'accordent en genre et en nombre avec le nom auquel ils se rapportent. Néanmoins, certaines particularités sont à connaître.

Règles générales

- Lorsque **l'adjectif qualificatif** (ou le participe passé) est employé avec deux noms singuliers, il s'écrit au pluriel.
  Le parc et le jardin sont désert**s**. La place et l'avenue sont déserte**s**.
- Lorsque l'adjectif qualificatif (ou le participe passé) est employé avec des noms de genres différents, on l'accorde au masculin pluriel.
  La place et le parc sont désert**s**.

Cas particuliers

- Après *des plus, des moins, des mieux, des moindres,* l'adjectif (ou le participe passé) qui suit se met au pluriel et s'accorde en genre avec le nom.
  Cette affaire est des plus délicat**es**.
  Ce joueur n'est pas des moins assidu**s** à l'entraînement.
  Néanmoins, lorsque le mot auquel se rapporte l'adjectif est un infinitif, une proposition ou un pronom neutre, il reste au masculin singulier.
  Trouver un taxi ici est des plus difficile.
  C'est des plus regrettable que de devoir attendre.
- L'adjectif *possible* s'accorde quand il se rapporte directement au nom.
  J'ai essayé toutes les solutions possible**s**.
  Mais employé avec *le plus de, le moins de, le mieux, possible* est adverbe, donc invariable.
  J'ai essayé le plus de solutions possible. Il a fait le moins d'efforts possible.
- Les adjectifs *nu* et *demi,* placés devant le nom, sont invariables et s'y rattachent par un trait d'union.
  Tu marches **nu**-pieds. Ils vont partir dans une **demi**-heure.
  Placés après le nom, *nu* s'accorde en genre et en nombre, *demi* s'accorde en genre.
  Tu marches pieds **nus**. Ils vont partir dans deux heures et **demie**.

⚠ Remarques

1 *À nu* et *à demi* sont des adverbes, donc invariables.

avoir les épaules **à nu**
laisser une porte **à demi** fermée

Nu et *demi* peuvent être employés comme noms.

Cet artiste peint de beaux **nus**.
L'horloge sonne les **demies**.

2 *Semi* et *mi,* éléments invariables, sont suivis d'un trait d'union.

Le ministre est en visite **semi**-officielle.
L'eau arrive à **mi**-hauteur du bassin.

3 *Proche,* lorsqu'il signifie *à côté de* ou *qui est près d'arriver,* est variable.

Ces deux amies ont toujours été très proche**s**.

L'expression *de proche en proche* est invariable.

Les eaux de la Saône s'étendaient **de proche en proche** au-delà des digues.

EXERCICE P. 148

LES ADJECTIFS QUALIFICATIFS DE COULEUR

Les adjectifs qualificatifs de couleur obéissent à des règles d'accord particulières.

Les adjectifs de couleur variables

Généralement, **les adjectifs qualificatifs de couleur** s'accordent lorsqu'il n'y a qu'un seul adjectif pour désigner la couleur.
un drapeau blanc / des draps blanc**s** – une feuille blan**che** / des robes blan**ches**

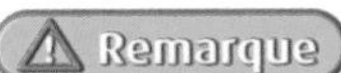

Remarque

Traditionnellement, *châtain* ne s'emploie qu'au masculin.
des cheveux **châtains** – une chevelure **châtain**

Aujourd'hui, il est possible d'accorder cet adjectif en genre.
une chevelure **châtaine**

Les adjectifs de couleur invariables

- Quand l'adjectif de couleur est accompagné d'un autre adjectif ou d'un nom, il n'y a pas d'accord.
des yeux **bleu pâle** – des uniformes **vert olive**
des fleurs **jaune d'or** – une décoration **rouge coquelicot**
- Lorsque chacun des deux éléments est un adjectif de couleur, il n'y a pas d'accord et on place un trait d'union.
des draperies **jaune-orangé** – des pierres **bleu-vert**
- Les noms (ou les groupes nominaux) utilisés comme adjectifs pour exprimer, par image, la couleur restent invariables.
des serviettes de bain **ivoire** – des draperies **sang-de-bœuf**
des tuyaux **vert-de-gris** – une figure **vermillon**

Exceptions :
Mauve, écarlate, incarnat, fauve, rose, pourpre, qui sont assimilés à de véritables adjectifs qualificatifs, s'accordent.
des rubans mauves – des étoffes écarlates – des façades roses

Remarques

1 Lorsque les adjectifs sont coordonnés, ils demeurent invariables si l'objet décrit est de deux couleurs.
Les voitures **rouge et bleu** ne prendront pas le départ. (→ les voitures bicolores)

En revanche, s'il y a des objets d'une couleur et d'autres d'une autre, on accorde les adjectifs.
Des voitures **rouges et bleues** s'alignent sur la ligne de départ. (→ des voitures rouges et des voitures bleues)

2 Lorsque l'adjectif est précédé du nom *couleur*, il reste invariable.
porter des vêtements couleur **bleu**
(→ de la couleur du bleu)

3 Lorsque la couleur est exprimée par un substantif, il n'y a pas d'accord.
des volets peints en **vert**
La veuve est habillée de **noir**.

EXERCICE P. 148

18 LES ADJECTIFS NUMÉRAUX

Les adjectifs numéraux cardinaux indiquent le nombre ; les ordinaux l'ordre.

Les adjectifs numéraux cardinaux

• **Les adjectifs numéraux cardinaux** (ou noms de nombre) se placent devant le nom pour indiquer une quantité précise. Ils sont invariables.
– Certains adjectifs numéraux cardinaux sont simples.
deux centimes – **cinq** doigts – **sept** jours – **vingt** euros – **cent** mètres
– D'autres sont formés par juxtaposition ou par coordination.
cinquante et une marches – **mille cinq cent trente** litres

• *Vingt* et *cent* s'accordent quand ils indiquent un nombre exact de vingtaines ou de centaines.
deux cent**s** lignes mais deux cent quarante lignes
quatre-vingt**s** ans mais quatre-vingt-trois ans

Remarques

1 On place un trait d'union entre les dizaines et les unités, sauf si elles sont unies par *et*.
quarante-trois kilomètres
soixante **et** un morceaux

2 *Mille* est toujours invariable.
dix-huit **mille** spectateurs

3 Devant *mille*, *cent* est invariable.
sept **cent** mille exemplaires

4 Entre *mille* et *deux mille*, on dit indifféremment :
onze cents ou mille cent

5 Il ne faut pas confondre les nombres avec les noms tels que *dizaine, centaine, millier, million, milliard,* qui s'accordent comme tous les noms.
deux douzaine**s** d'huîtres
trois centaine**s** de pommiers
cinq million**s** d'euros

6 *Zéro* est un nom, il prend donc un **-s** quand il est précédé d'un déterminant pluriel.
deux zéros après la virgule
faire zéro faute
→ ne faire aucune faute

Les adjectifs numéraux ordinaux

Les adjectifs numéraux ordinaux s'accordent en genre et en nombre.
les première**s** places les seconde**s** classes les dernier**s** instants
Mais les adjectifs numéraux cardinaux employés comme des adjectifs numéraux ordinaux sont invariables.
la page **quatre cent** le numéro **vingt**

Remarques

1 Les noms désignant les parties d'un entier s'accordent avec les déterminants qui les précèdent.
deux moitié**s** – quatre quart**s** – cinq dixième**s**

2 *Second* s'emploie pour désigner un être ou une chose qui termine une série de deux.
Deuxième s'emploie pour désigner un être ou une chose qui prend place dans une série de plus de deux.

EXERCICE P. 148

19 LES ADJECTIFS INDÉFINIS

Les adjectifs (ou déterminants) indéfinis **sont nombreux et difficiles à classer.**

Les principaux adjectifs indéfinis

- ***Chaque***, adjectif indéfini, marque le singulier, sans distinction de genre.
  chaque jour — **chaque** nuit
- ***Aucun*** – souvent accompagné de la négation *ne* – s'emploie au singulier.
  Il **ne** me laisse **aucun** répit. — Il **ne** laisse **aucune** trace.
  Néanmoins, *aucun* s'emploie parfois au pluriel devant des noms qui n'ont pas de singulier ou qui prennent au pluriel un sens particulier.
  La police **ne** constate **aucuns** agissements.
  L'ennemi **n'**exerce **aucunes** représailles.
- ***Pas un(e)*** exprime une idée négative ; il est toujours singulier et peut être renforcé par *seul(e).*
  Pas une voiture de plus de quatre ans n'échappe au contrôle technique.
  Pas une seule voix ne s'est élevée pour contredire l'orateur.
- ***Nul, tel***, adjectifs indéfinis, s'accordent en genre, et parfois en nombre, avec le nom.
  Nulle difficulté ne l'arrêtera. — **Nuls** préparatifs ne suffiront.
  Pour confectionner cette robe, il faut **telle** longueur de tissu.
  Que **tel** ou **tel** numéro soit tiré au sort, je ne gagnerai pas.
- ***Maint***, adjectif indéfini qui exprime un grand nombre indéterminé, s'emploie au singulier mais surtout au pluriel.
  Tu as vu ce film en **mainte** occasion. – Il nous a téléphoné à **maintes** reprises.
- ***Différents, divers, plusieurs*** devant des noms pluriels sont des adjectifs indéfinis qui indiquent un nombre relativement important. Seuls les deux premiers s'accordent en genre.
  Il a parlé à **différentes/diverses** personnes. – Je resterai **plusieurs** semaines.

Remarques

1 Lorsqu'il est adjectif qualificatif (au sens de *sans valeur*), *nul* s'accorde normalement avec le nom.

Les risques sont **nuls**.
Entre ces deux produits, la différence de prix est **nulle**.

2 Lorsqu'il est adjectif qualificatif (au sens de *pareil, semblable, si grand...*), *tel* s'accorde normalement avec le nom.

Qui peut bien tenir de **tels** propos en de **telles** occasions ?

3 *Nul, tel* sont des pronoms indéfinis lorsqu'ils sont sujets singuliers.

Nul n'est censé ignorer la loi.
Tel est pris qui croyait prendre.

4 L'expression *tel quel* s'accorde avec le nom auquel elle se rapporte.

Je laisserai la maison **telle quelle**.

Il ne faut pas confondre l'expression *tel(les) quel(les)* avec *tel(les) qu'elle* que l'on peut remplacer par *tel qu'il.*

Elle laissera la maison telle qu'elle l'a trouvée.
→ ... l'appartement tel qu'il l'a trouvé.

EXERCICE P. 148

20 LES ACCORDS DANS LE GROUPE NOMINAL

Le groupe nominal (parfois appelé syntagme nominal) est un ensemble de mots organisé autour d'un nom principal (appelé parfois nom-noyau).

Les déterminants du nom

Les mots qui accompagnent le plus souvent les noms sont **les déterminants** ; généralement ce sont eux qui indiquent le nombre et le genre du nom. Ce sont :

• **des articles**
le, la, l', les, un, une, des, au, du, de l', de la, aux

• **des adjectifs possessifs**
mon, ma, ton, ta, son, sa, notre, votre, leur, mes, tes, ses, nos, vos, leurs

• **des adjectifs démonstratifs**
ce, cet, cette, ces

• **des adjectifs interrogatifs et exclamatifs**
quel, quelle, quels, quelles

• **des adjectifs indéfinis**
nul, maint, tout, aucun, chaque, plusieurs, même, autre...

• **des adjectifs numéraux cardinaux**
deux, trois, cinq, quinze, trente, cent, mille...

Certains déterminants sont combinables.

les mêmes paroles　　**les trois** coups　　**tous vos** projets　　**cet autre** parcours

Les autres constituants du groupe nominal

Le nom peut être accompagné d'autres mots qui en précisent le sens :

• **des adjectifs qualificatifs**
des regards **indiscrets**　　un abonnement **annuel**　　de **belles** maisons
(Les adjectifs qualificatifs s'accordent toujours avec le nom principal.)

• **des compléments du nom** (compléments déterminatifs) toujours placés après le nom.
mes ours **en peluche**　　ce téléphone **à touches**　　des étés **sans soleil**
(Les compléments de nom ne s'accordent pas avec le nom principal.)

• **des propositions subordonnées relatives**
la montagne **dont on aperçoit le sommet**　　la chaîne **qui retransmet le tournoi**
(Le pronom relatif qui introduit une subordonnée relative a pour antécédent le nom principal.)

Remarques

1 L'apposition est une expansion du nom d'un type un peu particulier puisqu'elle est séparée du nom par des virgules (voir leçon 15).

2 Un mot peut être nominalisé s'il est précédé d'un article.

adjectifs : des absents
prépositions : des pour et des contre
verbes : les devoirs de français
adjectifs numéraux : des mille et des cents
adverbes : des petits riens
conjonctions : Il n'y a pas de « mais ».

EXERCICE P. 149

21 L'ACCORD DU VERBE

Le verbe s'accorde avec le sujet qui peut être un nom ou un pronom.

Règle générale

Le verbe s'accorde en personne et en nombre avec son sujet qu'on trouve en posant la question « Qui est-ce qui ? » (ou « Qu'est-ce qui ? ») devant le verbe.
Les élèves quittent la salle.
Qui est-ce qui quitte ? **les élèves** → 3e personne du pluriel
Dans le groupe nominal sujet, il faut chercher **le nom** qui commande l'accord.
Les élèves du premier rang quittent la salle.
Qui est-ce qui quitte ? **les élèves** (du premier rang) → 3e personne du pluriel

Les différents sujets du verbe

Le sujet est le plus souvent un nom, mais ce peut être aussi :

- **un pronom personnel**
Ils quittent la salle.
- **un pronom démonstratif**
Les élèves du premier rang quittent rapidement la salle ; **ceux** du dernier rang restent en place.
Les élèves du premier rang quittent la salle ; **cela** se passe dans le calme.
- **un pronom possessif**
Nos places sont attribuées ; **la mienne** se trouve au troisième rang.
- **un pronom indéfini**
Nos places sont attribuées ; **toutes** se trouvent au troisième rang.
- **un pronom interrogatif**
Qui quitte la salle ?
Dans ce cas, le verbe est toujours à la 3e personne du singulier.
- **une proposition subordonnée**
Que le professeur ait rendu les copies a surpris les élèves.
Dans ce cas, le verbe est toujours à la 3e personne du singulier.
- **un verbe à l'infinitif**
Avoir de bons résultats dans toutes les matières n'est pas facile.
Dans ce cas, le verbe est toujours à la 3e personne du singulier.
- **un pronom relatif** (voir leçon 22)
C'est toi **qui** quitteras la salle le dernier.

On peut aussi trouver le sujet du verbe en l'encadrant avec *« C'est ... qui »* ou *« Ce sont ... qui »*.

Les élèves quittent la salle.
Ce sont les élèves **qui** quittent la salle.

EXERCICE P. 149

22 LE SUJET *TU* – LE SUJET *ON* – LE SUJET *QUI*

On observe certaines règles concernant les sujets *tu*, *on* et *qui* qu'il faut retenir.

Le sujet *tu*

À tous les temps, à la 2e personne du singulier (sujet ***tu***), le verbe se termine par ***-s***.

Tu convainc**s** tes partenaires. **Tu** refusa**s** cette proposition.

Si **tu** te souvenai**s** du couplet de cette chanson, **tu** le chanterai**s** sans réticence.

Lorsque **tu** pénètrera**s** dans ce local, **tu** constatera**s** qu'il y fait très chaud.

Remarques

1 Au présent de l'indicatif, *vouloir, pouvoir, valoir* prennent un ***-x***.

Tu veu**x** un délai supplémentaire.
Tu peu**x** rapporter cet article.
Tu vau**x** largement ton adversaire.

2 À l'impératif, le sujet de la 2e personne du singulier n'est pas exprimé et les verbes du 1er groupe ne prennent pas de ***-s***.

Respire calmement. Range tes affaires.

Le sujet *on*

On, pronom sujet, peut être remplacé par un autre pronom de la 3e personne du singulier (*il* ou *elle*) ou par un nom sujet singulier (*l'homme*).

On gagn**e** à tous les coups. Il/Elle/L'homme gagn**e** à tous les coups.

Remarque

L'adjectif qualificatif et le participe passé qui se rapportent au sujet *on* sont généralement au masculin singulier.

On est toujours plus **exigeant** avec les autres qu'avec soi-même.
On serait bien **avisé** de respecter les limitations de vitesse.

Si *on* désigne explicitement plusieurs personnes (l'équivalent de *nous*), l'adjectif qualificatif et le participe passé peuvent être accordés au pluriel.

On n'est pas sûr**s** de pouvoir entrer.
Nous ne sommes pas sûr**s** de pouvoir entrer.

Le sujet *qui*

Lorsque le sujet du verbe est le pronom relatif ***qui***, celui-ci ne marque pas la personne. Il faut donc chercher son antécédent qui donne la personne et permet l'accord du verbe.

Les cascadeurs **qui** règl**ent** la poursuite des voitures prennent des risques.

Je ne ferai pas équipe avec toi **qui** redout**es** les descentes dangereuses.

C'est moi **qui** contrôler**ai** la pression de mes pneus.

Remarque

Le pronom relatif *qui* peut également être complément du verbe de la subordonnée ; il est alors précédé d'une préposition (*à, de, pour...*).

La personne **à qui** vous destinez ce message ne répond pas.

Le candidat **pour qui** vous avez voté est élu facilement.

EXERCICE P. 149

23 L'ACCORD DU VERBE : CAS PARTICULIERS (1)

Le verbe **s'accorde avec le sujet en personne et en nombre. Cependant, il existe certaines particularités qu'il faut connaître.**

Cas particuliers (1)

- **Inversion du sujet** : le sujet se trouve placé après le verbe.
Les convives apprécient les plats que prépare **ce célèbre chef**.
C'est aussi le cas à la forme interrogative quand le sujet est un pronom personnel.
Quand arrivez-**vous** à destination ?

- Quand le sujet du verbe est **un adverbe de quantité** (*beaucoup, peu, combien, trop, tant*), le verbe s'accorde avec le complément de cet adverbe.
Peu **de pays** autorisent la chasse à la baleine.
Beaucoup **de légumes** se consomment cuits à la vapeur.
Combien **de marins** souhaitent traverser seuls l'Atlantique ?
Trop **d'enfants** ne savent pas encore nager à l'âge de dix ans.
En Afrique, pourquoi tant **de personnes** meurent-elles encore du paludisme ?

- Quand un verbe a pour sujet **un collectif** (*un grand nombre de, un certain nombre de, une partie de, la majorité de, la minorité de, une foule de, la plupart de, une infinité de, une multitude, la totalité de...*) suivi de son complément, il s'accorde, selon le sens voulu par l'auteur, avec le collectif ou avec le complément. Il n'y a pas de règle précise.
Un banc de poissons s'approche du récif.
(le banc est considéré comme une seule entité)
Un banc de poissons s'approchent du récif.
(ce sont tous les poissons qui s'approchent)

- Lorsque le verbe dépend d'**une fraction au singulier** (*la moitié, un tiers, un quart...*) ou d'**un nom numéral au singulier** (*la douzaine, la vingtaine, la centaine...*) et s'il y a un complément au pluriel, l'accord se fait avec ce complément.
Le quart des pages de ce livre **étaient** illisibles.
Un millier de concurrents **prirent** le départ du triathlon de Sarlat.
Si l'auteur veut insister sur le terme quantitatif, le verbe reste au singulier.
Une douzaine d'huîtres **constituera** notre repas.

⚠ Remarques

1 Dans une construction impersonnelle, le verbe s'accorde avec le sujet apparent (souvent *il*) mais pas avec le sujet réel qui, grammaticalement, est un COD.

Il	existe	deux issues.
sujet apparent		COD mais sujet réel
Il	manque	cinq euros.
sujet apparent		COD mais sujet réel

2 Le sujet peut être séparé du verbe par un groupe de mots ou par des pronoms compléments (voir leçon 25).

Les clientes, dans cette parfumerie, trouvent tous les produits nécessaires à leur maquillage.
Ce produit paraît miraculeux ; **les clientes** le choisissent assez souvent.

EXERCICE P. 149

24 L'ACCORD DU VERBE : CAS PARTICULIERS (2)

Le verbe s'accorde avec le sujet en personne et en nombre. Cependant, il existe certaines particularités qu'il faut connaître.

Cas particuliers (2)

• Lorsqu'un verbe a deux sujets singuliers, il se met au pluriel.
La rivière et **le torrent**, grossis par les pluies, dévalent la colline.

• Il arrive que deux sujets soient des personnes différentes. Dans ce cas,
– la 1re personne l'emporte sur la 2e :
Sandra et moi recherch**ons** un appartement à louer.
– la 2e personne l'emporte sur la 3e :
Sandra et toi recherch**ez** un appartement à louer.
Pour éviter les confusions, il faut reprendre les sujets par le pronom personnel équivalent.
Sandra et moi, nous recherch**ons** un appartement à louer.

• Lorsque deux sujets sont joints par *ainsi que, aussi bien que, autant que, comme, de même que, pas plus que...*, le verbe s'accorde avec les deux sujets, sauf si l'un d'eux est dominant.
L'Argentine, ainsi que le Brésil, appartienn**ent** au continent sud-américain.
Mais : La fatigue, autant que l'ennui, entraîn**e** des bâillements.

• Lorsque plusieurs sujets singuliers de la 3e personne sont joints par *ou, ni... ni*, le verbe s'accorde avec l'ensemble des sujets si l'idée de conjonction domine.
La neige **ou** le froid perturb**ent** la circulation routière.
Ni un train **ni** un autobus ne desserv**ent** cette bourgade.
Mais le verbe s'accorde avec le sujet rapproché si l'idée de disjonction prévaut.
Une embauche **ou** un refus **attend** le postulant au poste de magasinier.
Ni Mme Thomas **ni** M. Gérard n'**obtient** assez de suffrages pour être élu.
Les sujets sont toujours disjoints lorsqu'ils sont unis par des locutions telles que *ou plutôt, ou même, ou pour mieux dire.*
Un verrou, **ou même** des verrous, **sécuriseront** cette maison.

• Lorsque deux sujets sont joints par *moins que, plus que, plutôt que, et non,* le verbe s'accorde avec le premier sujet.
La patience, et non la précipitation, **permettra** d'achever ce travail.
Un marteau, plutôt qu'un tournevis, **est** nécessaire pour planter le clou.
La satisfaction du devoir accompli, plus que les honneurs, **réjouit** l'élu municipal.

• Quand le verbe a pour sujet un pronom tel que *tout, rien, ce,* qui reprend plusieurs noms, il s'accorde avec ce pronom.
La musique, le théâtre, le cinéma, l'opéra, **tout plaît** à Jordi.
Une tarte, une glace, un gâteau au chocolat, un sorbet, **rien** ne **satisfait** Rachel.

• Après *plus d'un*, le verbe se met au singulier ; après *moins de deux*, il se met au pluriel.
Plus d'un mathématicien **a** tenté de résoudre la quadrature du cercle.
Moins de deux tentatives **ont** suffi pour arrimer la montgolfière.

EXERCICE P. 149

25 LES PRONOMS PERSONNELS COMPLÉMENTS

Les pronoms personnels compléments sont placés près du verbe. Mais quels que soient les mots qui le précèdent immédiatement, le verbe conjugué à un temps simple s'accorde toujours avec son sujet.

Le, la, l', les

Les pronoms ***le, la, l', les*** placés devant le verbe sont des pronoms personnels de la 3e personne, généralement compléments d'objet direct du verbe.

Ce bijou, Loana **le** porte en sautoir.
Cette montre, tu **la** mets à l'heure.
Ce rubis, le bijoutier **l'**examine.
Ces bagues, vous **les** admirez.

⚠ Remarque

À l'impératif affirmatif, le pronom complément est placé immédiatement après le verbe auquel il est relié par un trait d'union.

Ce document, signez-**le**.
Cette émission, regarde-**la**.
Ces disques, écoute-**les**.

Me, te, se, nous, vous

Devant les verbes pronominaux, on trouve aussi des pronoms personnels qui représentent la même personne que le sujet. Ils ne perturbent pas l'accord du verbe avec son sujet.

Je ne **me** dérange pas pour rien.
Tu **t'**ennuies à mourir.
Vous **vous** égarez dans la forêt.
Elles **se** maquillent.

⚠ Remarque

On rencontre également des pronoms personnels des 1res et 2es personnes qui sont compléments du verbe.

Tu **m'**ennuies avec tes histoires.
Il **vous** retrouve au sous-sol.

En, y

Les pronoms personnels ***en*** et ***y*** ne sont jamais sujets du verbe, mais compléments d'objet ou compléments de lieu du verbe.

De la salade, j'**en** mange souvent.
Ce pays, tu **y** vas souvent.

Leur

Leur, placé près du verbe quand il est le pluriel de *lui*, est un pronom personnel complément qui demeure invariable.

Le moniteur de ski est prudent, on **lui** fait confiance.
Les moniteurs de ski sont prudents, on **leur** fait confiance.

⚠ Remarque

Il ne faut pas confondre *leur* pronom personnel avec *leur(s)*, adjectif possessif.

Ils leur demandent leurs adresses.
(leur : pr. pers. compl. ; leurs : adj. possessif)

EXERCICE P. 149

26 NOM OU VERBE ?

Il ne faut pas confondre les noms avec les formes conjuguées d'un verbe. Ils peuvent être homophones, mais leur orthographe est très souvent différente.

On ne **met** pas tous ses œufs dans le même panier.
Le gastronome n'apprécie que les **mets** raffinés.

Confusion due à la prononciation

Ces homonymes peuvent être :

- **un nom et une forme conjuguée au présent de l'indicatif**

Le maire **ceint** son écharpe tricolore. — donner le **sein** à un enfant
Ils **mentent** avec aplomb. — du sirop de **menthe**

- **un nom et une forme conjuguée à l'imparfait de l'indicatif**

Tu **laçais** tes chaussures. — les **lacets** de chaussures
Il **filait** à vive allure. — le **filet** à papillons

- **un nom et une forme conjuguée au passé simple**

Il **mit** trois minutes pour me rejoindre. — Aimez-vous la **mie** de pain ?
Nous **rîmes** aux éclats. — les **rimes** d'un poème

- **un nom et une forme conjuguée au futur simple**

Les cuisiniers **napperont** les gâteaux. — broder un **napperon**
Je **couperai** le pain. — le **couperet** de la guillotine

- **un nom et une forme conjuguée au présent du subjonctif**

Il faut que j'**aille** me laver. — une pointe d'**ail** dans le gigot
Je crains qu'il **faille** renoncer. — un relief de **failles**

- **un nom et le participe passé du verbe**

Je ne t'ai pas **cru**. — les **crues** de la Loire
Farid est **né** un mardi. — avoir le **nez** creux

⚠ Remarques

1 Certains noms ont pour homonymes des verbes à l'infinitif.

On verse du **chlore** dans l'eau de la piscine.
Il faut **clore** cette aventure.

2 Il existe quelques homographes que seul le sens permet de distinguer.

L'éleveur **trait** ses vaches deux fois par jour.
tracer un **trait** rouge

3 Quelquefois, c'est l'agglutination du verbe conjugué et du pronom qui le précède qui est homophone d'un nom.

Ce médicament, nous ne **l'avions** pas pris.
L'avion atterrit.
Cette photo, tu **l'affiches** sur tous les murs.
J'admire **l'affiche** du spectacle.
Ces deux objets métalliques **s'attirent**.
le **satyre** de la mythologie grecque

Comment éviter toute confusion ?

Pour distinguer ces homonymes, il est possible de conjuguer le verbe.

Elles se **piquent** (se piquait) parfois les doigts. — le **pic** du Midi
Il se peut qu'il **fasse** (que nous fassions) un détour. — jouer à pile ou **face**

EXERCICE P. 150

27 LE PARTICIPE PASSÉ EMPLOYÉ AVEC L'AUXILIAIRE *ÊTRE*

Le participe passé employé avec l'auxiliaire *être* **s'accorde en genre et en nombre avec le nom (ou le pronom) principal du groupe sujet du verbe.**

Conjugaison avec l'auxiliaire *être*

Se conjuguent avec l'auxiliaire *être* :

- **quelques verbes intransitifs** exprimant un mouvement ou un changement d'état *(aller, arriver, partir, rester, tomber, sortir, mourir, entrer, naître, retourner, venir*, et ses dérivés, *éclore, décéder*) ;

Les grêlons sont tombé**s** sur le verger. La caravane est enfin parti**e**.

- **les verbes à la voix passive** ;

La croissance est tiré**e** par la consommation.
Les copies sont corrigé**es** par les examinateurs.

- **les verbes pronominaux** (voir leçon 33).

Les deltaplanes se sont posé**s** en douceur. Mélodie s'est couché**e** tôt.

Autres cas

- Quelques verbes, selon le sens (intransitif ou transitif), peuvent être conjugués avec l'auxiliaire *être* ou l'auxiliaire *avoir*.

Ils sont passé**s** nous voir. Ils ont passé leur permis.
Elle est rentré**e**. Elle a rentré sa voiture.

- Employé à un temps composé, le verbe *être* se conjugue avec l'auxiliaire *avoir* ; son participe passé est toujours invariable.

Ils ont **été** de bonne foi. Nous avons **été** en difficulté.

Remarques

1 Le participe passé employé avec *être*, qu'il soit à un temps simple ou à un temps composé, s'accorde toujours avec le sujet.

Henri est prévenu par téléphone.
Henri a été prévenu par téléphone.

Ninon est prévenu**e** par téléphone.
Ninon a été prévenu**e** par téléphone.

Les pompiers sont prévenu**s** par téléphone.
Les pompiers ont été prévenu**s** par téléphone.

Elles sont prévenu**es** par téléphone.
Elles ont été prévenu**es** par téléphone.

2 Pour les 1re et 2e personnes – singulier et pluriel –, seule la personne qui écrit sait quel est l'accord.

Je suis né en juillet.
→ C'est un homme qui parle.
Tu es né**e** en juillet.
→ On parle à une femme.
Vous êtes né**s** en juillet.
→ On parle à des hommes.
Nous sommes né**es** en juillet.
→ Ce sont des femmes qui parlent.

3 Quand le sujet est le pronom *on*, on peut, ou non, accorder le participe passé (voir leçon 22).

EXERCICE P. 150

28 IDENTIFIER LE COMPLÉMENT D'OBJET DIRECT

Le complément d'objet direct (COD) représente l'être, la chose, l'idée, l'intention sur lesquels porte l'action exprimée par le verbe.

Règles générales

• Le COD se rattache directement au verbe, sans préposition. Un verbe qui admet un COD est un verbe transitif (voir leçons 92 et 119).
Ophélie rencontre **ses amies**. J'oublie **que j'ai un rendez-vous**.

• Pour trouver le COD, on pose la question « qui ? » ou « quoi ? » après le verbe.
Ophélie rencontre qui ? **ses amies** → COD
J'oublie quoi ? **que j'ai un rendez-vous** → COD
Pour ne pas confondre le COD avec l'attribut, il faut se souvenir que :
– le COD et le sujet évoquent des éléments distincts l'un de l'autre ;
Myriam renouvelle son abonnement. (son abonnement → COD)
– l'attribut du sujet et le sujet évoquent le même élément.
Myriam restera la dernière. (la dernière → attribut)
C'est pourquoi on ne trouve jamais de COD après les verbes d'état.
Exception : Pour les verbes de forme pronominale, le pronom personnel COD placé devant le verbe peut désigner la même personne.
Il se trompe. (Il trompe lui-même)

⚠ Remarques

1 Le COD est généralement placé après le verbe et il n'est pas déplaçable, sauf s'il est repris par un pronom.
Le chauffeur redoute **la nuit**.
La nuit, le chauffeur **la** redoute.

2 Le COD peut être placé avant le verbe :
– dans une phrase interrogative
Que voulez-vous ?
– dans une phrase exclamative
Quel beau tapis avez-vous !

3 En général, le COD ne peut être supprimé sans dénaturer le sens de la phrase. Mais, certains verbes peuvent être employés sans COD.
Il mange des tartines. Il mange.

4 Le COD peut être précédé d'un article partitif (*du, de la, de l'*) qu'il ne faut pas confondre avec une préposition.
Il mange du foie. Il souffre du foie.
On ne dit pas : « Il souffre le foie. »
→ *du foie* n'est pas COD dans ce cas.

Les différents COD

• **un nom ou un groupe nominal**
Il cueille **les fleurs**. Il cueille **les fleurs du jardin**.

• **un pronom** (personnel, démonstratif, possessif, indéfini, interrogatif, relatif)
Tu **le** prends. Je prends **ceci**. Je prends **le mien**.
Tu prends **tout**. **Que** prends-tu ? Voici le livre **que** tu prends.

• **une subordonnée** ou **un infinitif** (ou un groupe verbal à l'infinitif)
Je devine **que tu aimes la lecture**. Nous voudrions **répondre**.

EXERCICE P. 150

29 IDENTIFIER LE COMPLÉMENT D'OBJET INDIRECT

Le complément d'objet indirect (COI) représente l'être, la chose, l'idée, l'intention vers lesquels se dirige l'action exprimée par le verbe.

Règles générales

- Le COI se rattache au verbe par une préposition (*à, aux* ou *de*), sauf s'il s'agit d'un pronom.
Ce collectionneur s'intéresse **aux timbres**.
Ce collectionneur se soucie **de ses timbres**.
- Pour trouver le COI, on pose généralement les questions « à qui ? », « de qui ? », « à quoi ? », « de quoi ? » après le verbe.
Ce collectionneur s'intéresse à quoi ? **aux timbres** → COI
Ce collectionneur se soucie de quoi ? **de ses timbres** → COI

⚠ Remarques

1 Le COI est généralement placé après le verbe. Il n'est pas déplaçable, sauf s'il est repris par un pronom.

Le chauffeur résiste **à la fatigue**.
La fatigue, le chauffeur **lui** résiste.

2 En général, le COI ne peut être supprimé sans dénaturer le sens de la phrase ou la rendre incompréhensible. Cependant, certains verbes peuvent être employés sans COI.

Il joue **du violon**. Il joue.

3 Lorsque le verbe se construit avec un COD et un COI, le COI est appelé complément d'objet second (COS) ou complément d'attribution.

Le Père Noël distribue **des jouets** (COD) **aux enfants** (COS).

Lorsque le verbe se construit avec deux COI, celui introduit par *de* est appelé COI et celui introduit par *à* COS.

Le Père Noël s'occupe **de la distribution des jouets** (COI) **aux enfants** (COS).

4 Il ne faut pas confondre le COI, précédé d'une préposition, avec le COD précédé d'un article partitif (*du, de la, de l'*).

Il mange **de la viande**. (COD)
Il souffre **de l'estomac**. (COI)

Les différents COI

- **un nom ou un groupe nominal**
Le géologue s'attend **à une éruption**.
Le géologue se préoccupe **de l'état du volcan**.
- **un pronom** (personnel, démonstratif, possessif, indéfini, interrogatif, relatif)
Je **lui** parle. J'**en** parle. Je parle **de cela**. Je parle **des miens**.
Tu parles **aux autres**. **À qui** parles-tu ? Voici ce **dont** tu parles.
- **un infinitif** (ou un groupe verbal à l'infinitif)
Vous nous aidez **à déplacer ce meuble**.
- **une proposition subordonnée**
Le géologue se doutait **qu'il s'agissait d'une éruption**.

EXERCICE P. 150

30 LE PARTICIPE PASSÉ EMPLOYÉ AVEC L'AUXILIAIRE *AVOIR*

Le participe passé employé avec l'auxiliaire *avoir* **ne s'accorde jamais avec le sujet du verbe.**

Ce pull en coton a rétréci au lavage. Ces chaussettes rayées ont rétréci au lavage.

L'accord du participe passé avec l'auxiliaire *avoir*

Le participe passé employé avec l'auxiliaire *avoir* s'accorde avec le complément d'objet direct (COD) du verbe, seulement si celui-ci est placé avant le participe passé.
Pour trouver le COD, on pose la question « qui ? » ou « quoi ? » après le verbe.

Au concert, Grégory a retrouvé ses amis.
Grégory a retrouvé qui ? **ses amis**
Comme le COD est placé après le verbe, il n'y a pas d'accord.

Ses amis, Grégory les a retrouvés au concert.
Grégory a retrouvé qui ? **les** (mis pour **ses amis**)
COD placé avant le verbe → accord

Remarques

1 Si, dans une question, le COD est placé avant le participe passé, il s'accorde.

Quelles contraintes avez-vous rencontr**ées** ?
COD → quelles contraintes

Combien de kilomètres as-tu parcour**us** ?
COD → combien de kilomètres

2 Il ne faut pas confondre le complément d'objet indirect (COI), qui peut être placé avant le participe passé, avec le COD.

Les spectateurs ont applaudi ; la pièce leur a pl**u**.
La pièce a plu à qui ? à **leur**
(mis pour **les spectateurs**) → COI

Les pronoms COD

Placé devant le participe passé, le COD est le plus souvent un pronom qui ne nous renseigne pas toujours sur le genre ou le nombre.
Il faut donc chercher le nom que remplace le pronom pour bien accorder le participe passé.

- **pronom personnel**

Les chevrons, les charpentiers **les** ont pos**és**.
COD **les** (mis pour **les chevrons**) → accord au masculin pluriel
La poutre, les charpentiers **l'**ont pos**ée**.
COD **l'** (mis pour **la poutre**) → accord au féminin singulier

- **pronom relatif**

Les chevrons **que** les charpentiers ont pos**és** sont en chêne.
COD **que** (mis pour **les chevrons**) → accord au masculin pluriel
La poutre **que** les charpentiers ont pos**ée** est en chêne.
COD **que** (mis pour **la poutre**) → accord au féminin singulier

EXERCICE P. 150

31 LE PARTICIPE PASSÉ SUIVI D'UN INFINITIF

Le participe passé suivi d'un infinitif **obéit à certaines règles d'accord qu'il faut connaître.**

Règles générales

Le participe passé, employé avec l'auxiliaire *avoir*, ne s'accorde que si le COD, placé avant le participe passé, fait l'action exprimée par l'infinitif.

Les acteurs **que** j'ai vu**s** jouer formaient une troupe parfaitement homogène.
Recherche du COD → J'ai vu quoi ? **que** (mis pour **les acteurs**)
Recherche de l'auteur de l'action de l'infinitif → Ce sont **les acteurs** qui jouent.
Comme le COD, placé avant le participe passé, fait l'action exprimée par l'infinitif, on accorde le participe passé avec ce COD.

La pièce **que** j'ai vu jouer a beaucoup ému le public.
Recherche du COD → J'ai vu quoi ? **que** (mis pour **la pièce**)
Recherche de l'auteur de l'action de l'infinitif → Ce n'est pas **la pièce** qui joue.
Comme le COD, placé avant le participe passé, ne fait pas l'action exprimée par l'infinitif, on n'accorde pas le participe passé avec ce COD.

Remarques

1 Si l'infinitif peut être suivi d'un complément d'agent introduit par la préposition *par*, le participe passé reste invariable.

La pièce que j'ai vu jouer **par les acteurs** a beaucoup ému le public.

2 Si l'infinitif a un COD, on accorde le participe passé.

Ce sont ces acteurs que j'ai vu**s** jouer **une pièce de Tchekhov**.

Autres cas

- Le participe passé *fait* suivi d'un infinitif est toujours **invariable**.

Sa moto, Martin l'a fait réparer. Ses articles, le journaliste les a fait relire.
En effet, le participe passé *fait*, suivi d'un infinitif, fait corps avec cet infinitif qui est considéré comme le COD de *fait*.
D'ailleurs, on peut toujours placer un complément d'agent :
Sa moto, Martin l'a fait réparer par le mécanicien du quartier.
Ses articles, le journaliste les a fait relire par un correcteur professionnel.

- Le participe passé *laissé* suivi d'un infinitif peut s'accorder si le COD, placé avant le participe passé, fait l'action exprimée par l'infinitif.

Voici les canaris que William a laissés s'envoler.
Les canaris font bien l'action de s'envoler.
→ accord de *laissé* avec le COD
Voici les canaris que William a laissé élever par son oncle.
Ce ne sont pas les canaris qui élèvent, mais l'oncle.
→ pas d'accord de *laissé* avec le COD

Remarque

L'usage autorise désormais qu'on applique à *laissé* la même règle qu'à *fait*, c'est-à-dire de le considérer comme toujours invariable.

EXERCICE P. 150

32 LE PARTICIPE PASSÉ PRÉCÉDÉ DE *EN* ET PARTICULARITÉS

Les participes passés obéissent à certaines règles d'accord qu'il faut connaître.

Le participe passé précédé de *en*

Lorsque le COD du verbe est le pronom *en*, le participe passé reste invariable.
J'ai apporté des gâteaux et nous **en** avons mangé.

⚠ Remarque

Le verbe précédé de *en* peut avoir un COD placé avant lui. Le participe passé s'accorde alors avec ce COD.

Olivier est allé au Mexique ; je conserve les statuettes **qu'**il m'en a rapport**ées**.
il a rapporté quoi ?
qu' (mis pour **les statuettes**)
→ accord au féminin pluriel

Autres cas

• Le participe passé des verbes impersonnels, ou employés à la forme impersonnelle, reste invariable.
La somme qu'il a manqué à Jordi n'était pas très importante.
Cette protection, il l'aurait fallu plus étanche.

• Avec certains verbes (*courir, coûter, dormir, peser, régner, valoir, durer, vivre*), le participe passé s'accorde avec le pronom relatif *que* si ce pronom est bien COD.
Les compliments que son attitude courageuse lui a valus étaient mérités.
Il ne s'accorde pas si *que* est complément circonstanciel de valeur, de prix, de durée, de poids... .
Les six mille euros que cette moto vous a coûté me paraissent bien exagérés.

• Les participes passés *dû, cru, pu, voulu* sont invariables quand ils ont pour COD un infinitif sous-entendu.
M. Louis n'a pas réalisé toutes les démarches qu'il aurait dû.
(COD sous-entendu : **effectuer**)
Mais on écrira :
M. Louis s'est entièrement libéré des sommes qu'il a du**es**.
Il a dû quoi ? COD → **qu'** (mis pour **des sommes**) → accord au féminin pluriel

• Lorsque le COD, placé devant le participe passé, est un collectif suivi de son complément, l'accord se fait soit avec le collectif, soit avec le complément, selon le sens voulu par l'auteur.
Si l'auteur veut insister sur le flot, véritable marée humaine, il écrira :
C'est un véritable flot de visiteurs que les gardiens du musée ont accueilli.
S'il veut insister sur les visiteurs, il écrira :
C'est un véritable flot de visiteurs que les gardiens du musée ont accueilli**s**.

• Le participe passé suivi d'un attribut d'objet direct s'accorde avec cet objet si celui-ci précède le participe passé.
La femme enfermée dans la malle, tout le public l'a cru**e** découpée en morceaux !
Ces escaliers, je les aurais voulu**s** moins raides.

EXERCICE P. 151

33 LE PARTICIPE PASSÉ DES VERBES PRONOMINAUX

Le participe passé d'un verbe pronominal obéit à certaines règles d'accord.

Règles générales

Le participe passé d'un verbe employé à la forme pronominale s'accorde en genre et en nombre avec le COD quand celui-ci est placé avant le participe passé.

- Souvent, ce COD est un pronom personnel de la même personne que le sujet ; on peut alors dire que le participe passé s'accorde avec le sujet du verbe.
Ces blessés **se** sont vite rétabli**s**. Rose s'est brûl**ée** légèrement.

- Mais le verbe peut avoir un COD et le pronom réfléchi peut être complément d'attribution. Le participe s'accorde alors avec le COD placé avant lui.
Rose s'est brûlé **les mains**. Ce sont les mains que Rose s'est brûl**ées**.

Remarques

1 Le participe passé employé dans la conjugaison d'un verbe essentiellement pronominal s'accorde en genre et en nombre avec le sujet.

Les preuves se sont évanoui**es**.
Les perdreaux se sont envolé**s**.

2 Le participe passé du verbe *s'arroger* ne s'accorde jamais avec le sujet. Il s'accorde avec le COD lorsque celui-ci est placé avant lui.

Elles s'étaient arrogé des titres.
Ce sont les titres qu'elles s'étaient arrogé**s**.

Autres cas

- Lorsque le participe passé d'un verbe pronominal est suivi d'un infinitif, on applique les mêmes règles que pour le participe passé employé avec l'auxiliaire *avoir* suivi d'un infinitif (voir leçon 31).
Elles se sont fait faire un brushing.
Ils se sont laissé**s** retomber. Elles se sont laissé coiffer.

- Le participe passé employé dans la conjugaison d'un verbe pronominal à sens réciproque s'accorde avec le sujet du verbe si le pronom personnel réfléchi a valeur de COD.
Les boxeurs **se** sont affronté**s**. Les bouchers **se** sont servi**s** de couteaux.

- Le participe passé employé dans la conjugaison d'un verbe pronominal à sens passif s'accorde toujours avec le sujet du verbe.
Les robes soldées se sont arrach**ées**.

Remarque

Si le pronom personnel réfléchi a valeur de COI, on distingue trois cas :

– Il n'y a pas de COD → le participe passé reste invariable
Les événements se sont succédé.

Principaux verbes suivant cette règle : *se succéder, se parler, se plaire, se nuire, se ressembler, se suffire, s'en vouloir, se convenir, se mentir...*

– Il y a un COD placé après le participe → le participe passé reste invariable
Les adversaires se sont reproché leurs erreurs.

– Il y a un COD placé avant le participe → le participe passé s'accorde avec le COD
Voici les erreurs que les adversaires se sont reproch**ées**.

EXERCICE P. 151

FORMES VERBALES EN *-É, -ER* OU *-EZ*

On peut hésiter entre les formes verbales aux terminaisons homophones en [e].

Confusion due à la prononciation

Lorsqu'on entend le son [e] à la fin d'un verbe du 1er groupe, plusieurs terminaisons sont possibles :

- ***-er*** si le verbe est à l'infinitif ;

Nous allons **fermer** la porte. Pour **fermer** la porte, pousse le verrou.

- ***-é*** s'il s'agit du participe passé ;

Nous avons **fermé** la porte. La porte **fermée**, tu peux être tranquille.

- ***-ez*** s'il s'agit de la terminaison de la 2e personne du pluriel du présent de l'indicatif ou de l'impératif.

Vous **fermez** la porte brusquement. **Fermez** la porte.

Remarque

Le participe passé terminé par ***-é*** peut s'accorder, s'il est employé :

– comme adjectif épithète

garder les volets ferm**és**

– comme adjectif attribut

Les volets sont ferm**és**.

– comme adjectif placé en apposition

Ferm**ée**, la porte ne claque pas.

– avec l'auxiliaire *être*

Les fenêtres seront ferm**ées** par le vent.

– avec l'auxiliaire *avoir* et si le COD est placé avant le participe passé

Les fenêtres, les as-tu bien ferm**ées** ?

Comment éviter toute confusion ?

Pour distinguer les diverses terminaisons des verbes du 1er groupe, on peut remplacer la forme pour laquelle on hésite par un verbe du 2e ou du 3e groupe ; on entend alors la différence.

- **infinitif**

Nous allons **fermer** la porte. → Nous allons **ouvrir** la porte.
Pour **fermer** la porte, pousse le verrou.
→ Pour **ouvrir** la porte, pousse le verrou.

- **participe passé**

Nous avons **fermé** la porte. → Nous avons **ouvert** la porte.
La porte **fermée**, tu peux être tranquille.
→ La porte **ouverte**, tu peux être tranquille.

- **2e personne du pluriel**

Vous **fermez** la porte brusquement. → Vous **ouvrez** la porte brusquement.

Remarques

1 Même si le sens n'est pas toujours respecté, il est préférable, par souci d'efficacité, de choisir toujours le même verbe pour effectuer cette substitution.

2 Lorsque les verbes *aller, devoir, pouvoir, falloir* sont suivis d'un verbe, celui-ci est toujours à l'infinitif.

Il va/doit/peut/faut **fermer** la porte.

EXERCICE P. 151

35 PARTICIPE PASSÉ OU VERBE CONJUGUÉ ?

À l'oral ou à l'écrit, il n'est pas rare d'hésiter entre le participe passé et le verbe conjugué. Il faut donc savoir distinguer ces formes.

Confusion due à la prononciation

Lorsqu'on entend le son [i] ou le son [y] à la fin d'une forme verbale, il peut s'agir :

- du verbe conjugué qui prend alors les terminaisons de son temps ;

présent de l'indicatif

finir → Je fini**s** mon travail. *sourire* → Je souri**s** aux anges.

passé simple

courir → Je cour**us** lentement. *partir* → Je part**is** à l'aube.

- du participe passé terminé par ***-i*** ou ***-u***.

finir → J'ai fin**i** mon travail. *sourire* → J'ai sour**i** aux anges.
courir → J'ai cour**u** lentement. *partir* → Je suis part**i** à l'aube.

⚠ Remarque

Le participe passé peut éventuellement s'accorder.

des travaux fini**s**
Une récompense est attendu**e**.

Comment éviter toute confusion ?

Pour distinguer ces formes, on peut les remplacer par une autre forme verbale.

- Si c'est possible, il s'agit alors d'un verbe conjugué :

Alban **dormit** sur ses deux oreilles. → Alban **dormait** sur ses deux oreilles.
Jules César **connut** la gloire. → Jules César **connaissait** la gloire.

- Dans le cas contraire, il s'agit du participe passé en ***-i*** ou en ***-u***.

⚠ Remarques

1 Certains participes passés se terminent par ***-is*** ou ***-it*** au masculin singulier.

un candidat admi**s**
un château maudi**t**

Pour ne pas se tromper, on remplace par un nom féminin et on fait l'accord ; on entend alors la lettre finale.

une candidate admi**se**
une région maudi**te**

2 Les participes passés *dû, mû, crû* (verbe *croître*), *recrû* (verbe *recroître*) ne prennent un accent circonflexe qu'au masculin singulier.

Ayant perdu sa boussole, l'explorateur a **dû** rebrousser chemin.
Ce moulin fonctionne **mû** par la force du vent.
Les arbres ont **crû** rapidement.

3 Les participes passés *cru* (verbe *croire*), *recru* (*harassé*), *accru* (verbe *accroître*), *décru* (verbe *décroître*) ne prennent jamais d'accent circonflexe.

Il a **cru** voir la terre.
Il est **recru** de fatigue.
Ce commerçant a **accru** son bénéfice.
Le niveau des eaux a **décru** rapidement.

EXERCICE P. 151

36 EST – ES – ET – AI – AIE – AIES – AIT – AIENT / A – AS – À

Plusieurs formes des verbes *avoir* et *être* sont homophones. Il faut savoir les distinguer.

est – es – et – ai – aie – aies – ait – aient

Il ne faut pas confondre :

- ***est, es*** : formes des 3e et 2e personnes du singulier de l'auxiliaire *être* au présent de l'indicatif.
On écrit *est, es* quand on peut les remplacer par les formes d'un autre temps simple de l'indicatif.
José **est** courageux. → José **était** courageux.
Tu **es** courageux. → Tu **étais** courageux.
La présence du pronom personnel de la 2e personne du singulier indique la terminaison.

- ***et*** : conjonction de coordination reliant deux groupes de mots ou deux parties d'une phrase.
On peut remplacer la conjonction *et* par *et puis.*
José est courageux **et** intrépide. → José est courageux **et puis** intrépide.

- ***ai*** : 1re personne du singulier au présent de l'indicatif de l'auxiliaire *avoir.*
On écrit *ai* quand on peut remplacer par une autre personne du présent de l'indicatif.
J'**ai** du courage. → Nous **avons** du courage.

- ***aie, aies, ait, aient*** : formes du verbe *avoir* au présent du subjonctif.
Pour éviter toute confusion, il faut d'abord identifier le mode subjonctif. Pour cela, il suffit de changer de personne.
Il faut que j'**aie** du courage. → Il faut que nous **ayons** du courage.
Il faut que tu **aies** du courage. → Il faut que nous **ayons** du courage.
Il faut que le pompier **ait** du courage. → Il faut que vous **ayez** du courage.
Il faut que les pompiers **aient** du courage. → Il faut que vous **ayez** du courage.
Il faut ensuite bien distinguer les différentes personnes en repérant les pronoms ou les noms sujets.

a – as – à

Il ne faut pas confondre :

- ***a, as*** : formes des 3e et 2e personnes du singulier de l'auxiliaire *avoir* au présent de l'indicatif.
On écrit *a, as* quand on peut les remplacer par les formes d'un autre temps simple de l'indicatif.
Élodie **a** froid. → Élodie **avait** froid.
Tu **as** froid. → Tu **avais** froid.
La présence du pronom personnel de la 2e personne du singulier indique la terminaison.

- ***à*** : préposition.
Élodie va **à** la piscine.
Élodie utilise une machine **à** calculer.
Élodie est **à** l'heure.
Élodie parle **à** Naïma.

EXERCICE P. 151

37 TOUT – TOUS – TOUTE – TOUTES

Tout peut prendre différentes formes qu'il faut reconnaître pour effectuer correctement les accords.

Confusion due à la prononciation

Il ne faut pas confondre :

• ***tout*** : déterminant indéfini quand il se rapporte à un nom auquel il s'accorde en genre et en nombre. Il est généralement suivi d'un second déterminant.
tout le jour   **toute** cette journée   **tous** les mois   **toutes** les semaines

• ***tout*** : pronom indéfini quand il remplace un nom. Il est alors sujet ou complément du verbe.
Au singulier, *tout*, pronom, est employé seulement au masculin.
Au pluriel, *tout* devient *tous* ou *toutes* (on entend la différence entre ces deux formes).
Tout devrait être terminé à vingt heures. → **Tous** veulent assister au concert.
→ Ces chansons, on les connaît **toutes**.

• ***tout*** : adverbe, le plus souvent invariable, quand il est placé devant un adjectif qualificatif ou un autre adverbe. On peut alors le remplacer par *tout à fait*.
Les spectateurs sont **tout** étonnés. → Les spectateurs sont **tout à fait** étonnés.
La salle est **tout** étonnée. → La salle est **tout à fait** étonnée.
L'orchestre joue **tout** doucement. → L'orchestre joue **tout à fait** doucement.

• ***tout*** : peut être un nom précédé d'un déterminant.
Le jeu de ces musiciens forme un **tout** agréable.

⚠ Remarques

1 Quand on hésite entre le singulier et le pluriel pour certaines expressions, on place un déterminant entre *tout* et le nom.

rouler **tous** feux éteints
rouler **tous** les feux éteints
aimer de **tout** cœur
de **tout** son cœur

2 Quand *tout* adverbe est placé devant un adjectif qualificatif féminin commençant par une consonne (en particulier un ***h*** aspiré), il s'accorde par euphonie, c'est-à-dire pour que la prononciation soit plus facile.

La brioche est **toute** froide.
Les spectatrices sont **toutes** surprises.

Les adjectifs commençant par un ***h*** aspiré sont peu nombreux : *hardie, honteuse, hagarde, hérissée, hachée...*

3 Pour certaines phrases, il faut bien étudier le sens pour reconnaître la nature de *tout*.
En remplaçant *tout* par *tout à fait*, on peut souvent faire la distinction :

– **entre le pronom et l'adverbe ;**

Ces étudiants sont **tout** attentifs.
(*tout à fait* attentifs → adverbe)
Ces étudiants sont **tous** attentifs.
(*tous* sont attentifs → pronom)

– **entre l'adverbe et le déterminant.**

Nous avons fait un **tout** autre choix.
(*tout à fait* autre → adverbe)
À **toute** autre ville, je préfère Paris.
(*à n'importe quelle* ville → déterminant)

EXERCICE P. 152

38 MÊME – MÊMES

Même peut prendre différentes formes qu'il faut savoir reconnaître.

Confusion due à la prononciation

Il ne faut pas confondre :

• ***même*** : adjectif ou déterminant indéfini quand il se rapporte à un nom (ou un pronom) avec lequel il s'accorde en nombre. Il a alors le sens de *pareil, semblable.*

Ces deux tables ont les **mêmes** pieds ; elles sont de la **même** époque.
Ces deux mélodies commencent par les **mêmes** notes.

Lorsque *même* se rapporte à un pronom, il lui est relié par un trait d'union.

M. Chevrier prépare lui-**même** ses confitures.
Nous tapisserons nous-**mêmes** les murs de notre appartement.
Les informaticiens eux-**mêmes** ne purent détruire ce virus.

• ***même*** : adverbe invariable, quand il modifie le sens :

– d'un verbe ;

Les vrais collectionneurs achètent **même** les tableaux de peintres inconnus.

– d'un adjectif ;

Ce produit fait disparaître les taches, **même** les plus importantes.

– ou quand il est placé devant le nom précédé de l'article.

Même les navires de fort tonnage ne se risquent pas en mer aujourd'hui.

Dans ces cas, on peut remplacer *même* par un autre adverbe : *également, aussi, y compris, exactement...*

• ***même*** : pronom quand il est précédé d'un article et qu'il remplace un nom.

Ton pull me plaît, je veux le **même**. Ta veste me plaît, je veux la **même**.
Tes pulls me plaisent, je veux les **mêmes**. Tes bottes me plaisent, je veux les **mêmes**.

⚠ Remarques

1 *Vous-même* s'écrit avec ou sans *-s* selon que cette expression désigne plusieurs personnes ou une seule personne (singulier de politesse).

Marie et toi avez fait vous-**mêmes** toutes les démarches.
Avez-vous vous-**même** vérifié ce travail ?

2 *Même* est également adverbe dans certaines expressions : *à même, tout de même, de même, même si, quand même...*

Personne n'est **à même** de donner la bonne réponse.
Malgré les incertitudes, nous partirons **tout de même**.
Même si vous rencontrez des obstacles, vous franchirez cette barre rocheuse.

3 **Il ne faut pas confondre :**

– *même,* adverbe invariable, placé après un nom ;

Les maîtres nageurs **même** ne se baignent pas dans cette mer démontée.
(On peut dire : **Même** les maîtres nageurs ne se baignent pas.)

– *même,* adjectif placé également après le nom avec lequel il s'accorde.

Les maîtres nageurs **mêmes** sont à leur poste.
(*Même* a alors le sens de *identique à*)

Cet emploi est très rare.

EXERCICE P. 152

39 QUEL(S) – QUELLE(S) – QU'ELLE(S)

Quel peut prendre différentes formes qu'il faut reconnaître pour effectuer correctement les accords.

Confusion due à la prononciation

Il ne faut pas confondre :

- ***quel*** **: adjectif interrogatif, qui s'accorde avec le nom qu'il accompagne.**

Il peut être épithète :
De **quel** quartier êtes-vous originaire ?
De **quelle** ville êtes-vous originaire ?
Quels livres avez-vous lus récemment ?
Quelles revues avez-vous lues récemment ?
ou attribut :
Quel est ce bruit ?
Quels sont ces bruits ?
Quelle est cette mélodie ?
Quelles sont ces mélodies ?

- ***quel*** **: adjectif exclamatif, qui s'accorde avec le nom qu'il accompagne.**

Il peut être épithète :
Quel bel immeuble !
Quels beaux immeubles !
Quelle belle maison !
Quelles belles maisons !
ou attribut :
Quel fut ton étonnement !
Quels furent vos applaudissements !
Quelle fut ta surprise !
Quelles furent vos émotions !

- ***qu'elle(s)*** : contraction de *que elle(s)*, pronom relatif ou conjonction de subordination suivi d'un pronom personnel féminin.

– pronom relatif
La cliente est décidée, voici le modèle **qu'elle** a choisi.
Les clientes sont décidées, voici le modèle **qu'elles** ont choisi.

– conjonction de subordination
La limite, il est probable **qu'elle** a été franchie.
Les limites, il est probable **qu'elles** ont été franchies.

En remplaçant le pronom personnel féminin *elle* par le pronom personnel masculin *il*, on entend alors la différence.
Le client est décidé, voici le modèle **qu'il** a choisi.
Les clients sont décidés, voici le modèle **qu'ils** ont choisi.
Le repère, il est probable **qu'il a** été franchi.
Les repères, il est probable **qu'ils** ont été franchis.

⚠ Remarque

Le pronom relatif *lequel* s'accorde lui aussi en genre et en nombre avec son antécédent.

Voici le plat dans **lequel** le cuisinier servira les hors-d'œuvre.

Voici l'assiette dans **laquelle** le cuisinier servira les hors-d'œuvre.
Voici les ramequins dans **lesquels** le cuisinier servira les hors-d'œuvre.
Voici les coupelles dans **lesquelles** le cuisinier servira les hors-d'œuvre.

EXERCICE P. 152

40 SE (S') – CE (C') – CEUX / SONT – SON

Il existe des formes homophones *(se – ce – ceux* ou *sont – son)* qu'il faut distinguer.

se (s') – ce (c') – ceux

Il ne faut pas confondre :

• ***se (s')*** : pronom personnel réfléchi de la 3e personne qui fait partie d'un verbe pronominal.
On peut le remplacer par un autre pronom personnel réfléchi : *me* ou *te* en conjuguant le verbe.
Paquita **se** couche tôt. → Je **me** couche tôt.

• ***ce*** : déterminant démonstratif placé devant un nom ou un adjectif.
On peut le remplacer par un autre déterminant démonstratif si on change le genre ou le nombre du nom.
ce mouvement → **cette** impulsion → **ces** mouvements
Un adjectif qualificatif peut parfois s'intercaler entre le déterminant et le nom.
ce brusque mouvement → **cette** brusque impulsion

• ***ce (c')*** : pronom démonstratif, souvent placé devant le verbe *être* (ou *devoir, pouvoir*) ou un pronom relatif.
C'est à Tours que Balzac est né. **Ce** sont des tapis persans.
Ce devait être une grande aventure. **Ce** peut être un nouvel épisode.
J'ai dormi un peu, **ce** qui m'a reposé. Dormir, voici **ce** dont j'ai le plus besoin.

• ***ceux*** : pronom démonstratif, représente un nom masculin pluriel.
On peut le remplacer par *celui* en mettant le nom au singulier.
Les kiwis sont **ceux** que je préfère. → Le kiwi est **celui** que je préfère.

⚠ Remarque

Devant une voyelle ou un ***h*** muet, *ce* et *se* s'écrivent *c'* et *s'*.

sont – son

Il ne faut pas confondre :

• ***sont*** : forme conjuguée de l'auxiliaire *être* à la 3e personne du pluriel du présent de l'indicatif.
On écrit *sont* quand on peut le remplacer par une autre forme conjuguée de l'auxiliaire *être* à la 3e personne du pluriel : *étaient, seront, furent...*
Tous les espoirs **sont** permis. → Tous les espoirs **étaient** permis.

• ***son*** : déterminant possessif singulier.
Il peut être remplacé par un autre déterminant possessif. Il est placé devant un nom ou un adjectif et indique l'appartenance.
Son espoir est déçu. → **Ton** espoir est déçu. → **Le sien** est déçu.

⚠ Remarque

Son, déterminant possessif masculin, peut être placé devant des noms (ou des adjectifs) féminins commençant par une voyelle ou un ***h*** muet.

son arrivée
son habitude
son abondante chevelure
son heureuse décision

EXERCICE P. 152

41 CES – SES / C'EST – S'EST – SAIT – SAIS

Il existe des formes homophones comme *ces – ses* ou *c'est – s'est – sait – sais* qu'il faut savoir distinguer.

ces – ses

Il ne faut pas confondre :

- ***ces*** : déterminant démonstratif, placé devant un nom ou un adjectif.
Il peut être remplacé par un autre déterminant démonstratif si on met le nom au singulier.
On admire **ces** vitrines. → On admire **cette** vitrine.
On admire **ces** modèles. → On admire **ce** modèle.
- ***ses*** : déterminant possessif, placé devant un nom ou un adjectif.
Il peut être remplacé par un autre déterminant possessif si on met le nom au singulier.
Benoît range **ses** vêtements. → Benoît range **son** vêtement.
Benoît range **ses** chemises. → Benoît range **sa** chemise.

Remarque

Pour choisir entre le déterminant possessif *ses* ou le déterminant démonstratif *ces*, il faut bien examiner le sens de la phrase.

Martin feuillette **ses** (**ces**) livres.

S'il s'agit de livres qui lui appartiennent, on écrit :

Martin feuillette **ses** livres.

S'il s'agit de livres qui sont disposés sur les rayons de la librairie, on écrit :

Martin feuillette **ces** livres.

c'est – s'est – sait – sais

Il ne faut pas confondre :

- ***c'est*** : auxiliaire *être* précédé du pronom démonstratif élidé *c'* (*ce*).
Il peut souvent être remplacé par l'expression *cela est*.
Marcher sans chaussures sur le corail, **c'est (cela est)** dangereux.
- ***s'est*** : auxiliaire *être* précédé du pronom personnel réfléchi élidé *s'* (*se*).
Il peut être remplacé par *me suis* ou *se sont* en conjuguant l'auxiliaire *être*.
Tristan **s'est** baigné dans un lagon bleu. → Je **me suis** baigné dans un lagon bleu.
- ***sait*** (***sais***) : formes conjuguées du verbe *savoir* aux personnes du singulier du présent de l'indicatif.
Elles peuvent être remplacées par d'autres formes conjuguées de ce verbe.
Mélodie **sait** nager. → Mélodie **saura** nager.
Je **sais** nager. → Je **savais** nager. Tu **sais** nager. → Tu **as su** nager.

Remarque

Pour ne pas confondre *ses* ou *ces* avec *c'est* ou *s'est*, on peut remplacer par *c'était* ou *s'était*.

C'est (C'était) un film à succès.
Benoît **s'est (s'était) perdu**.

Exercice p. 152

42

ONT – ON – ON N'

Il existe des formes homophones comme *ont – on – on n'* qu'il faut savoir distinguer.

Confusion due à la prononciation

Il ne faut pas confondre :

• ***ont*** : forme conjuguée de l'auxiliaire *avoir* à la 3e personne du pluriel au présent de l'indicatif.
On écrit *ont* quand on peut le remplacer par une autre forme de l'auxiliaire *avoir* à la 3e personne du pluriel : *avaient, auront, eurent...*
Les canards **ont** les pattes palmées. → Les canards **avaient** les pattes palmées.

• ***on*** : pronom personnel indéfini de la 3e personne du singulier, toujours sujet d'un verbe.
On écrit *on* quand on peut le remplacer par un autre pronom personnel de la 3e personne du singulier ou un nom sujet singulier.
On voit un vol de canards. → **Il/Elle/Le naturaliste** voit un vol de canards.

• ***on n'*** : quand *on* est placé devant un verbe commençant par une voyelle ou un ***h*** muet, on n'entend pas la différence entre la forme affirmative et la forme négative.
À la forme affirmative, on fait la liaison à l'oral :
On (n)aperçoit des canards. **On** (n)héberge des canards.
À la forme négative, la première partie de la négation est élidée.
On n'aperçoit pas de canards. **On n'**héberge pas de canards.
Si on remplace *on* par un autre pronom personnel, on entend alors la différence (*ne* → *n'*).
Il aperçoit des canards. **Il** héberge des canards.
Il n'aperçoit pas de canards. **Il n'**héberge pas de canards.

Remarques

1 *Ont* est aussi la forme de l'auxiliaire *avoir* lorsqu'un verbe est conjugué à la 3e personne du pluriel au passé composé.

Les canards **ont** pris leur envol.
Les canards **avaient** pris leur envol.

2 Le pronom personnel indéfini *on* est souvent employé à la place du pronom personnel *nous*, surtout à l'oral.

On sort vite. **Nous** sortons vite.

Dans ce cas, si *on* désigne plusieurs personnes, il entraîne néanmoins un accord du verbe au singulier.

Dans un souci de cohérence grammaticale, il est préférable de ne pas accorder le participe passé lorsque le sujet est *on*, même si l'accord est parfois toléré.

On est sorti vite. **Nous** sommes sorti(e)s vite.

Dans un même texte, on n'emploiera pas à la fois *on* et *nous*.

3 On écrit :

des on-dit **et** le qu'en dira-t-on.

EXERCICE P. 152

43 C'EST – CE SONT / C'ÉTAIT – C'ÉTAIENT / SOI – SOIT – SOIS

Il existe plusieurs formes du verbe *être* qu'il faut savoir distinguer.

c'est – ce sont / c'était – c'étaient / ce fut – ce furent

• Les verbes *être, devoir être, pouvoir être,* précédés de *ce* (*c'*), se mettent au pluriel s'ils sont suivis d'un sujet réel à la 3e personne du pluriel ou d'une énumération ; sinon ils sont au singulier.

Max, **c'est** un bon joueur.	Max et Luc, **ce sont** de bons joueurs.
C'était encore un chanteur inconnu.	**C'étaient** encore des chanteurs inconnus.
Ce fut une victoire facile.	**Ce furent** des victoires faciles.

Erwan joue de trois instruments : **ce sont** la guitare, le banjo et la contrebasse.
Max, **ce doit être** un bon joueur. Max et Luc, **ce doivent être** de bons joueurs.
Max, **ce peut être** un bon joueur. Max et Luc, **ce peuvent être** de bons joueurs.
Dans une langue moins soutenue, on admet l'accord au pluriel ou au singulier.

• Lorsque le pronom qui suit *c'est* est *nous* ou *vous,* le verbe *être* reste au singulier.
C'est nous qui allons repeindre les portes et les fenêtres.
C'est vous que le directeur a retenu pour aller travailler en Italie.

• Si le nom qui suit *c'est* est précédé d'une préposition, le verbe *être* reste au singulier.
C'est de ces projets que je veux vous entretenir.

soi – soit – sois

Il ne faut pas confondre :

• ***soi*** : pronom personnel réfléchi de la 3e personne du singulier qui ne marque ni le genre ni le nombre. Il se rapporte à un sujet singulier indéterminé.
Pour réussir, il faut faire preuve de confiance en **soi**.
Lorsque le sujet est précis, on emploie *lui.*
M. Walter fait preuve de confiance en **lui**.

• ***soit*** : conjonction de coordination marquant l'alternative.
Ce soir, il prendra **soit** le métro, **soit** l'autobus pour rentrer chez lui.
On peut toujours remplacer *soit* par *ou bien.*
Ce soir, il prendra **ou bien** le métro, **ou bien** l'autobus pour rentrer chez lui.

• ***soit, sois*** : formes du singulier du présent du subjonctif du verbe *être.*
Il faut que je **sois** à l'abri. Il faut que tu **sois** à l'abri. Il faut que Léa **soit** à l'abri.

⚠ Remarques

1 *Soi* est souvent renforcé par *même.*
Il faut respecter les autres comme **soi-même**.
On peut le remplacer par un autre pronom personnel réfléchi en modifiant la phrase.
Nous respectons les autres comme nous-mêmes.

2 *Soi-disant* est toujours invariable, même employé comme adjectif.
Ils sont venus **soi-disant** pour nous parler.
Les **soi-disant** déménageurs ont abîmé les meubles.

EXERCICE P. 153

SI – S'Y / NI – N'Y

Il existe des formes homophones comme *si – s'y / ni – n'y* qu'il faut savoir distinguer.

si – s'y

Il ne faut pas confondre :

- ***si*** : adverbe ou conjonction de subordination, qui peut être remplacé par un autre adverbe ou une autre conjonction.

La température est **si** basse que l'eau gèle.
→ La température est **tellement** basse que l'eau gèle.
Nous sortirons **si** la sirène retentit.
→ Nous sortirons **parce que** la sirène retentit.

- ***s'y*** : qui peut se décomposer en *se y* (on place l'apostrophe par euphonie). Il est toujours placé devant un verbe, car le ***s'*** fait partie d'un verbe pronominal. Le ***y*** est pronom adverbial ou personnel.

Dans ce lac, on **s'y** baigne volontiers.
Au bureau, Martial **s'y** rend à pied.
On peut remplacer *s'y* par *m'y* ou *t'y* en conjuguant le verbe.
Dans ce lac, tu **t'y** baignes volontiers.
Au bureau, je **m'y** rends à pied.

ni – n'y

Il ne faut pas confondre :

- ***ni*** : conjonction négative qui relie deux éléments (noms ou propositions).

M. Bourdon ne sait **ni** ce qui s'est passé **ni** qui a appelé les pompiers.
La poule n'a **ni** dents **ni** oreilles.
On peut parfois remplacer *ni* par *et* :
M. Bourdon ne sait **ni** ce qui s'est passé **et** qui a appelé les pompiers.
ou par *pas* :
La poule n'a **pas** de dents et **pas** d'oreilles.

- ***n'y*** : qui peut se décomposer en *ne y* (on place l'apostrophe par euphonie). Le ***n'*** est la première partie d'une négation dont on peut trouver la deuxième partie dans la suite de la phrase. Le ***y*** est pronom adverbial ou personnel.

Sur les routes verglacées, les conducteurs **n'y** roulent que très lentement.
Sans ses lunettes, grand-père **n'y** voit rien.

⚠ Remarque

Parfois, la première conjonction *ni* est remplacée par une autre conjonction négative.

Cette chanson n'est **ni** originale **ni** mélodieuse.

Cette chanson n'a **rien** d'original **ni** de mélodieux.

Je n'irai **ni** sur la Lune **ni** sur Mars.
Je n'irai **jamais** sur la Lune **ni** sur Mars.

EXERCICE P. 153

45 SANS – SENT – S'EN – C'EN / DANS – D'EN

Il existe des formes homophones qu'il faut savoir distinguer.

sans – sent – sens – s'en – c'en

Il ne faut pas confondre :

• ***sans*** : préposition qui marque l'absence, le manque. Elle est souvent le contraire de la préposition *avec*.

C'est un immeuble **sans** ascenseur. Gérald sort de l'eau **sans** trembler.

On écrit *sans* quand on peut remplacer par *avec*, ou par *sinon*, *pour*, *en* dans certaines expressions.

C'est un immeuble **avec** ascenseur. Gérald sort de l'eau **en** tremblant.

• ***sent***, ***sens*** : formes du verbe *sentir* aux trois personnes du singulier du présent de l'indicatif.

Ce lutteur ne **sent** plus sa force. Je ne **sens** plus ma force.

On écrit *sent* ou *sens* quand on peut remplacer par une autre forme du verbe *sentir* : *sentait, sentais, sentira, sentirai, sentiras, sentent...*

Ce lutteur ne **sent** plus sa force. → Ce lutteur ne **sentait** plus sa force.
Je ne **sens** plus ma force. → Je ne **sentirai** plus ma force.

• ***s'en*** : contraction de *se en*. ***S'*** est la forme élidée du pronom personnel réfléchi *se*, et ***en*** un pronom adverbial.

Ce lutteur est très fort et il ne **s'en** aperçoit pas.

On écrit *s'en* quand on peut remplacer par *m'en*, *t'en* en conjuguant le verbe.

Je suis fort et je ne **m'en** aperçois pas. Tu es fort et tu ne **t'en** aperçois pas.

• ***c'en*** : contraction de *ce en*.

C' est la forme élidée du pronom démonstratif *ce*, et ***en*** un pronom adverbial.

Vous faites du bruit, **c'en** est trop. Du foie gras ? **c'en** est, bien sûr.

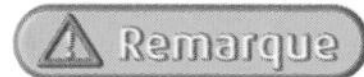

Après *sans*, le nom est généralement au pluriel.

Admirez ce ciel **sans** nuages. → S'il y en avait, il n'y aurait pas qu'un seul nuage.

Sinon, on écrit le nom au singulier.

Voilà une bien triste journée **sans** soleil.
→ Il ne peut y avoir qu'un soleil.

dans – d'en

Il ne faut pas confondre :

• ***dans*** : préposition qui peut être remplacée par une autre préposition : *à l'intérieur de, parmi, chez...*

Je m'entraîne **dans** un gymnase. → Je m'entraîne **à l'intérieur** d'un gymnase.

• ***d'en*** : contraction de *de en*. ***D'*** est la forme élidée de la préposition *de*, et ***en*** un pronom personnel (ou premier terme d'une locution prépositive : *en face, en haut, en bas...*). Elle est généralement placée devant un verbe à l'infinitif.

Du pain, je viens **d'en** couper deux tranches.
Le code de la route, il convient **d'en** respecter les règles.

EXERCICE P. 153

46 QUELQUE(S) – QUEL(S) QUE – QUELLE(S) QUE

Il existe des formes homophones comme *quelque(s) – quel(s) que – quelle(s) que* qu'il faut savoir distinguer.

Confusion due à la prononciation

Il ne faut pas confondre :

• ***quelque(s)*** : déterminant indéfini qui s'écrit en un seul mot et qui s'accorde en nombre.
Il arrivera dans **quelque** temps. Il arrivera dans **quelques** heures.
Quelques exemplaires de cet album sont encore disponibles.
Il faut retenir l'orthographe de quelques expressions :
en quelque sorte – quelque part – quelque chose – quelque peine à – quelque peu

• ***quel(les) que*** : regroupement de deux mots, un adjectif indéfini attribut et une conjonction de subordination.
Quel que soit le parcours, tu l'accompliras.
Dans ce cas, *quel* s'accorde avec le sujet qui se trouve après le verbe *être* (ou *devoir être, pouvoir être*) au présent du subjonctif.
Quel que soit ton projet, nous le respecterons.
Quelle que soit ta décision, nous la respecterons.
Quels que doivent être tes projets, nous les respecterons.
Quelles que puissent être tes intentions, nous les respecterons.

• ***quelque*** : adverbe lorsqu'il se trouve placé devant un adjectif ; il est alors invariable.
Quelque mouillés que soient ces vêtements, il faudra les enfiler.
Quelque appétissants que soient ces gâteaux, je n'en reprendrai pas.
On peut le remplacer par un autre adverbe.
Aussi mouillés que soient ces vêtements, il faudra les enfiler.
Aussi appétissants que soient ces gâteaux, je n'en reprendrai pas.

Remarques

1 On peut parfois confondre l'adverbe et le déterminant placé devant un adjectif suivi d'un nom.

Quelques bons élèves devront passer cet examen.
Quelque bons élèves que soient ces étudiants, ils devront passer cet examen.

On supprime l'adjectif. Si cette suppression est possible, *quelque* est en rapport avec le nom, donc il s'accorde.

Quelques élèves devront passer l'examen terminal.

Si c'est impossible, *quelque* est adverbe et reste invariable.

On n'écrit pas : « Quelque élèves que soient ces étudiants, ils devront passer l'examen terminal. »

2 *Quelques-uns* et *quelques-unes* sont des pronoms indéfinis pluriels ; les pronoms singuliers étant *quelqu'un* et *quelqu'une* (plus rare).

3 Lorsqu'il a le sens de *parfois*, *quelquefois* s'écrit en un seul mot.

M. Marrou va **quelquefois** à la pêche.

EXERCICE P. 153

47 LA – L'A – L'AS – LÀ / SA – ÇA – ÇÀ

Il existe des formes homophones comme *la – l'a – l'as – là* ou *sa – ça – çà* qu'il faut savoir distinguer.

la – l'a – l'as – là

Il ne faut pas confondre :

- ***la*** : article ou pronom personnel complément, qui peut être remplacé par *une, le* ou *les.*

La piscine, Alice **la** fréquente chaque semaine.
→ **Le** stade, Alice **le** fréquente chaque semaine.

- ***l'a*** : contraction de *la a* ou de *le a*, qui peut être remplacée par *l'avait, l'aura.*

La piscine, Alice **l'a** fréquentée pendant un an.
→ La piscine, Alice **l'avait** fréquentée pendant un an.

- ***l'as*** : contraction de *la as* ou de *le as*, qui peut être remplacée par *l'avais, l'auras.*

La piscine, tu **l'as** fréquentée pendant un an.
→ La piscine, tu **l'avais** fréquentée pendant un an.

- ***là*** : adverbe de lieu, qui peut souvent être remplacé par *ici* ou *-ci.*

C'est **là** que j'ai appris à nager.
→ C'est **ici** que j'ai appris à nager.
Là est parfois accolé à un pronom démonstratif ou à un nom.
Ce bassin est profond ; dans celui-**là** on a pied.
→ Ce bassin est profond ; dans celui-**ci** on a pied.
Cet objet-**là** possède une valeur inestimable.
→ Cet objet-**ci** possède une valeur inestimable.

sa – ça – çà

Il ne faut pas confondre :

- ***sa*** : déterminant possessif de la 3e personne du singulier, qui peut être remplacé par un autre déterminant *son, ses...*

Un bon chasseur ne sort pas sans **sa** chienne.
→ Un bon chasseur ne sort pas sans **son** chien.

- ***ça*** : pronom démonstratif, qui peut souvent être remplacé par *cela* ou *ceci.*

J'ai regardé le feuilleton, mais je n'ai pas trouvé **ça** passionnant.
→ J'ai regardé le feuilleton, mais je n'ai pas trouvé **cela** passionnant.

- ***çà*** : adverbe de lieu, qui ne se rencontre que dans l'expression *çà et là* où il signifie *ici.*

On observe, **çà** et là, quelques affiches.
→ On observe, **ici** et là, quelques affiches.

EXERCICE P. 153

48 PRÊT(S) – PRÈS / PLUS TÔT – PLUTÔT

Il existe des formes homophones comme *prêt(s) – près* ou *plus tôt – plutôt* qu'il faut savoir distinguer.

prêt(s) – près

Il ne faut pas confondre :

• ***prêt*** (***prêts***) : adjectif qualificatif, qui s'accorde avec le nom qu'il accompagne. Si on substitue au nom masculin un nom féminin, il peut être remplacé par la forme du féminin, *prête* (*prêtes*).
Le chat est **prêt** à bondir sur la petite balle rouge.
Les chats sont **prêts** à bondir sur la petite balle rouge.
→ La chatte est **prête** à bondir sur la petite balle rouge.
→ Les chattes sont **prêtes** à bondir sur la petite balle rouge.
Prêt(s) est généralement suivi par la préposition *à* (parfois *au, pour*).
Tu es **prêt** à nous suivre.
Le parachutiste est **prêt** au grand saut.
Les parachutistes sont **prêts** pour le grand saut.

• ***près*** : préposition ou adverbe de lieu, qui peut souvent être remplacé par une autre préposition ou un autre adverbe de lieu, *à côté* ou *loin*.
Les alpinistes sont **près** du sommet ; encore un petit effort !
→ Les alpinistes sont **à côté** du sommet ; encore un petit effort !
→ Les alpinistes sont **loin** du sommet ; encore un petit effort !
Près est souvent suivi par la préposition *de* (*du, d'*).
La mairie est située **près de** la poste.
La mairie est située **près du** bureau de poste.

Il existe un autre homonyme, le nom *prêt* (action de *prêter*). Il est généralement précédé d'un déterminant.

Pour acheter une nouvelle voiture, M. Sarda sollicite un **prêt**.

plus tôt – plutôt

Il ne faut pas confondre :

• ***plus tôt*** : locution adverbiale qui exprime une idée de temps et qui est le contraire de *plus tard*.
Le dimanche, la boulangerie ouvre **plus tôt** que d'habitude.
Le dimanche, la boulangerie ouvre **plus tard** que d'habitude.

• ***plutôt*** : adverbe qui signifie *de préférence, encore, très*. Il peut être remplacé par un autre adverbe.
Ces vignes seront vendangées à la main **plutôt** qu'à la machine.
→ Ces vignes seront vendangées à la main **de préférence** à la machine.
Dans ce quartier la vie est **plutôt** agréable.
→ Dans ce quartier la vie est **assez** agréable.

EXERCICE P. 154

49 PEUT – PEUX – PEU

Il existe des formes homophones comme *peut – peux – peu* qu'il faut savoir distinguer.

Confusion due à la prononciation

Il ne faut pas confondre :

- ***peut*** : forme conjuguée du verbe *pouvoir* à la 3e personne du singulier du présent de l'indicatif.
  On écrit *peut* quand on peut le remplacer par une autre forme conjuguée du verbe *pouvoir* à la même personne (*pouvait, pourra, a pu*...).
  Coline **peut** graver des CD. → Coline **pouvait** graver des CD.

- ***peux*** : forme conjuguée du verbe *pouvoir* à la 1re ou 2e personne du singulier du présent de l'indicatif.
  On écrit *peux* quand on peut le remplacer par une autre forme conjuguée du verbe *pouvoir* à la même personne (*pouvais, pourrai, ai pu*...).
  Je **peux** graver des CD. → Je **pouvais** graver des CD.
  Seul le sujet permet de distinguer *peut* et *peux*.

- ***peu*** : adverbe de quantité, donc invariable.
  On écrit *peu* quand on peut le remplacer par *beaucoup* (ou quelquefois par *très* devant un adjectif).
  Coline a gravé **peu** de CD. → Coline a gravé **beaucoup** de CD.
  Coline est **peu** expérimentée. → Coline est **très** expérimentée.
  Lorsque *peu* est précédé de *un*, c'est l'ensemble *un peu* qui se remplace par *beaucoup* ou *très*.
  Coline est **un peu** expérimentée. → Coline est **très** expérimentée.

Remarques

1 *Peu* est parfois employé comme nom (il signifie alors *une petite quantité*).

Coline grave le **peu** de CD qu'elle possède.

2 Il ne faut pas confondre l'adverbe *peut-être* (qui s'écrit avec un trait d'union) et le groupe formé du verbe *pouvoir* conjugué et de l'infinitif *être* (qui ne prend pas de trait d'union). Pour éviter toute confusion, on essaie de remplacer par *pouvait être*.

Coline gravera **peut-être** des CD.
Ce CD **peut être** gravé en quelques minutes.
→ Ce CD **pouvait être** gravé en quelques minutes.

3 Il faut retenir l'orthographe de quelques expressions.

Peu s'en faut que l'orage n'éclate.

Ce banc est **un tant soit peu** bancal.

Il faut **faire peu de cas** des calomnies.

Cet immeuble compte **à peu près** dix étages.

Il faut aider les malheureux, **si peu que ce soit**.

Cette moquette est **quelque peu** usée.

Tous ces enfants se ressemblent **peu ou prou**.

Jouer aux cartes ou aux dominos, **peu importe**.

La côte est rude, **ce n'est pas peu dire** !

EXERCICE P. 154

50 QUAND – QUANT – QU'EN / OU – OÙ

Il existe des formes homophones qu'il faut savoir distinguer.

quand – quant – qu'en

Il ne faut pas confondre :

- ***quand*** : conjonction de subordination, qui peut être remplacée par *lorsque.*
Quand nous aurons un moment de libre, nous classerons nos photographies.
→ **Lorsque** nous aurons un moment de libre, nous classerons nos photographies.

- ***quand*** : adverbe, qui peut être remplacé par *à quel moment.*
Quand serez-vous en vacances ? → **À quel moment** serez-vous en vacances ?

- ***quant*** : préposition, qui peut être remplacée par *en ce qui concerne, pour (ma) part.*
L'autobus arrivera à dix heures ; **quant au** train, je l'ignore.
→ L'autobus arrivera à dix heures ; **en ce qui concerne** le train, je l'ignore.
Philippe parle l'espagnol, **quant à** moi, j'essaie d'apprendre l'allemand.
→ Philippe parle l'espagnol, **pour ma part**, j'essaie d'apprendre l'allemand.

- ***qu'en*** : peut se décomposer en *que en* (on place l'apostrophe par euphonie).
Le plombier pensait **qu'en** une heure il aurait terminé.
Les historiens consultent des documents ; **qu'en** dégagent-ils comme conclusion ?
Ce problème n'est simple **qu'en** apparence.
Ce n'est **qu'en** travaillant qu'on devient un virtuose du piano.

Remarques

1 Pour choisir entre *quand* et *quant*, la liaison induit en erreur.
En effet, avec *quand* suivi d'une voyelle, la liaison est également en *t*.

Quand (t)il court, Richard penche la tête.
Quant (t)à Richard, il penche la tête.

Il faut se souvenir que *quant* est toujours suivi d'une autre préposition : *à, au, aux.*

2 Le nom *camp* est aussi un homonyme qui se distingue assez facilement car il est souvent précédé d'un déterminant.

Les joueurs se replient dans leur **camp**.

3 Il faut retenir l'orthographe de ces noms composés.

Hautain, il est resté sur son **quant-à-soi**.
Elle ne se soucie pas des **qu'en-dira-t-on**.

ou – où

Il ne faut pas confondre :

- ***ou*** : conjonction de coordination, qui peut être remplacée par *ou bien.*
Pour trouver ce mot, utilise un dictionnaire **ou** (**ou bien**) un lexique.

- ***où*** : pronom ou adverbe, qui indique le lieu, le temps, la situation.
On peut parfois le remplacer par *dans lequel, à quel endroit, à laquelle.*
Voici un étui **où** il y a deux stylos. → Voici un étui **dans lequel** il y a deux stylos.
Où habitez-vous ? → **Dans quel endroit** habitez-vous ?

EXERCICE P. 154

51 QUOIQUE – QUOI QUE / PARCE QUE PAR CE QUE / POURQUOI – POUR QUOI

Il existe des formes homophones qu'il faut savoir distinguer.

quoique – quoi que

Il ne faut pas confondre :

- ***quoique*** : conjonction de subordination, qui peut toujours être remplacée par *bien que*.
  Quoique les fenêtres restent fermées, il fait froid dans ce bureau.
  → **Bien que** les fenêtres restent fermées, il fait froid dans ce bureau.
- ***quoi que*** : pronom relatif composé qui a le sens de *quelle que soit la chose que* ou de *quelque chose que.*
  Quoi que vous décidiez, prévenez-nous.

Remarques

1 Le verbe qui suit *quoique* ou *quoi que* est toujours au mode subjonctif.

Quoi qu'il dise, personne n'écoute.
Quoiqu'il réponde, personne ne l'écoute.

2 Dans l'expression *quoi qu'il en soit, quoi qu'* s'écrit en deux mots.

Je maintiens ma position, quoi qu'il en soit.

parce que – par ce que

Il ne faut pas confondre :

- ***parce que*** : locution conjonctive de subordination qui introduit un complément circonstanciel de cause et qui peut être remplacée par *car.*
  Mme Thierry achète ses fromages à la ferme **parce qu**'ils y sont plus frais.
  → Mme Thierry achète ses fromages à la ferme **car** ils y sont plus frais.
- ***par ce que*** : expression formée d'une préposition, d'un pronom démonstratif neutre et d'un pronom relatif et qui a le sens de *par la chose que.*
  Par ce que vous avancez comme motif, vous ne serez pas cru.
  C'est une expression peu employée.

pourquoi – pour quoi

Il ne faut pas confondre :

- ***pourquoi*** : adverbe ou conjonction qui peut être remplacé par *pour quelle raison* ou *dans quelle intention.*
  Le menuisier ne comprend pas **pourquoi** ce bois est aussi tendre.
  → Le menuisier ne comprend pas **pour quelle raison** ce bois est aussi tendre.
- ***pour quoi*** : pronom relatif ou interrogatif précédé de la préposition *pour* a le sens de *pour cela.*
  Cet homme, on le condamne **pour quoi** (pour cela).

Pourquoi peut aussi être un nom invariable, synonyme de *motif.*

Je ne m'explique pas le **pourquoi** (le motif) de cette affaire.

EXERCICE P. 154

52 LE PARTICIPE PRÉSENT ET L'ADJECTIF VERBAL

Il faut savoir distinguer les formes en *-ant* comme le participe présent et l'adjectif verbal.

Le participe présent

Le participe présent, **invariable**, est une forme verbale terminée par *-ant*.
Goûtez-moi ce biscuit craqu**ant** sous la dent.
Goûtez-moi cette biscotte craqu**ant** sous la dent.

L'adjectif verbal

- L'adjectif verbal, terminé lui aussi par *-ant*, s'accorde avec le nom (ou le pronom) auquel il se rapporte.

goûter un biscuit craquant — goûter une biscotte craquant**e**

- L'adjectif verbal, comme l'adjectif qualificatif peut être épithète ou attribut.

Vous tenez des propos **amusants**. — Vos propos sont **amusants**.

Remarques

1 Il ne faut pas confondre les adjectifs verbaux terminés par *-ant* avec les adverbes terminés par -*ent* ou -*ant*.

Cette actrice est souv**ent** éblouissante.
Auparav**ant** ces locaux étaient bruyants.

2 Certains adjectifs verbaux sont employés comme des noms.

Les gagn**ants** se partageront le gros lot ; les perd**ants** espèrent que le sort leur sera favorable la prochaine fois.

Comment éviter toute confusion ?

Il est parfois difficile de distinguer le participe présent de l'adjectif verbal. On peut remplacer le nom masculin par un nom féminin ; oralement, on entend la différence.

Voici l'entrée des joueurs remplaçants.
Voici l'entrée des joueuses remplaçant**es**. → adjectif verbal
Les joueurs remplaçant leurs partenaires sont là.
Les joueuses remplaçant leurs partenaires sont là. → participe présent

Remarques

1 Des participes présents et des adjectifs verbaux peuvent avoir des orthographes différentes.

en communi**qu**ant par signes — les vases communi**c**ants
en provo**qu**ant une émeute — une tenue provo**c**ante
en différ**ant** la réponse — une réponse différ**ente**
en navi**gu**ant dans le golfe — le personnel navi**g**ant
en conver**gea**nt vers la sortie — des réponses conver**g**entes
en précéd**an**t le cortège — le numéro précéd**en**t
en fati**gu**ant son entourage — une marche fati**g**ante

2 Même quand il est adjectif, *soi-disant* est toujours invariable.

Cette **soi-disant** solution échoua.

EXERCICE P. 154

53 LES ACCENTS

Les accents sont des signes placés sur les voyelles pour, le plus souvent, en modifier la prononciation. Un texte où les accents sont absents est beaucoup plus difficile à lire.

Les différents accents

- L'accent aigu (´) se place uniquement sur la lettre ***e*** qui se prononce alors [e].

Jérémie est **désespéré** car il a perdu sa **précieuse clé**.

- L'accent grave (`) se place souvent sur la lettre ***e*** qui se prononce alors [ɛ].

Cet athl**è**te poss**è**de une bonne hygi**è**ne de vie.

On trouve parfois un accent grave sur les lettres ***a*** et ***u***.

O**ù** se trouve l'Espagne ? Au-del**à** des Pyrénées, **à** deux heures de Paris en avion.

- L'accent circonflexe (^) se place sur la lettre ***e*** qui se prononce alors [ɛ].

Le joueur se jette t**ê**te baissée dans la m**ê**lée.

Remarques

1 On trouve aussi un accent circonflexe sur les autres voyelles (sauf ***y***).

un gâteau – une traîne – un cône – la flûte

Les accents circonflexes sur les lettres ***i*** et ***u*** ne modifient pas leur prononciation.

2 L'accent circonflexe peut être le témoin d'une lettre disparue que l'on retrouve dans des mots de la même famille.

l'h**ô**pital – hospitalisé – l'hospice
la cro**û**te – croustillant

3 L'accent circonflexe permet aussi de distinguer des mots homonymes.

L'abricot est m**û**r.
un mur de brique

une tache de graisse
une rude t**â**che

respecter le je**û**ne du ramadan
parler à un jeune enfant

gravir la c**ô**te
surveiller la cote d'alerte

Cas particuliers

- Lorsque le ***e*** se trouve entre deux consonnes au milieu d'une syllabe, il ne prend pas d'accent, même s'il est prononcé [ɛ].

ne jamais perdre la technique de la lecture

Exceptions :

en fin de mot : le progr**è**s – le succ**è**s – pr**è**s – l'arr**ê**t – la for**ê**t

- On ne double pas la consonne qui suit une voyelle accentuée.

l'int**é**rieur mais un te**rr**ain — b**â**tir mais ba**tt**re

Exceptions : un ch**â**ssis – une ch**â**sse – ench**â**sser – l'ench**â**ssement

- Devant la lettre ***-x***, le ***e*** n'a jamais d'accent.

Il nous **ex**plique la solution d'un **ex**ercice compl**ex**e.

Remarque

Selon les régions, la prononciation des lettres accentuées peut varier, mais l'orthographe demeure la même.

EXERCICE P. 154

54 LA CÉDILLE – LE TRÉMA – LE TRAIT D'UNION – L'APOSTROPHE

Il existe d'autres signes écrits qu'il faut connaître.

La cédille

Pour conserver le son [s], on place **une cédille** sous la lettre ***c*** devant les voyelles ***a, o, u***.
la leçon – menaçant – un reçu

Le tréma

Le tréma, généralement placé sur la lettre ***i***, indique que l'on doit prononcer séparément la voyelle qui le précède immédiatement.
être naïf – faire preuve d'héroïsme – un plat en faïence

⚠ Remarque

Placé sur le ***e*** qui suit un ***u***, le tréma indique que le ***u*** doit être prononcé.
ciguë – aiguë – ambiguë – contiguë

Le tréma peut aussi avoir la valeur d'un ***é***.
un canoë

Le trait d'union

Le trait d'union sert à lier plusieurs mots. On le place :

- entre les différents éléments de beaucoup de mots composés ;
sur-le-champ – un sapeur-pompier – un non-lieu – un arc-en-ciel
- entre le verbe et le pronom personnel sujet antéposé (ainsi que *ce*) ;
Pourquoi ne dis-tu pas la vérité ? Est-ce la vérité ? Sait-on la vérité ?
- entre le verbe à l'impératif et le(s) pronom(s) personnel(s) complément(s) ;
Lève-toi ! Parlons-en. Faites-le-moi savoir.
- dans certaines locutions adverbiales ;
pêle-mêle avant-hier au-dessus par-delà
- dans les déterminants numéraux inférieurs à *cent* ;
trente-quatre quatre-vingt-dix-huit
- devant les particules *-ci* et *-là* ;
celui-ci cette maison-là ces immeubles-là
- entre le pronom personnel et l'adjectif *même* ;
lui-même elle-même eux-mêmes
- dans certaines expressions.
là-haut jusque-là ci-joint de-ci de-là

L'apostrophe

L'apostrophe (') se place en haut et à droite d'une lettre pour marquer l'élision de ***a, e, i*** ou devant un mot commençant par une voyelle ou un ***h*** muet.
l'arrivée s'asseoir lorsqu'il quelqu'un parce qu'on s'il pleut

EXERCICE P. 155

55 LES ABRÉVIATIONS – LES SIGLES – LES SYMBOLES

Le langage courant fonctionne de plus en plus avec des abréviations, des sigles et des symboles ; il faut savoir les déchiffrer.

Les abréviations

• Parfois, c'est une ou plusieurs syllabes qui sont retranchées du mot par apocope (la fin du mot) :
la photographie → la photo sympathique → sympa un professeur → un prof
ou plus rarement par aphérèse (le début du mot).
l'autobus → le bus un blue-jean → un jean

• Quelquefois, le mot d'origine est légèrement modifié.
être régulier → être réglo un réfrigérateur → un frigo

• Dans d'autres cas, on forme une abréviation en ne conservant que la première lettre (minuscule ou majuscule) suivie d'un point. Pour éviter les ambiguïtés, on conserve parfois plusieurs lettres, suivies ou non d'un point.
nom → n. page → p. adjectif → adj.
monsieur → M. mademoiselle → Mlle

Remarque

Ces mots ainsi abrégés prennent normalement la marque du pluriel.

les mathématiques → les maths
les informations → les infos

Les sigles

• De très nombreux groupes de mots sont réduits à leur sigle. On ne retient que les initiales (en majuscules) de chacun des mots essentiels qui composent l'expression. La présence de points entre les lettres tend à disparaître.
l'ANPE → l'agence nationale pour l'emploi un P.V. → un procès-verbal

• Lorsqu'on les lit, on énonce chaque lettre, mais si des voyelles sont incluses dans le sigle, on peut le prononcer comme un mot ordinaire.
un OVNI → un objet volant non identifié

Remarque

Certains sigles, très courants, sont devenus des noms communs.

le sida → le syndrome d'immunodéficience acquise
un radar → un Radio Detecting And Ranging

Les symboles

Dans les domaines mathématique, scientifique et technique, on utilise des symboles qui ont l'avantage d'être communs à presque toutes les langues.
Il faut retenir les plus courants qui symbolisent principalement les unités de mesures.

seconde → s kilogramme → kg centimètre → cm hectolitre → hL
ampère → A mètre cube → m^3 paragraphe → § arobase → @

EXERCICE P. 155

56 LES ÉCRITURES DES SONS [s] ET [z]

Les sons [s] et [z] peuvent s'écrire de plusieurs manières.

Les différentes graphies du son [s]

- ***s***

la salade – sauter – solide – la réponse – le sucre

- ***ss***

la crevasse – la graisse – une assiette – pousser

- ***c*** seulement devant les voyelles ***e***, ***i*** et ***y***

un cerceau – l'urgence – un citron – un cygne

- ***ç*** devant les voyelles ***a***, ***o*** et ***u***

une façade – un glaçon – un reçu

- ***t*** seulement devant la lettre ***i***, à l'intérieur ou en fin de mot

la condition – la sélection – un quotient – la gentiane

Beaucoup de ces noms se terminent par ***-tion***, mais tous les noms terminés par ce son ne s'écrivent pas ***-tion*** ; il y a d'autres graphies.

la passion – la pension – la suspicion

- ***sc*** dans quelques mots

la science – la discipline – la scierie

⚠ Remarques

1. Il ne faut pas oublier que la lettre ***s*** marque le pluriel de beaucoup de noms et d'adjectifs ; dans ce cas, elle est muette.
2. Dans les nombres *dix* et *six* (et leurs dérivés), le ***x*** se prononce [s].

Les différentes graphies du son [z]

- ***z***

un zéro – le gazon – bizarre – la luzerne

- ***s*** lorsque celui-ci est placé entre deux voyelles

le musée – le visage – le poison

⚠ Remarque

Comme entre deux voyelles, la lettre ***s*** se prononce [z], pour obtenir le son [s], il faut donc doubler le ***s***.

déjouer une ruse
parler le russe
téléphoner à son cousin
s'asseoir sur un coussin

Néanmoins, dans les noms composés de deux mots qui sont soudés et dans ceux dont le préfixe précède la lettre ***s***, le son [s] peut s'écrire avec un seul ***s***.

un parasol – un tournesol – un contresens – vraisemblable – la préséance – un ultrason – le cosinus – extrasensible – la photosynthèse

EXERCICE P. 155

LES ÉCRITURES DU SON [k]

Le son [k] peut s'écrire de plusieurs manières.

Les différentes graphies du son [k]

- ***c*** **devant les voyelles *a*, *o* ou *u* et devant les consonnes**

un **c**achet – une **c**olline – ré**c**upérer – un tra**c**teur – l'a**c**né

Un certain nombre de mots s'écrivent avec deux *c*.

une o**cc**asion – a**cc**ompagner – une a**cc**usation – a**cc**lamer

- ***qu***

quatre – une **qu**ille – un **qu**otient – un mas**que**

- ***k***

un **k**angourou – an**k**ylosé – le par**k**ing

Dans deux mots, le *k* est doublé :

le dra**kk**ar – le tre**kk**ing

- ***ch***

la **ch**orale – la **ch**lorophylle – la psy**ch**ologie

Dans quelques mots, le son [k] final s'écrit *ch*.

un almana**ch** – des auro**ch**s – le vare**ch** – un ma**ch** (unité de mesure de vitesse supersonique)

- ***ck***

un jo**ck**ey – le ra**ck**et – un te**ck**el

Ces mots sont très souvent d'origine étrangère.

- ***cqu*** **dans quelques mots**

a**cqu**itter – Ja**cqu**es – Ja**cqu**eline – le jeu de ja**cqu**et

Comme le choix entre ces écritures est difficile, il faut apprendre par cœur l'orthographe des mots les plus courants et consulter un dictionnaire en cas de doute.

⚠ Remarques

1 Devant les voyelles *e*, *i* et *y*, le son [k] ne s'écrit jamais avec un *c*. (Sinon, nous aurions le son [s].)

une **k**ermesse – un **k**ilo – un **k**yste
la **qu**estion – **qu**itter – lors**que**
le ho**ck**ey – l'or**ch**estre – une or**ch**idée

Mais on peut trouver deux *c* pour obtenir le son [ks].

un a**cc**ident – une co**cc**inelle – a**cc**élérer

2 Les lettres ***qua*** peuvent se prononcer [kwa] dans les mots d'origine latine.

un a**qu**arium – l'é**qu**ateur – l'a**qu**arelle – le **qu**artz

3 Il faut retenir l'orthographe du nom *piqûre*, alors que *piquer* ne prend pas d'accent circonflexe.

EXERCICE P. 155

58 LES ÉCRITURES DU SON [ɑ̃]

Le son [ɑ̃] peut s'écrire de plusieurs manières.

Les différentes graphies du son [ɑ̃]

• ***an***

l'**an**goisse – la b**an**que – tr**an**quille – un volc**an**

On rencontre cette graphie dans la terminaison des participes présents et de nombreux adjectifs verbaux (voir leçon 52).

en march**ant** – être viv**ant** – les toits ouvr**ants**

• ***en***

la c**en**dre – la dép**en**se – le cal**en**drier – **en**nuyer – la lég**en**de

– Sans lettre muette, cette graphie n'apparaît jamais en position finale.

– On rencontre cette graphie dans le suffixe ***-ent*** qui permet de former de nombreux noms et adverbes (voir leçon 90).

un alim**ent** – un serm**ent** – un torr**ent** – rapidem**ent** – couramm**ent**

– De nombreux verbes du 3e groupe se terminent par ***-endre***.

desc**endre** – appr**endre** – **vendre** – att**endre**

Exceptions qui se terminent par ***-andre*** :

rép**andre** – ép**andre**

– Devant les lettres ***b***, ***m*** et ***p***, on écrit ***am-*** au lieu de ***an-*** et ***em-*** au lieu de ***en-***.

une **am**bulance – un cr**am**pon – la j**am**be – t**am**ponner

le t**em**ps – **em**barrasser – **em**mener – **em**porter

Exceptions :

né**an**moins et quelques noms propres : Gut**en**berg, Ist**an**bul...

Comme le choix entre ces écritures est difficile, il faut apprendre par cœur l'orthographe des mots les plus courants et consulter un dictionnaire en cas de doute.

⚠ Remarques

1 Le préfixe ***en-*** (***em-***) qui signifie souvent « à l'intérieur » permet de former de nombreux verbes :

embarquer – encaisser – enfermer – enfoncer – emprisonner – empaqueter

2 Il faut retenir la graphie de quelques préfixes :

anti- : de l'antigel – un antibiotique – des antibrouillards

entre- : une entrevue – entreposer – une entreprise

amph- : un amphithéâtre – amphibie – les amphibiens

anthropo- : un anthropophage – l'anthropologie – l'anthropomorphisme

3 Il faut retenir quelques graphies plus rares du son [ɑ̃].

-aen : la ville de Caen

-aon : un faon, un paon, un taon, la ville de Laon

-am : la pomme d'Adam

-ean : Jean

EXERCICE P. 155

59 LES ÉCRITURES DU SON [ɛ̃]

Le son [ɛ̃] peut s'écrire de plusieurs manières.

Les différentes graphies du son [ɛ̃]

- ***in***

un lap**in** – le d**in**don – m**in**ce

Variante : ***im*** **devant** ***b, m, p.***

un t**im**bre – **im**pair – **im**mangeable

En début de mot, on écrit généralement ***in-*** **ou** ***im-.***

interdire – **in**filtrer – **im**portant – **im**buvable

Exception : a**in**si

- ***yn***

le s**yn**dicat – une s**yn**thèse – une s**yn**cope

Variante : ***ym*** **devant** ***b, p*** **;**

une c**ym**bale – une s**ym**phonie

et dans le nom de la plante aromatique : le th**ym**.

- ***ain***

un cop**ain** – la pl**ain**te – le proch**ain**

Retenons l'orthographe des noms :

le d**aim** – la f**aim** (affamer) – un ess**aim** (essaimer)

- ***ein***

un r**ein** – un fr**ein** – la c**ein**ture

Retenons l'orthographe de la ville de R**eim**s.

- ***en*** notamment en fin de mot après ***i, é, y***

un gardi**en** – un lycé**en** – moy**en** – il revi**en**t

Exception : un exam**en**

Mais on trouve également la graphie ***-en-*** à l'intérieur de quelques mots.

un ag**en**da – un référ**en**dum – un p**en**tagone

⚠ Remarques

1 Les verbes du 3e groupe terminés par [ɛ̃dʀ] à l'infinitif s'écrivent ***-eindre*** :

att**eindre** – ét**eindre** – p**eindre**

Exceptions : cr**aindre** – pl**aindre** – contr**aindre** (et leurs dérivés)

2 On peut parfois s'appuyer sur un mot de la même famille pour trouver la bonne graphie.

plein → la plénitude
urbain → l'urbanisme
un burin → buriner

3 L'opposition orale entre le son [ɛ̃] de « *un brin de muguet* » et le son [œ̃] de « *un manteau brun* » est loin d'être réalisée par tous les francophones. De par leur diffusion nationale, les différents médias accentuent l'alignement du [ɛ̃] sur le [œ̃]. Heureusement, les mots dans lesquels le son [œ̃] s'écrit ***un*** ou ***um*** sont peu nombreux et d'usage courant.

auc**un** – chac**un** – br**un** – h**um**ble – le parf**um** – comm**un** – l**un**di – empr**un**ter – déf**un**t – un import**un**...

EXERCICE P. 155

60 LES ÉCRITURES DU SON [f]

Le son [f] peut s'écrire de plusieurs manières.

Les différentes graphies du son [f]

- ***f***

une **f**raise – en**f**in – la dé**f**inition – sacri**f**ier

- ***ff***

su**ff**ire – sou**ff**ler – le co**ff**re – si**ff**ler

- ***ph***

la **ph**rase – la **ph**ysique – la catastro**ph**e – un élé**ph**ant

– La graphie ***ph*** ne se trouve en finale que dans le prénom Jose**ph**.

– Quelques préfixes et suffixes, d'origine grecque, s'écrivent avec ***ph***.

-graphe (qui écrit) → l'ortho**graphe** – le para**graphe** – le télé**graphe**
-phone (son) → le magnéto**phone** – un inter**phone** – a**phone**
-phage (qui mange) → un sarco**phage** – un œso**phage** – un anthropo**phage**
photo- (lumière) → la **photo**graphie – la **photo**copie – **photo**génique
morpho- (autour) → la **morpho**logie – une méta**morpho**se
Les mots ainsi formés sont souvent difficiles à orthographier.

Les mots terminés par le son [f]

- On peut trouver la lettre ***f*** en fin de mot.

le che**f** – vi**f** – acti**f** – un cani**f** – un tari**f**
Mais pour les mots se terminant par le son [f], il existe d'autres terminaisons :
la coi**ffe** – la gre**ffe** – la gira**fe** – un biogra**phe**

- La lettre ***f***, en finale, n'est pas toujours prononcée.

la cle**f** – le ner**f** – le cer**f**
Ainsi que dans le pluriel de deux noms :
les œu**fs** – les bœu**fs**
Alors que le ***f*** se prononce dans le singulier :
l'œu**f** – le bœu**f**

Comme le choix entre ces écritures est difficile, il faut apprendre par cœur l'orthographe des mots les plus courants et consulter un dictionnaire en cas de doute.

⚠ Remarques

1 Les mots commençant par ***aff-***, ***eff-***, ***off-*** s'écrivent tous avec deux ***f***.

Exceptions : afin – l'Afrique – africain

2 En liaison, ***f*** s'assimile parfois au ***v*** devant une voyelle.

neuf (v)ans – neuf (v)heures

Mais il reste également en [f] dans d'autres liaisons.

neuf (f)enfants – un vif (f)attrait

3 En fin de mots d'origine russe, on trouve un ***v*** prononcé [f].

un cocktail Molotov
le théâtre de Tchékhov

EXERCICE P. 156

61 LES ÉCRITURES DU SON [j]

Le son [j] peut s'écrire de plusieurs manières.

Les différentes graphies du son [j]

- ***y***

la bruyère – essuyer – une rayure – prévoyant
Mais la lettre ***y*** peut aussi se prononcer [i].
un paysan – une abbaye – le lycée – le gymnase
Dans les noms, la lettre ***y*** n'est jamais suivie d'un ***i*** (sauf dans un essayiste).

- ***ill***

une douille – le réveillon – le poulailler – la cuillère
Dans ce cas, la lettre ***i*** est inséparable des deux ***l*** et ne se prononce pas avec la voyelle qui la précède.

- ***ll***, seulement après la voyelle ***i*** qui termine une syllabe

griller – la chenille – une bille – croustiller
Mais les deux ***l*** se prononcent [l] dans :
la ville – un bacille – tranquille – un village – un million (et ses dérivés)

Remarques

1 Lorsque le son [j] suit une consonne, il s'écrit généralement ***i*** ; dans ce cas, il se confond avec le son [i].

un panier – curieux – le diable – rien

2 Il existe quelques graphies plus rares :

les yeux – le yaourt – le yoga – une hyène
la faïence – la pagaïe (le désordre) – un aïeul
un quincaillier – un médaillier – un groseillier
cueillir – l'orgueil – le recueil

Les noms terminés par le son [j]

- Les noms féminins terminés par [j] s'écrivent tous en ***-ille***.

la muraille – la bouteille – la feuille – la rouille – la famille

- Les noms masculins terminés par [j] s'écrivent en ***-il***.

du corail – le recueil – le fauteuil – le fenouil
Exceptions :
– les noms composés masculins formés avec le nom féminin *feuille*.
un portefeuille – un millefeuille – le chèvrefeuille
Mais il faut écrire le cerfeuil.
– les noms masculins terminés par le [ij]
le gorille – un quadrille – un joyeux drille – un pupille

Remarque

Il ne faut pas confondre les noms masculins terminés par ***-il*** avec les verbes conjugués de la même famille.

le travail / il travaille
le réveil / elle se réveille
le détail / il détaille
l'émail / il émaille

EXERCICE P. 156

62 LES ÉCRITURES DES SONS [g] ET [ʒ]

Les sons [g] et [ʒ] peuvent s'écrire de plusieurs manières.

Les différentes graphies du son [g]

- ***g*** devant les voyelles ***a***, ***o*** et ***u***
le **g**arage – un ra**g**oût – la fi**g**ure
- ***gu*** devant les voyelles ***e***, ***i*** et ***y***
la va**gu**e – une **gu**irlande – **Gu**y

Remarques

1 Les verbes terminés par ***-guer*** à l'infinitif conservent le ***u*** dans toute leur conjugaison.

nous navi**gu**ons – en navi**gu**ant – il navi**gu**ait

2 En lettre finale, le ***g*** est parfois prononcé.

un ga**g** – un gro**g** – un gan**g** – un gon**g** – un zigza**g** – un icebe**rg** – le campin**g**

3 Il existe quelques graphies plus rares.

la se**c**onde – le zin**c** – l'e**c**zéma
le tobo**gg**an – a**gg**raver – a**gg**lomérer
des spa**gh**ettis – le **gh**etto
une **g**eisha

Les différentes graphies du son [ʒ]

- ***g*** devant les voyelles ***i*** et ***y***
un **g**itan – a**g**iter – la **g**ymnastique – di**g**itale
- ***j*** ou ***g*** devant la voyelle ***e***
jeune – un **j**eton – re**j**eter – le su**j**et – ma**j**eur
le **g**enou – la sa**g**esse – **g**énial – **g**énéral – lé**g**ère
- ***j*** devant la voyelle ***u***
une **j**upe – **j**uteux – une in**j**ure
Devant les voyelles **a** et ***o***, le son [ʒ] s'écrit assez souvent ***j***.
jaune – **j**oli – a**j**outer – **j**apper – la **j**ambe – **j**ongler
- ***ge*** à la fin d'un mot
le lin**ge** – rou**ge** – un an**ge** – une oran**ge** – un maria**ge**
- ***ge*** devant les voyelles ***a*** et ***o***
la ven**ge**ance – en voya**ge**ant – un plon**ge**on – la rou**ge**ole – un ca**ge**ot

Remarque

On trouve la lettre ***j*** dans un certain nombre de noms d'origine étrangère ; la prononciation étrangère est souvent conservée.

le jazz – un jean – le djebel – un fjord – un job – une jeep...

EXERCICE P. 156

63 LES ÉCRITURES DES SONS [ə], [œ], [ø]

Les sons [ə], [œ] et [ø] peuvent s'écrire de plusieurs manières.

Les différentes graphies du son [ə]

- ***e***
  demain – cela – une mesure
- ***on***
  monsieur
- ***ai***
  un faisan – faisander
  nous faisons – je/tu faisais – il/elle faisait – nous faisions – vous faisiez – ils/elles faisaient – en faisant
  Mais, au futur simple et au présent du conditionnel, les formes du verbe *faire* s'écrivent avec un ***e*** :
  il fera – vous feriez – je ferais – nous ferions

Remarque

Le son [ə], contrairement aux sons [œ] et [ø], n'est pas toujours prononcé.

bouleverser – envelopper – le boulevard

Les différentes graphies du son [œ]

- ***eu***
  un adieu – jeudi – le beurre
- ***œu***
  le cœur – un vœu – le bœuf
- ***œ***
  un œil – une œillade – le fœhn
- ***ue***
  un recueil – l'orgueil – accueillir
- ***e, u, i***
  Dans des mots empruntés à l'anglais : un skipper – le club – un tee-shirt

Les différentes graphies du son [ø]

- ***eu***
  le feu – un bleuet – ceux
- ***eû***
  le jeûne – jeûner
  Mais on écrit : déjeuner – le petit-déjeuner
  à jeun se prononce [aʒœ̃]
  gageure se prononce [gaʒyʀ]

EXERCICE P. 156

64 LE SON [ɔ̃] / LES FINALES SONORES [ɔm], [om], [ɛn] ET [am]

Le son [ɔ̃] et les finales sonores [ɔm], [om], [ɛn] et [am] peuvent s'écrire de plusieurs manières.

Les différentes graphies du son [ɔ̃]

- Le son [ɔ̃] s'écrit toujours ***on***.

un p**on**t**on** – ils v**on**t – une br**on**chite – une mais**on**

- Devant ***b*** et ***p***, on écrit ***om***.

p**om**per – t**om**ber – un vr**om**bissement

Exceptions :
de l'embonpoint – un bonbon – une bonbonne – une bonbonnière

Remarque

Il faut retenir l'orthographe de quelques noms où l'on entend le son [ɔ̃].

le comte (titre de noblesse) – un nom – un prénom – un pronom – le renom
l'acupuncture – un lumbago – du punch (prononcé [ɔ̃] lorsqu'il s'agit de la boisson)

Les finales sonores [ɔm], [om], [ɛn] et [am]

- Les mots terminés par le son [ɔm] s'écrivent :

-um : un référend**um** – un musé**um** – un pens**um**
-omme : une p**omme** – il se surn**omme** – un h**omme**
-om : le sal**om**
-ome : un gastron**ome** – auton**ome** – un agron**ome**

- Les mots terminés par le son [om] s'écrivent :

-ôme : un ar**ôme** – un dipl**ôme** – un fant**ôme**
-aume : un b**aume** – la p**aume** – il emb**aume**
-ome : un at**ome** – le chr**ome** – un aérodr**ome**
-om : un pogr**om** – un **ohm**

- Les mots terminés par le son [ɛn] s'écrivent :

-en : le lich**en** – le poll**en** – l'abdom**en**
-ène : il ram**ène** – la sc**ène**
-eine : la p**eine** – une bal**eine** – ser**eine**
-aine : la g**aine** – la porcel**aine** – une aub**aine**
-aîne : une tr**aîne** – il entr**aîne** – la ch**aîne**
-enne : une chi**enne** – europé**enne** – une ant**enne**
-êne : la g**êne** – une al**êne** (de cordonnier) – un ch**êne**

- Les mots terminés par le son [am] s'écrivent :

-am : un tr**am** – l'isl**am** – le macad**am**
-ame : un dr**ame** – une r**ame** – il décl**ame**
-amme : la fl**amme** – un gr**amme** – la g**amme**
-âme : un bl**âme** – il se p**âme** – inf**âme**
-emme : une f**emme**

EXERCICE P. 156

65 LES CONSONNES DOUBLES

On trouve généralement les consonnes doubles à l'intérieur des mots.

Règles générales

- **Une consonne peut être doublée :**
  – entre deux voyelles ;
  un ba**ll**on – di**ff**érent – la po**mm**e – une servie**tt**e – la pie**rr**e – une pa**nn**e
  – entre une voyelle et la consonne ***l*** ;
  si**ff**ler – le su**pp**lice – a**cc**lamer
  – entre une voyelle et la consonne ***r***.
  adme**tt**re – a**pp**rocher – la sou**ff**rance
- Précédée d'une autre consonne, une consonne n'est **jamais doublée.**
  parler – un pompier – un verger – une armée – la pente

Remarques

1 Neuf consonnes sont assez souvent doublées :
c – f – l – m – n – p – r – s – t

Cinq ne sont que rarement doublées :
k – b – d – g – z

Six consonnes ne sont jamais doublées :
h – j – q – v – w – x

2 On peut trouver une double consonne à la fin de certains noms d'origine étrangère :
le blu**ff** – un pu**ll** – un dji**nn** (un génie ou démon) – une mi**ss** – un wa**tt** – le ja**zz**

3 Certains homonymes se distinguent par la présence ou non d'une consonne double.

une serviette sa**l**e	une sa**ll**e à manger
une da**t**e historique	manger une da**tt**e

Accentuation et prononciation

- La consonne qui suit une voyelle accentuée n'est jamais doublée.
  une étre**nn**e, **mais** une sirène — un parte**rr**e, **mais** un caractère
  Exception : le châ**ss**is (et les mots de la même famille).
  Inversement, lorsqu'une consonne est doublée, il n'y a jamais d'accent sur la voyelle qui précède.
  une vigne**tt**e, **mais** la planète — une ronde**ll**e, **mais** un modèle
- Entre deux voyelles, si la lettre ***s*** est doublée, elle se prononce [s].
  le poi**ss**on – ba**ss**e – la ca**ss**e – un ru**ss**e
  Entre deux voyelles, si la lettre ***s*** est simple, elle se prononce [z].
  le poi**s**on – la ba**s**e – la ca**s**e – une ru**s**e
- Dans la conjugaison de beaucoup de verbes en ***-eler*** et ***-eter***, le ***l*** et le ***t*** sont doublés devant un ***e*** muet. La prononciation est alors modifiée.
  appeler : il appe**ll**e – nous appe**ll**erons — *jeter* : je je**tt**e – ils je**tt**eront
  Mais, pour quelques verbes, la consonne n'est pas doublée et on place un accent grave pour obtenir le son [ɛ].
  geler : il g**è**le – il g**è**lera — *acheter* : j'ach**è**te – vous ach**è**terez

EXERCICE P. 156

66 LES CONSONNES DOUBLES APRÈS UNE VOYELLE INITIALE

Les consonnes doubles peuvent suivre une voyelle initiale.

Les différents cas

• Les mots commençant par ***ab-***, ***ad-*** et ***am-*** ne doublent jamais le ***b***, le ***d*** et le ***m***.
l'abandon – aboyer – un abus – d'abord
adieu – adapter – adroit – un adulte
l'amitié – amer – amortir – amusant
Exceptions :
un abbé – une abbaye – une abbesse – abbatial
une addition – additionner – l'adduction
l'ammoniaque – une ammonite

• Les mots commençant par ***app-*** prennent souvent deux ***p***.
appeler – approcher – l'apparence – applaudir – appuyer – l'appétit
Exceptions :
l'apéritif – apercevoir – apaiser – après – s'apitoyer – aplatir – l'apostrophe – un apôtre – l'apothéose

• Les mots commençant par ***acc-***, dans lesquels on entend le son [k], prennent le plus souvent deux ***c***.
accompagner – l'accident – accrocher – acclamer
Exceptions :
l'acrobate – l'académie – l'acacia – l'acompte – l'acajou – acoustique – acquitter – âcre

• Les mots commençant par ***aff-***, ***eff-*** et ***off-*** prennent deux ***f***.
l'affaire – un effort – l'officier
Exceptions :
afin – l'Afrique – africain

• Les mots commençant par ***ag-*** ne prennent qu'un seul ***g***.
agressif – agréable – agrandir – un agriculteur
Exceptions :
aggloméré – agglutiner – aggraver

• Les mots commençant par ***att-*** prennent le plus souvent deux ***t***.
attacher – l'attaque – attraper – attendre
Exceptions :
l'atelier – l'athlète – l'atlas – l'atmosphère – l'atome – l'atout – atroce – atrophié – l'athéisme – un atoll

• Les mots commençant par ***am-*** et ***an-*** ne prennent qu'un seul ***m*** et qu'un seul ***n***.
un amiral – une amazone – une amorce – analphabète – l'anatomie – anonyme
Exceptions :
l'ammoniac – une année – annexer – annoncer – annuler – annoter

• Les mots commençant par ***il-***, ***ir-*** et ***im-*** doublent la consonne après le ***i***.
une illusion – illustre – irrégulier – l'irruption – immédiat – immense
Exceptions :
une île – un os iliaque – irascible – un iris – l'ironie – une image – imiter

EXERCICE P. 157

67 LES NOMS EN [œʀ] : -eur, -eure, -eurt, -eurre – LES NOMS EN [waʀ] : -oir, -oire

Les noms en [œʀ] et en [waʀ] ont différentes finales sonores homophones qu'il faut savoir distinguer.

Les noms terminés par [œʀ]

- La grande majorité des noms, masculins et féminins, terminés par [œʀ] s'écrivent ***-eur***.
le chauff**eur** – un balad**eur** – un ascens**eur** – la douc**eur** – la longu**eur**
Exceptions :
le b**eurre** – la dem**eure** – l'**heure** – un h**eurt** (heurter) – un l**eurre** (leurrer)
- Certains noms terminés par [œʀ] s'écrivent avec un ***o*** et un ***e*** liés.
le c**œur** – la s**œur** – la ranc**œur** – un ch**œur**
- Quelques adjectifs qualificatifs masculins se terminent également par ***-eur***.
le meill**eur** résultat – un classement flatt**eur** – le règlement intéri**eur**

⚠ Remarque

Quelques noms empruntés à des langues étrangères se terminent par le son [œʀ], mais ils gardent leur orthographe d'origine.

un leader – un speaker – un flipper – un dealer – un manager* – un cutter*

* Certains peuvent aussi se prononcer [ɛʀ].

Les noms terminés par [waʀ]

- Les noms féminins terminés par [waʀ] s'écrivent tous ***-oire***.
une hist**oire** – la gl**oire** – une baign**oire**
- Les noms masculins terminés par [waʀ] s'écrivent généralement ***-oir***.
un trott**oir** – le désesp**oir** – le pouv**oir** – le dev**oir**
Exceptions :
le laborat**oire** – le répert**oire** – un interrogat**oire** – un observat**oire**...
Il faut retenir l'orthographe du nom d'origine anglaise *un square* (un petit jardin public).
- Les adjectifs masculins terminés par [waʀ] s'écrivent tous ***-oire***.
un emploi provis**oire** – un prix déris**oire** – un effort mérit**oire**
Exception : un tableau n**oir**

⚠ Remarque

On hésite souvent sur le genre de quelques noms terminés par [waʀ].
– noms masculins :
un iv**oire** – un access**oire**
– noms féminins :
une écrit**oire** – une échappat**oire**

Le nom *mémoire* peut être féminin (*avoir une bonne mémoire*) ou masculin (*rédiger un mémoire sur les insectes*).

EXERCICE P. 157

68 LES NOMS TERMINÉS PAR LE SON [o]

Les noms terminés par le son [o] ont différentes finales sonores homophones qu'il faut savoir distinguer.

Confusion due à la prononciation

Les noms terminés par le son [o] peuvent s'écrire :

- ***-eau***

un tonn**eau** – le cerv**eau** – un pinc**eau**
Beaucoup de noms terminés par le son [o] s'écrivent ainsi.
Seuls deux noms terminés par ***-eau*** sont du genre féminin :
la p**eau** – l'**eau**

- ***-au***

le pré**au** – le tuy**au** – le boy**au**

- ***-o***

un lavab**o** – un pian**o** – le lot**o**
Il faut retenir l'orthographe d'un nom commun terminé par ***-oo*** : un z**oo**.

- ***-ôt***

un imp**ôt** – le dép**ôt** – un entrep**ôt**

- ***-op***

le gal**op** – un sir**op**

Autres cas

- À la fin des noms terminés par ***-o*** ou ***-au***, on trouve souvent une lettre muette.
un lo**t** – le repo**s** – le galo**p** – un escro**c** – un assau**t** – le récha**ud** – le tau**x**
- Il est parfois possible de trouver la consonne finale d'un nom terminé par ***-au*** ou ***-o*** avec un mot de la même famille dans lequel on entend la consonne.
un abrico**t** → un abrico**t**ier — le repo**s** → se repo**s**er
Mais il y a des exceptions (*le numéro → numéroter*), aussi est-il plus prudent de consulter un dictionnaire en cas de doute.
- Les noms pluriels en [o] s'écrivent ***-aux*** (sans ***e***) lorsque le nom singulier se termine par ***-al*** ou ***-ail***.
un cheval → des chev**aux** — un travail → des trav**aux**

Remarques

1 Beaucoup de noms terminés par ***-o*** sont des noms formés en raccourcissant d'autres noms (voir leçon 55).
la photographie → la phot**o**
un microphone → un micr**o**
une automobile → une aut**o**

2 Il n'y a jamais de lettre muette après la terminaison ***-eau***, sauf lorsque le nom est au pluriel.
des pinc**eaux** – des bur**eaux** – des chap**eaux**

EXERCICE P. 157

69 LES NOMS TERMINÉS PAR LE SON [ɛ]

Les noms terminés par le son [ɛ] ont différentes finales sonores homophones qu'il faut savoir distinguer.

Règle générale

Les noms masculins terminés par le son [ɛ] s'écrivent -*et*.
le fil**et** – un bill**et** – le parqu**et** – le budg**et**

⚠ Remarque

Un mets et *un entremets* prennent un *-s* même au singulier.

Autres cas

Il y a d'autres terminaisons qu'il faut bien connaître :

- *-ai* : le miner**ai** – le dél**ai** – le qu**ai**
- *-ait* : le forf**ait** – le retr**ait** – le portr**ait**
- *-ais* : le pal**ais** – un harn**ais** – le mar**ais**
- *-ès* : l'acc**ès** – le congr**ès** – le progr**ès**
- *-êt* : un arr**êt** – un pr**êt** – le gen**êt**
- *-ect* : le resp**ect** – l'asp**ect** – un susp**ect**
- *-ey* : le voll**ey** – un pon**ey** – un b**ey**
- *-ay* : le tramw**ay**

Ces noms sont des emprunts aux langues étrangères (sauf *le gamay*, nom d'un cépage).

⚠ Remarques

1 On peut parfois trouver la lettre muette finale des noms terminés par le son [ɛ] avec un mot de la même famille dans lequel cette lettre est prononcée.

le regre**t** → regre**tt**er
l'excè**s** → exce**ss**if
le lai**t** → la lai**t**erie
l'engrai**s** → engrai**ss**er
le crê**t** → la crê**t**e
le suspe**ct** → suspe**ct**er

2 Les noms féminins terminés par le son [ɛ] s'écrivent *-aie*.

la pl**aie** – la b**aie** – la cr**aie**

Exceptions : la pa**ix** – la forê**t**

3 Beaucoup de noms d'habitants se terminent par *-ais*.

les Lyonn**ais** – les Angl**ais** – les Liban**ais**

4 Beaucoup de lieux plantés d'arbres (ou d'arbustes) sont des noms féminins terminés par *-aie*.

la roser**aie** – la palmer**aie** – l'oranger**aie**

5 La graphie *-ay* termine de nombreux noms propres.

Bomb**ay** – l'Urugu**ay** – le Paragu**ay** – Joachim Du Bell**ay** – Épern**ay** – Annon**ay**

EXERCICE P. 157

70 LES NOMS TERMINÉS PAR LE SON [e]

Les noms terminés par le son [e] ont différentes finales sonores homophones qu'il faut savoir distinguer.

Les noms féminins

- **Les noms féminins** terminés par le son [e] s'écrivent ***-ée***.
une all**ée** – la chemin**ée** – la veill**ée** – la bou**ée**
Exceptions :
la cl**é** (qui peut aussi s'écrire la cle**f**) – l'acn**é** – une psych**é** (un grand miroir)
- Les noms féminins terminés par ***-té*** ou ***-tié*** s'écrivent ***-é***.
la bont**é** – la libert**é** – la sant**é** – l'amiti**é**
Exceptions :
la dict**ée** – la mont**ée** – la remont**ée** – la jet**ée** – la port**ée** – la but**ée** – la pât**ée**
Ainsi que les noms qui indiquent un contenu.
une brouett**ée** de sable – une pot**ée** aux choux – une nuit**ée** d'hôtel

Les noms masculins

- Beaucoup de **noms masculins** terminés par le son [e] s'écrivent ***-er***.
le papi**er** – le dang**er** – l'épervi**er** – un loy**er**
Ce sont assez souvent :
– des **noms de métiers** ;
un bouch**er** – un pompi**er** – un routi**er** – un serruri**er**
– des **noms d'arbres ou d'arbustes** ;
un framboisi**er** – un cerisi**er** – un rosi**er** – un olivi**er**
– des **noms formés sur des infinitifs** de verbes du 1er groupe.
le dîn**er** – le soup**er** – le déjeun**er** – le goût**er**
- Un certain nombre de noms masculins terminés par le son [e] s'écrivent ***-é***.
le bl**é** – le béb**é** – le degr**é** – le caf**é**
- Quelques noms masculins terminés par le son [e] s'écrivent ***-ée***.
le lyc**ée** – le mus**ée** – le scarab**ée** – un mausol**ée** – un troph**ée** – un rez-de-chauss**ée**

Remarques

1 Certains participes passés de verbes du 1er groupe sont employés comme noms.
un corrig**é** – un énonc**é** – un souffl**é** – un trait**é**

Certains sont employés au masculin ou au féminin dont ils prennent la marque.
un(e) réfugi**é**(e) – un(e) employ**é**(e) – un(e) accus**é**(e) – un(e) invit**é**(e)

2 Il ne faut pas confondre *la pâtée* du chien (nom féminin) qui fait exception à la règle des noms féminins en ***-té*** ou ***-tié***, et *le pâté* (nom masculin).

3 Quelques noms masculins ont des terminaisons particulières :
le pi**ed** – le marchepi**ed** – le n**ez**

EXERCICE P. 157

71 LES NOMS TERMINÉS PAR LES SONS [i] ET [y]

Les noms terminés par les sons [i] et [y] ont différentes finales sonores homophones qu'il faut savoir distinguer.

Les noms terminés par le son [i]

• **Les noms féminins** terminés par le son [i] s'écrivent ***-ie***.
la parod**ie** – l'autops**ie** – l'éclairc**ie**
Exceptions :
la sour**is** – la breb**is** – la perdr**ix** – la fourm**i** – la nu**it**

• **Les noms masculins** terminés par le son [i] peuvent s'écrire :
– ***-i***
un cr**i** – un ennem**i** – un confett**i**
– ***-ie***
un incend**ie** – un gén**ie** – un paraplu**ie**
– ***-is***
un rad**is** – le maqu**is** – le parv**is**
– ***-it***
le bru**it** – le créd**it** – l'appét**it**
Il existe quelques terminaisons plus rares :
-il : le pers**il** – un out**il** ***-ix*** : le pr**ix** – un crucif**ix** ***-iz*** : le r**iz**
-id : le n**id** ***-ye*** : le rall**ye** ***-y*** : le jur**y**

Merci, toujours écrit avec un *i* final, peut être un nom masculin :
Mon ami m'adresse un grand merc**i**.

ou un nom féminin :
Ce pilote est à la merc**i** d'un incident mécanique.

Les noms terminés par le son [y]

• **Les noms féminins** terminés par le son [y] s'écrivent ***-ue***.
la gr**ue** – la coh**ue** – la verr**ue**
Exceptions :
la trib**u** – la vert**u** – la br**u** – la gl**u**

• **Les noms masculins** terminés par le son [y] peuvent s'écrire :
– ***-u***
un aperç**u** – un tiss**u** – un éc**u**
– ***-us***
un surpl**us** – un intr**us** – un ob**us**
– ***-ut***
un b**ut** – un sal**ut** – le chal**ut**
– ***-ux***
le refl**ux** – l'affl**ux**
– ***-ût***
à l'aff**ût** – un f**ût**

Pour les noms masculins, il est prudent de consulter un dictionnaire en cas de doute.

EXERCICE P. 157

LES NOMS TERMINÉS PAR LES SONS [u] ET [wa]

Les noms terminés par les sons [u] et [wa] ont différentes finales sonores homophones qu'il faut savoir distinguer.

Les noms terminés par le son [u]

- **Les noms féminins** terminés par le son [u] s'écrivent ***-oue***.

la j**oue** – la r**oue** – la pr**oue**

Exception : la toux

- **Les noms masculins** terminés par le son [u] peuvent s'écrire :

– *-ou*

le gen**ou** – le p**ou** – le tr**ou**

– *-out* ou ***-oût***

un aj**out** – un ég**out** – le g**oût**

– *-ous*

un rem**ous** – le dess**ous**

– *-oux*

un jal**oux** – le h**oux**

- Il existe quelques terminaisons plus rares :

le caoutch**ouc** – le j**oug** – le l**oup** – le p**ouls** – boire tout son s**aoul** (son s**oûl**)

Les noms terminés par le son [wa]

- **Les noms féminins** terminés par le son [wa] s'écrivent :

– *-oie*

la j**oie** – la courr**oie** – la s**oie**

– *-oi*

la f**oi** – la l**oi** – une par**oi**

– *-oix*

la p**oix** – la cr**oix** – la n**oix** – la v**oix**

- **Les noms masculins** terminés par le son [wa] s'écrivent :

– *-oi*

un empl**oi** – un conv**oi** – l'ém**oi**

– *-ois*

un m**ois** – un b**ois** – un cham**ois**

– *-oit*

un endr**oit** – un t**oit** – le dr**oit**

- Il existe quelques terminaisons plus rares :

un ch**oix** – le f**oie** – le p**oids** – le d**oigt** – le fr**oid**

Pour tous ces noms, il est prudent de consulter un dictionnaire en cas de doute.

Un certain nombre de noms d'habitants se terminent par ***-ois***.

les Lill**ois** – les Dan**ois** – les Chin**ois** – les Iroqu**ois** – les Bavar**ois**

EXERCICE P. 158

73 LES NOMS TERMINÉS PAR LE SON [l]

Les noms terminés par le son [l] **ont différentes finales sonores homophones.**

Les noms terminés par le son [al]

- **Les noms masculins** terminés par le son [al] s'écrivent :
– ***-al*** : un métal – un animal – un piédestal
– ***-âle*** : un râle – un mâle – un châle
Exceptions : un scandale – un vandale – un dédale – un pétale – un cannibale – un intervalle

- **Les noms féminins** terminés par le son [al] s'écrivent :
– ***-ale*** : une sandale – une escale – une rafale
– ***-alle*** : une dalle – une malle – une salle

Les noms terminés par le son [ɛl]

- **Les noms masculins** terminés par le son [ɛl] s'écrivent :
– ***-el*** : le tunnel – un hôtel – le miel
Exceptions : le zèle – un parallèle – un polichinelle – un vermicelle – un rebelle – un cocktail

- **Les noms féminins** terminés par le son [ɛl] s'écrivent :
– ***-elle*** : une mamelle – une pelle – une selle
Exceptions : la clientèle – une parallèle – la grêle – une stèle – une aile

Les noms terminés par le son [il]

Les noms masculins et féminins terminés par le son [il] s'écrivent :
– ***-il*** : le fil – un profil – un civil
– ***-ile*** : l'argile – un reptile – une file
Exceptions : la ville – le bacille – un mille – un vaudeville
la chlorophylle – une idylle – le crésyl – le phényle

Les noms terminés par les sons [ɔl] et [ol]

- **Les noms masculins et féminins** terminés par les sons [ɔl] et [ol] s'écrivent :
– ***-ol*** : le sol – un envol – un bol (seulement des noms masculins)
– ***-ole*** : une gondole – un symbole – une casserole
– ***-olle*** : la colle – une corolle – une fumerolle
– ***-ôle*** : le rôle – un contrôle – la tôle

- Graphies plus rares :
le saule – une gaule – un hall – un goal – le crawl – le football – un atoll

Les noms terminés par le son [ul]

Les noms masculins et féminins terminés par le son [ul] s'écrivent :
– ***-ule*** : un véhicule – la mandibule – un tentacule
Exceptions : le calcul – le recul – le consul – le cumul – la bulle – le tulle

EXERCICE P. 158

74 LES NOMS TERMINÉS PAR LE SON [R]

Les noms terminés par le son [R] ont différentes finales sonores homophones.

Les noms terminés par le son [aR]

- **Les noms masculins** terminés par le son [aR] s'écrivent :
– ***-ard*** : un billard – le hasard – un placard
– ***-ar*** : un cauchemar – un nénuphar – le dollar
– ***-art*** : un écart – un rempart – un quart
– ***-are*** : un phare – un hectare – un cigare
- Graphies plus rares : un tintamarre – des arrhes – un jars
- **Les noms féminins** terminés par le son [aR] s'écrivent :
– ***-arre*** : la bagarre – une jarre – une amarre
– ***-are*** : la mare – la fanfare – la gare

Exceptions : la part – la plupart

Les noms terminés par le son [ɛR]

- **Les noms masculins et féminins** terminés par le son [ɛR] s'écrivent :
– ***-aire*** : l'anniversaire – un itinéraire – un missionnaire
– ***-er*** : un bulldozer – un reporter – un ver (de terre)
– ***-erre*** : une équerre – le tonnerre – une serre
– ***-ert*** : le couvert – le dessert – un expert
- Graphies plus rares : le revers – l'univers – le nerf – le flair – un clerc

Les noms terminés par le son [iR]

- **Les noms masculins et féminins** terminés par le son [iR] s'écrivent :
– ***-ir*** : le tir – l'avenir – un saphir
– ***-ire*** : un vampire – la cire – une tirelire
- Graphies plus rares : le martyr(e) – une lyre – le zéphyr – la myrrhe

Les noms terminés par le son [oR]

- **Les noms masculins et féminins** terminés par le son [oR] s'écrivent :
– ***-or*** : le cor de chasse – le trésor – un ténor (seulement des noms masculins)
– ***-ore*** : une flore – une métaphore – un météore
– ***-ort*** : un effort – le ressort – un transport
– ***-ord*** : le bord – un raccord – à tribord
- Graphies plus rares : le porc – le minotaure – le corps – le mors – le remords

Les noms terminés par le son [yR]

Les noms masculins et féminins terminés par le son [yR] s'écrivent :
– ***-ure*** : une manucure – la toiture – le carbure

Exceptions : le fémur – le mur – l'azur – le futur

EXERCICE P. 158

75 LES NOMS TERMINÉS PAR LE SON [ɑ̃s]

Les noms terminés par le son [ɑ̃s], qui sont le plus souvent des noms féminins, s'écrivent généralement avec deux terminaisons différentes, aussi fréquentes l'une que l'autre.

Les noms terminés par *-ance*

la bal**ance** – les vac**ances** – la nu**ance** – la venge**ance** – la Fr**ance**

Beaucoup de ces noms sont des substantifs d'adjectifs qualificatifs (ou d'adjectifs verbaux) terminés par ***-ant***.

des soldats vaillants → la vaill**ance** des soldats
une importante décision → l'import**ance** d'une décision
une croyance survivante → la surviv**ance** d'une croyance
des câbles résistants → la résist**ance** des câbles

Les noms terminés par *-ence*

l'ag**ence** – la cad**ence** – la sem**ence** – la lic**ence** – la faï**ence**

Beaucoup de ces noms sont des substantifs d'adjectifs qualificatifs terminés par ***-ent***.

une pensée cohérente → la cohér**ence** d'une pensée
des hommes corpulents → la corpul**ence** de ces hommes
des propos véhéments → la véhém**ence** des propos
une proposition indigente → l'indig**ence** d'une proposition

Il faut retenir deux exceptions à la règle de formation de ces noms.

un père exigeant → l'exig**ence** d'un père
un journal existant → l'exist**ence** d'un journal

⚠ Remarques

1 Quelques noms ont des terminaisons particulières.

– ***-anse***

la danse – une ganse – l'anse – la panse – la transe

– ***-ense***

la défense – l'offense – la dépense – la dispense – la récompense

2 Seul un nom en [ɑ̃s] est masculin :

le silence

3 On peut parfois retrouver la terminaison correcte à l'aide d'un mot de la même famille que l'on sait orthographier.

l'enfant → l'enf**ance**
avancer → l'av**ance**
un affluent → l'affl**uence**
absent → l'abs**ence**

4 En anglais, le nom *danse* s'écrit *dance* !

EXERCICE P. 158

76 LES CONSONNES FINALES MUETTES

Il y a une ou des consonnes muettes à la fin de :

– certains noms ;
le plom**b** – le flan**c** – ron**d** – du persi**l** – un ner**f** – le san**g** – un ta**s** – une croi**x** – un poi**ds** – un manuscri**t** – le ri**z**

– certains adjectifs.
gri**s** – vivan**t** – heureu**x** – ba**s** – ron**d**

Comment retrouver les consonnes finales muettes ?

• Pour entendre la consonne finale, on peut :

– essayer de former le féminin ;
un ballon ron**d** → une table ron**d**e
un organisme vivan**t** → une scène vivan**t**e
un ciel gri**s** → une journée gri**s**e

– chercher un mot de la même famille ;
le plom**b** → le plom**b**ier
le flan**c** → flan**c**her
l'outi**l** → l'outi**l**lage
un ta**s** → ta**s**ser

– s'appuyer sur la liaison.
renvoyer les personnes do**s** (z)à dos

• On peut identifier la consonne finale ***-x*** lorsqu'elle se transforme en ***-s-*** dans des mots féminins, ou de même famille.
heureu**x** → heureu**s**e
une croi**x** → croi**s**er

• Il n'est pas toujours possible d'utiliser ces procédés :
le homard – le croquis – un hareng – le parcours – monsieur
Ou bien ils peuvent entraîner une erreur.
s'abriter, **mais** un abri   juteux, **mais** le jus   un bijoutier, **mais** un bijou

Lorsqu'un doute subsiste, il faut chercher l'orthographe des mots dans un dictionnaire.

Remarques

1 La plupart des noms terminés par une consonne muette sont masculins. Seule une trentaine de noms féminins ont une consonne finale muette.

2 Sur les vingt consonnes de l'alphabet, treize peuvent être muettes à la fin d'un mot :

b – c – d – f – g – h – l – p – r – s – t – x – z

3 Dans certains noms, ces mêmes consonnes sont sonores.

un our**s** – le thora**x** – un bou**c** – un poi**l** – un tes**t** – le ble**d** – un veu**f** – le contac**t**

4 Lorsqu'on accorde les mots ou lorsqu'on conjugue les verbes, on place aussi des lettres muettes.

des rue**s** étroite**s** – de nouveau**x** journau**x**
tu bouge**s** – tu peu**x** – ils cherche**nt** –
elle pâli**t** – il sor**t**

EXERCICE P. 158

LA LETTRE *H* EN DÉBUT DE MOT

Comme la lettre *h* ne se prononce pas, il est souvent difficile de savoir s'il faut la placer en début de mot.

Le *h* aspiré

Lorsqu'un mot commence par un ***h*** aspiré, on ne place pas d'apostrophe et la liaison avec le mot qui précède est impossible.
Le **h**ameau a gardé tout son charme.
Les / **h**ameaux ont gardé tout leur charme.
L'alpiniste se **h**isse au sommet.
Les alpinistes se sont / **h**issés au sommet.

Remarque

Pour quelques mots (heureusement peu nombreux), l'élision et la liaison sont impossibles bien qu'il n'y ait pas présence d'un ***h*** initial.

les yaourts – le yoga – les yachts –
les yacks – le yen – les yoles – les yourtes
les onze premiers – la ouate

Le *h* muet

• Lorsqu'un mot commence par un ***h*** muet, on place l'apostrophe au singulier et on fait la liaison au pluriel.
L'**h**élice du navire est faussée.
Les (s)**h**élices du navire sont faussées.
Il fait froid ; les gens s'**h**abillent chaudement.
Cet instrument produit des sons très (z)**h**armonieux.
Dans ce cas, seule la mémorisation des mots ou la consultation d'un dictionnaire permettent de savoir s'il y a un ***h*** initial.

• Le ***h*** est muet dans beaucoup de mots qui commencent par un préfixe d'origine grecque.
l'**h**écatombe – l'**h**ellénisme – l'**h**éliotropisme – l'**h**émisphère – l'**h**émorragie – l'**h**étérogénéité – un **h**ippodrome – l'**h**omonyme – l'**h**oroscope – l'**h**ydrogène – l'**h**ypnose – l'**h**ypoglycémie

Remarques

1 On trouve la lettre ***h*** combinée avec d'autres lettres pour former des sons consonnes.

ch : la **ch**asse – un mat**ch**
ph : un **ph**oque – une **ph**rase
sh : le **sh**ort – le **sh**érif
sch : le **sch**éma – le kir**sch**
ch (prononcé [k]) : la **ch**lorophylle – le **ch**rome – une **ch**ronique

2 On trouve parfois la lettre ***h*** à la fin de quelques mots ou interjections.

o**h** – e**h** – un mammout**h** – l'anet**h** – la casba**h** – le copra**h**

EXERCICE P. 158

78 LES LETTRES MUETTES INTERCALÉES

À l'intérieur des mots, on peut trouver des lettres muettes intercalées comme le ***h*** ou le ***e***.

La lettre *h* intercalée

authentique – une panthère – le thermalisme – un dahlia – une inhalation – l'éther – l'adhésion – exhorter

• Le ***h*** peut séparer deux voyelles et tenir le rôle d'un tréma, empêchant qu'elles forment un seul son.
ahuri – brouhaha – un cahot – une cohorte – un véhicule – ahurissant

• On trouve un ***h*** dans de nombreux préfixes et suffixes, d'origine grecque.
thermo- : un thermomètre – le thermostat
chrono- : un chronomètre – la chronologie
-graphe : un géographe – le photographe
-thèque : la bibliothèque – la discothèque
rhin- : un rhinocéros – une rhinite
thérap- : une thérapie – un radiothérapeute

• Dans des mots d'origine étrangère, la lettre ***h***, placée après un ***g***, permet de prononcer le ***g*** [g].
un ghetto – des spaghettis

La lettre *e* intercalée

• Au futur simple de l'indicatif et au présent du conditionnel, pour les verbes du 1er groupe en ***-ier***, ***-ouer***, ***-uer***, ***-yer***, il ne faut pas oublier de placer le ***e*** de l'infinitif qui reste muet.
remercier → je remercierai – nous remercierions
renflouer → nous renflouerons – je renflouerais
éternuer → il éternuera – elles éternueraient
tutoyer → tu tutoieras – vous tutoieriez

• La plupart des noms dérivant de ces verbes gardent le ***e*** de l'infinitif.
remercier → le remerciement
renflouer → le renflouement
éternuer → l'éternuement
tutoyer → le tutoiement

Exceptions :
châtier → le châtiment   *arguer* → l'argument   *agréer* → l'agrément

D'autres lettres peuvent être muettes à l'intérieur des mots.

– la lettre ***m***
l'automne – condamner

– la lettre ***p***
septième – le baptême – le compteur

– la lettre ***g***
la sangsue – les amygdales

– la lettre ***o***
l'alcool

– la lettre ***a***
la Saône – un toast

EXERCICE P. 159

79 LA LETTRE X

La lettre *x* peut être sonore (et se prononcer de plusieurs façons) ou muette.

La lettre *x* : consonne sonore

• La lettre ***x*** se prononce :

– [ks]

l'explication – une galaxie – l'expiration – un élixir

– [gz] dans les mots commençant par ***ex-***, si le ***x*** est suivi d'une voyelle ou d'un ***h***.

exagérer – examen – l'exécution– existence – l'exhibition

• Suivie d'un ***c***, la lettre ***x*** a la valeur d'un [k] dans les mots commençant par ***ex-***.

exciter – l'excédent – excentrique – excellent

• En fin de mot, le son [ks] peut s'écrire ***-x*** ou ***-xe***.

le silex – le larynx – une taxe – l'annexe

Remarques

1 Comme elle équivaut à deux consonnes, la lettre ***x*** n'est jamais précédée d'un ***e*** accentué.

2 La lettre ***x*** peut éventuellement se prononcer [s] ou [z].

[s] : dix – six – soixante – Bruxelles – Auxerre

[z] : deuxième – sixième – dixième

3 Très peu de mots commencent par la lettre ***x***.

un xylophone – la xénophobie – le vin de Xérès – Xavier

4 Il arrive que le son [ks] soit transcrit par :

– deux ***c*** devant ***e*** ou ***i*** ;

le succès – accepter – l'occident – la succession

– ***-ct-*** devant le suffixe ***-ion***.

l'action – la direction – la fonction

Exceptions :

la connexion – la réflexion – la flexion

5 Il faut retenir ces deux orthographes :

le tocsin : sonnerie de cloche pour donner l'alarme

l'eczéma : rougeurs sur la peau

La lettre *x* : consonne muette

La lettre ***x*** est muette :

• quand elle marque le pluriel de certains noms et adjectifs ;

les bateaux – les aveux – les bijoux – des journaux locaux

• à la fin de certains mots, même au singulier.

la croix – le houx – deux – roux

EXERCICE P. 159

80 LES SUFFIXES ET LES PRÉFIXES

Le suffixe se place à la fin du radical pour former un mot nouveau ; le préfixe au début du radical. Différents suffixes ou préfixes ont des formes homophones.

Des suffixes

• Les noms et adjectifs terminés par [sjɛl] s'écrivent ***-ciel*** ou ***-tiel***.
un logi**ciel** – superfi**ciel** — un poten**tiel** – torren**tiel**
Les adjectifs féminins doublent le *l*.
une idée superfi**cielle** — une pluie torren**tielle**

• Les noms et adjectifs terminés par [sjal] s'écrivent ***-cial*** ou ***-tial***.
commer**cial** – ra**cial** — par**tial** – spa**tial**
Exception : paroi**ssial**
Les adjectifs féminins ne doublent pas le *l*.
une branche commer**ciale** — une navette spa**tiale**
Les adjectifs masculins pluriels se terminent généralement par ***-aux***.
des centres commer**ciaux** – des préjugés ra**ciaux**

• Les adjectifs terminés par [sjø] s'écrivent le plus souvent ***-cieux***.
gra**cieux** – spa**cieux** – pré**cieux** – mali**cieux**
Quelques-uns s'écrivent ***-tieux***.
préten**tieux** – minu**tieux** – infec**tieux**

• Les noms terminés par [sjɔ̃] s'écrivent le plus souvent ***-tion***.
la posi**tion** – la por**tion** – la nata**tion** – l'éduca**tion**
Quelques-uns s'écrivent :
-sion : la ver**sion** – l'excur**sion** — ***-ssion*** : la pa**ssion** – la mi**ssion** – l'obse**ssion**
-xion : l'anne**xion** – la réfle**xion** — ***-cion*** : la suspi**cion**

Les verbes du 1er groupe terminés par ***-onner*** s'écrivent avec deux ***n***.
savo**nner** – tâto**nner** – actio**nner**

Exceptions : télépho**ner** – s'époumo**ner** – ramo**ner** – trô**ner**

Des préfixes

• Les mots formés avec les préfixes ***il-***, ***im-***, ***in-***, ***ir-*** doublent la consonne quand le radical commence par ***l***, ***m***, ***n***, ***r***.
il-limité – **im**-mangeable – l'**in**-novation – **ir**-réel
Exceptions : imaginer – l'île – l'iris – inamical (radical : ami)
Comme il n'est pas toujours possible de retrouver le radical (souvent un mot latin aujourd'hui inusité), il faut vérifier dans un dictionnaire en cas de doute.

• Pour bien orthographier un mot formé à l'aide de préfixes comme ***dé-***, ***dés-***, ***en-***, ***em-***, ***r(e)-***, il faut penser au radical.
emménager est formé sur le radical *ménager* et le préfixe ***em-*** → deux ***m***
enivrer est formé sur le radical *ivre* et le préfixe ***en-*** → un seul ***n***

EXERCICE P. 159

81 LES HOMONYMES LEXICAUX

Les homonymes sont des mots dont la prononciation est identique mais qui ont des orthographes différentes. Seuls le contexte ou la consultation d'un dictionnaire permettent de lever les ambiguïtés.

l'épreuve de **saut** en hauteur — Il n'y a pas de **sot** métier.
porter un **seau** d'eau — parler sous le **sceau** du secret

Comment les distinguer ?

• Certains homonymes ne se distinguent que par **la présence d'un accent**.

Ce fruit est **mûr**. — Il s'appuie contre le **mur**.
avoir une **tâche** difficile — effacer une **tache** d'encre
ouvrir une **boîte** de chocolat — Ce vieillard **boite** légèrement.

• Les homonymes peuvent être **de natures grammaticales différentes**.

L'infirmière fait une prise de **sang** au malade. → nom
Il ne faut jamais rouler **sans** boucler sa ceinture de sécurité. → préposition
Ce radiateur électrique vaut **cent** euros. → déterminant numéral
Ce bouquet de fleurs **sent** bon. → verbe conjugué

Remarques

1 Des mots de la même famille permettent quelquefois de trouver l'orthographe correcte.

avoir faim → souffrir de la famine
attendre la fin → cela va bientôt finir

2 Quelques mots sont homophones mais difficiles à distinguer car ils appartiennent à la même famille. Il est préférable de consulter un dictionnaire.

souffrir le **martyre** – canoniser un **martyr**
des adjectifs **numéraux** – les **numéros** gagnants

3 Certains éléments de la phrase sont parfois homonymes. Le sens permet de les distinguer assez facilement.

Je **l'ai fait** volontiers.
l'effet de surprise

Voici **des filets** de pêcheur.
Les images **défilaient** rapidement.

Ce pantalon, tu **l'as mis** souvent.
Dans le pain, je préfère **la mie**.

Cas particulier

Lorsque des homonymes se prononcent et s'écrivent de la même manière, on dit qu'ils sont **homographes**. Il peut s'agir de :

• deux noms de genres différents ;

le **tour** de France — la **tour** du château

• d'un nom et d'un verbe.

la **voie** de chemin de fer — Il faut que je te **voie**.

EXERCICE P. 159

82 LES MOTS D'ORIGINE ÉTRANGÈRE

Certains mots, souvent utilisés, sont empruntés à d'autres langues que le français.

Les différentes langues d'emprunt

- **l'anglais** : le camping – un puzzle – le stress – un sprint – un pickpocket – un clown – le record
- **l'italien** : un confetti – l'opéra – un imprésario – le carpaccio – un dilettante
- **l'espagnol** : un toréador – la paella – un rodéo – le cacao – l'embargo – la cédille – la pacotille
- **le portugais** : un autodafé
- **l'allemand** : un bivouac – un blockhaus – un leitmotiv – un hamster – un edelweiss – un putsch
- **le japonais** : le karaté – un bonze – une geisha – un kamikaze – hara-kiri – le tatami – le samouraï
- **l'arabe** : le bazar – le pacha – le muezzin – la razzia – l'alcool – la baraka – l'élixir – un gourbi
- **le russe** : le mazout – un cosaque – une datcha – la steppe – une isba – la vodka – la toundra – la troïka
- **les langues nordiques** : un fjord – un drakkar – un geyser – un homard – le ski – un troll – le fartage – une saga – le sauna
- **les langues africaines** : le baobab – le chimpanzé – la banane – le zèbre

Remarques

1 Les noms d'origine étrangère peuvent conserver le pluriel de leur langue, mais le pluriel du français s'impose le plus souvent.

un rugbyman / des rugbymen
des rugbymans
un box / des boxes
des box
un sandwich / des sandwiches
des sandwichs
un concerto / des concerti
des concertos

2 Pour les noms composés d'origine anglaise, seul le second mot prend la marque du pluriel.

des week-ends des skate-boards

3 À l'écrit, il faut penser qu'il existe peut-être un mot français avant d'utiliser certains mots anglo-saxons. Il est préférable d'écrire :

baladeur plutôt que walkman
présentateur plutôt que speaker

Les mots hérités du latin

Certains mots ou expressions latines sont encore employés aujourd'hui. Ils sont **parfois légèrement déformés** ; par exemple, ils peuvent prendre des accents alors qu'il n'y en a pas en latin.
le minimum un spécimen un référendum un junior un mémento
Mais le plus souvent, ils ont été **adoptés sans aucune modification**.
un alter ego : un autre moi-même.
un casus belli : un acte susceptible d'entraîner une guerre.
un modus vivendi : un accord entre deux parties opposées.

EXERCICE P. 159

83 LES PARONYMES – LES BARBARISMES – LES PLÉONASMES

La langue française recèle des pièges qu'il faut savoir éviter.

Les paronymes

- Certains mots ont des formes et des prononciations proches, ce sont **des paronymes**.
Pour choisir le terme correct, il faut bien examiner le sens de la phrase.
écouter les **prévisions** météorologiques faire des **provisions** de nourriture
- La phrase peut être incorrecte ou incompréhensible lorsqu'on emploie un mot pour un autre.
Il ne faut pas écrire : Les syndicats agitent le **sceptre** du chômage.
Mais : Les syndicats agitent le **spectre** du chômage.

Remarque

Les humoristes utilisent parfois délibérément les paronymes pour nous faire sourire.

Il était fier comme un bar-tabac.
(au lieu de comme Artaban)

Je vous le donne Émile.
(au lieu de je vous le donne en mille)
avoir des papiers en bonne et difforme
(au lieu de en bonne et due forme)
un ingénieur à Grenoble
(au lieu d'un ingénieur agronome)

Les barbarismes

Quand on déforme un mot, on commet **un barbarisme**.
avoir des problèmes **pécuniaires**
Et non : avoir des problèmes **pécuniers** (même si l'on dit des problèmes financiers)

Remarque

L'origine du mot *barbarisme* est grecque. Dans la Grèce antique, un barbare était un étranger qui déformait la langue de la cité lorsqu'il s'exprimait.

Les pléonasmes

Lorsqu'on emploie consécutivement deux mots qui signifient la même chose, on commet **un pléonasme**.
Avant de partir en promenade, j'ai **ajouté en plus** des vêtements chauds.
(Lorsque l'on ajoute quelque chose, c'est évidemment en plus.)
Quand mes camarades sont sortis, je les **ai suivis derrière**.
(Si l'on suit quelqu'un, on se trouve derrière lui.)
Béatrice nous présente une **double alternative**.
(Une alternative, c'est déjà un choix entre deux possibilités.)

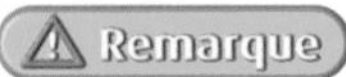

L'expression *au jour d'aujourd'hui* est incorrecte : c'est un pléonasme.

EXERCICE P. 159

84 DES ANOMALIES ORTHOGRAPHIQUES

Pour trouver l'orthographe d'un mot, on peut s'aider d'un mot de la même famille.

Les mots qui ont le même radical

Les mots, qui ont le même radical et un rapport de sens, appartiennent à **la même famille**.

l'existe**n**ce → exister → le son [ɑ̃] s'écrit avec un ***e***
imme**ns**e → me**s**ure → s'écrit avec un ***e*** et un ***s***
le pou**ls** → pu**ls**ation → s'écrit avec un ***l*** et un ***s***

Les noms dérivés de verbes

• Les noms dérivés des verbes en ***-guer*** et ***-quer***, formés avec les suffixes en ***-a (-age, -ation, -aison, -abilité, -ateur...)*** ou ***-o*** (***-on***) perdent le ***u*** après le ***g*** et transforment, le plus souvent, le ***qu*** en ***c***.

fatiguer → la fati**g**abilité — *évoquer* → l'évo**c**ation

Exceptions : le pi**qu**age – un atta**qu**ant – un trafi**qu**ant – un prati**qu**ant

• Pour les noms formés avec le suffixe ***-eur***, le radical est conservé.

fuguer → un fu**gu**eur — *marquer* → un mar**qu**eur

Cas particuliers

Dans une même famille :

• des mots contiennent une consonne double et d'autres une consonne simple ;

la so**nn**erie / la so**n**orisation — l'ho**nn**eur / ho**n**orer — no**mm**er / no**m**inal
la cha**rr**ue / le cha**r**iot — une mo**nn**aie / mo**n**étaire — ba**tt**re / comba**t**if

• on peut trouver des modifications d'accents ;

la gr**â**ce / gr**a**cieux — le s**é**chage / la s**è**cheresse — extr**ê**me / l'extr**é**mité

• on peut trouver des anomalies.

ceindre → la ceinture / un cintre — le vent → venté / un vantail

Mots dont la prononciation n'est pas strictement conforme à l'orthographe.

la f**e**mme	l'a**qu**arelle	un s**qu**are	un alb**um**
sol**e**nnel	l'a**qu**arium	le po**ê**le	un géran**ium**
la sol**e**nnité	a**qu**atique	la po**ê**le	un musé**um**
sol**e**nnellement	l'é**qu**ateur	po**ê**ler	du rh**um**
l'auto**m**ne	é**qu**atorial	un f**ao**n	un sér**um**
conda**m**ner	l'é**qu**ation	un p**ao**n	le référ**endum**
se**c**ond	**qu**adragénaire	un t**ao**n	le f**ai**san
la se**c**onde	**qu**adriennal	**monsieur**	f**ai**sandé
se**c**ondaire	**qu**aternaire	mess**ieurs**	f**ai**sable
se**c**onder	é**qu**ilatéral	un ga**rs**	la vi**ll**e
un para**s**ol	un **qu**adrilatère	un exam**en**	tranqui**ll**e
un tourne**s**ol	un **qu**adrupède	un poll**en**	le baci**ll**e
vrai**s**emblable	des **qu**adruplés	un ag**en**da	le mi**ll**ion
la vrai**s**emblance	un **qu**atuor	un p**en**tagone	le mi**ll**iard

EXERCICE P. 159

GRAMMAIRE

85 LES PRÉPOSITIONS – LES CONJONCTIONS DE COORDINATION – LES INTERJECTIONS

Les prépositions, les conjonctions de coordination et les interjections sont des mots invariables.

Les prépositions

Les prépositions introduisent des mots (ou des groupes de mots) qui ont la fonction de compléments.

Il s'arrête **devant** une affiche. Il peint **à la manière** de Georges Braque.

Les prépositions sont des **mots simples** (*de – à – avant – après – avec – chez – pour – par – dans – sous...*) ou des **locutions prépositives** (*à travers – afin de – au-dessous de – à côté de – au cours de – à condition que...*).

Remarques

1 Certains participes présents et participes passés (*attendu que, étant donné, eu égard à, y compris, concernant, vu, excepté...*) peuvent être employés comme des prépositions.

Concernant notre itinéraire, il faudra l'étudier **à l'aide d'**une carte routière.
Dans le prix de ce canapé, tout est inclus, **y compris** le transport.

2 Si certains verbes se construisent indifféremment avec ***à*** ou ***de*** devant un infinitif complément, d'autres marquent un sens différent selon la proposition.

Le bois continue **à** brûler.
= Le bois continue **de** brûler.
Norbert parle **à** ses amis.
≠ Norbert parle **de** ses amis.

Les conjonctions de coordination

Les conjonctions de coordination relient deux mots, deux groupes de mots ou deux propositions de même nature. Il existe :

- sept **conjonctions de coordination simples** : *mais – ou – et – donc – or – ni – car*
- des **mots ou locutions conjonctives** (surtout des adverbes) : *aussi – en revanche – néanmoins – alors – d'ailleurs – en outre – en effet...*

L'île de Ré **et** le continent sont reliés par un pont.
La péniche arrive en vue de l'écluse, **mais** l'éclusier n'est pas à son poste.

Les interjections

Les interjections traduisent l'attitude affective, la réaction, le sentiment de celui qui parle ou écrit.

Les interjections ne jouent aucun rôle grammatical ; elles viennent enrichir la phrase et sont généralement suivies d'un point d'exclamation.

Courage ! Le sommet est en vue.
Eh bien ! Cela n'a pas été une partie de plaisir.

Les interjections peuvent être employées seules.

Attention ! **Bravo !** **Debout !** **Chut !** **Chiche !**

Un certain nombre d'interjections sont des onomatopées, c'est-à-dire des mots qui imitent un bruit.

Pan ! la balle s'écrasa contre le mur. **Miaou !** le chaton est là.

EXERCICE P. 160

86 LES PROPOSITIONS INDÉPENDANTES, JUXTAPOSÉES ET COORDONNÉES

Une phrase peut être formée d'une proposition (phrase simple), voire de deux ou plusieurs propositions (phrase complexe).

Les propositions indépendantes

Une proposition indépendante comporte un seul verbe conjugué ; elle ne dépend d'aucune autre proposition et aucune autre ne dépend d'elle.
On a souvent besoin d'un plus petit que soi.
De nombreux sous-traitants travaillent pour cette usine automobile.

Les propositions juxtaposées et coordonnées

• **Les propositions juxtaposées** sont reliées par une virgule, un point-virgule ou deux-points.
Mikaël attend devant la barrière**,** il n'y a plus de place au parking.
Le parking est complet **;** est-ce habituel ?
Le tarif de ce parking est élevé **:** beaucoup renoncent à le fréquenter.

• **Les propositions coordonnées** sont reliées par une conjonction de coordination, une locution conjonctive ou un adverbe de liaison.
Mikaël attend devant la barrière, **car** il n'y a plus de place au parking.
Le parking est complet **et** ce n'est pas habituel.
Le tarif de ce parking est élevé, **donc** beaucoup renoncent à le fréquenter.
Dans certains cas, la conjonction de coordination est précédée d'une virgule.

• Le rapport de sens entre les propositions juxtaposées est souvent moins fort que celui entre les propositions coordonnées. Les conjonctions de coordination peuvent exprimer :
la cause → Jacqueline est déçue, car toutes ses plantes perdent leurs feuilles.
la conséquence → Cette viande est trop grasse, donc je ne l'achèterai pas.
l'opposition → Ils voulaient faire du canotage, mais la barque prend l'eau.

⚠ Remarques

1 Dans une même phrase, il est possible de rencontrer des propositions juxtaposées et des propositions coordonnées.

Tu suis le couloir, tu pousses la porte et
prop. juxtaposée prop. juxtaposée
tu entres car c'est le lieu du rendez-vous.
prop. coordonnée prop. coordonnée

2 Dans les propositions coordonnées et juxtaposées, le groupe sujet ou le verbe peuvent ne pas être exprimés. Ce sont **des propositions elliptiques**.

L'agriculteur laboure son champ, le herse, puis sème du tournesol.
Oriane part en vacances aux Canaries, Roxane en Irlande.

3 Certaines phrases n'ont pas de verbe ; ce sont **des phrases nominales**. Elles sont le plus souvent indépendantes, mais peuvent être juxtaposées ou coordonnées.

Beaucoup de bruit pour rien !
De bonnes intentions, mais sans résultat.

EXERCICE P. 160

87 LES SUBORDONNÉES RELATIVES – LES PRONOMS RELATIFS

Dans une phrase complexe, la proposition principale peut avoir une ou plusieurs propositions subordonnées relatives sous sa dépendance.

Les subordonnées relatives

• **La proposition subordonnée relative** permet de compléter un nom ou un pronom appartenant à la proposition principale.

Portez à la déchetterie ces objets / **qui** sont encombrants.
proposition principale — proposition subordonnée relative

• La proposition subordonnée relative peut être enchâssée dans la proposition principale.

Ces objets, **qui** sont encombrants, portez-les à la déchetterie.
prop. principale — prop. subordonnée relative — prop. principale

Les pronoms relatifs

• **Un pronom relatif** unit une proposition subordonnée à un nom (ou pronom) placé dans la proposition principale.

L'artisan **qui** vient de s'installer embauchera bientôt un apprenti.
Le film **dont** vous m'avez parlé n'est pas diffusé dans mon quartier.

• Les pronoms relatifs peuvent être :
– de **formes simples** : *qui – que – quoi – dont – où* ;
– de **formes composées** : *lequel – laquelle – lesquels – lesquelles.*
Ces formes composées sont parfois construites avec les prépositions **à** et ***de*** :
à laquelle – auquel – auxquels – duquel – desquels...

• Le nom, le groupe nominal, le pronom ou la proposition, remplacés par le pronom relatif, sont ses **antécédents**. Le pronom relatif s'accorde avec son antécédent.

La voiture de sport **que** je lave appartient à mon oncle.
Celles **qui** gênent la circulation devront être déplacées.
Les personnes **auxquelles** je pense auront un avertissement.

• Dans la subordonnée relative, le pronom relatif a diverses fonctions :
– **sujet :** Tu as parié sur le cheval **qui** a remporté la course du tiercé.
– **COD :** Louise apprécie le bijou **que** son mari lui a offert.
– **COI :** La séance de cinéma **à laquelle** j'ai assisté commençait à seize heures.
– **complément du nom :** L'outil **dont** tu aiguises la lame est dangereux.

Il existe des **adjectifs relatifs** qui ne sont que très rarement employés.

Il se peut que le bureau des renseignements soit fermé, **auquel** cas tu chercheras sur Internet.

Les manifestants défilent boulevard Saint-Michel, **lesquels** manifestants brandissent d'immenses banderoles.

EXERCICE P. 160

88 LES SUBORDONNÉES CONJONCTIVES LES CONJONCTIONS DE SUBORDINATION

Dans une phrase complexe, la proposition principale peut avoir une ou plusieurs propositions subordonnées conjonctives sous sa dépendance.

Les subordonnées conjonctives

• **Les propositions subordonnées conjonctives** complètent le verbe de la proposition principale ou expriment une circonstance de l'action de la principale.
Le stade de France permet **que** 80 000 spectateurs assistent aux compétitions.
Je téléphone **pour que** tu n'oublies pas ton rendez-vous.

• **Les subordonnées complétives** – introduites par *que* – sont le plus souvent compléments d'objet du verbe de la principale et ne peuvent être ni déplacées ni supprimées sans modifier le sens de la phrase.
M. Ayraud attend **que** les pompiers interviennent. → COD
M. Ayraud s'étonne **que** les pompiers soient déjà là. → COI
Le mode – indicatif ou subjonctif – du verbe de la subordonnée complétive dépend du verbe de la principale ou de la forme de ce verbe.
Je pense que tu viendras. → indicatif Je doute que tu viennes. → subjonctif

• **Les subordonnées circonstancielles** précisent les circonstances de l'action de la proposition principale.
Quand on détecte un incendie, on appelle les pompiers. → compl. circ. de temps
Les subordonnées circonstancielles peuvent suivre, précéder ou être insérées dans la proposition principale.
Bien qu'il ait rempli tous les formulaires, M. Dumontel n'a pas obtenu de réponse.
M. Dumontel n'a pas obtenu de réponse **bien qu'**il ait rempli tous les formulaires.
M. Dumontel, **bien qu'**il ait rempli tous les formulaires, n'a pas obtenu de réponse.

Remarques

1 Il est possible qu'une proposition subordonnée dépende d'une autre proposition subordonnée et non de la proposition principale.

Il se peut / que l'orage ait éclaté
prop. principale — prop. subordonnée

/ pendant que nous dormions.
prop. subordonnée

2 Il ne faut pas confondre la proposition subordonnée conjonctive introduite par ***que*** avec la proposition subordonnée relative également introduite par ***que***.

Il m'apporte la lettre **que** j'attends.
→ relative

J'attends **qu'**il m'apporte la lettre.
→ conjonctive

Les conjonctions de subordination

Une proposition conjonctive commence toujours par :

• **une conjonction de subordination** (*que – quand – si – lorsque – puisque – comme – quoique – sinon...*)

• ou **une locution conjonctive**, assez souvent formée sur la conjonction ***que*** (*afin que – parce que – depuis que – aussitôt que – en sorte que – sans quoi – au cas où – dès que – en attendant que...*).

EXERCICE P. 160

89 LES ADVERBES

Les adverbes sont des mots invariables.

Règles générales

• Les adverbes modifient le sens :

– d'un **verbe** ;

Axel aide **volontiers** ses camarades. Axel aide **souvent** ses camarades.
Axel aide **parfois** ses camarades. Axel aide **rarement** ses camarades.

– d'un **adjectif** ;

Ce café est **très** chaud. Ce café est **assez** chaud.
Ce café est **plutôt** chaud. Ce café est **extrêmement** chaud.

– d'un **autre adverbe**.

Ces vêtements coûtent **trop** cher. Ces vêtements coûtent **finalement** cher.

• Il existe des adverbes de manière (*plutôt – mieux – bien...*), de lieu (*ici – partout – ailleurs...*), de temps (*jamais – tard – autrefois...*), de quantité (*assez – encore – trop...*), d'affirmation (*vraiment – bien sûr – sans doute...*), de négation (*ne ... guère – ne ... pas – ne ... point*).

⚠ Remarques

1 Les adverbes placés avant les adjectifs qualificatifs ne s'accordent pas.

une ligne **bien** droite – des traits **bien** droits

2 Certains adverbes (*jamais – toujours, volontiers – ailleurs – auprès – dehors – dessus – dessous...*) sont terminés par un **-*s*** muet.

3 Les adverbes *debout, ensemble, pêle-mêle, à demi* sont invariables.

Les spectateurs sont restés **debout**.
Les joueurs sont restés **ensemble**.
Les pièces du puzzle s'étalent **pêle-mêle** sur la table.
La statue est à **demi** recouverte d'un voile blanc.

Cas particuliers

• **Les locutions adverbiales** sont des groupes de mots équivalant à des adverbes.

Ce café est assez chaud. Ce café est **à peu près** chaud.
Axel aide parfois ses camarades. Axel aide **de temps en temps** ses camarades.
Ces vêtements coûtent trop cher. Ces vêtements coûtent **sans doute** cher.

• **Certains adjectifs** sont employés comme des adverbes ; ils sont alors invariables.

Ce monsieur est fort (musclé). Ces messieurs sont forts (musclés).
Ce monsieur parle **fort** (beaucoup). Ces messieurs parlent **fort** (beaucoup).

• L'adverbe peut parfois jouer le rôle d'un **déterminant**.

Avec *un peu*, l'accord du verbe se fait au singulier :
Un peu de repos vous ferait du bien.
Avec *beaucoup de*, il se fait au pluriel :
Beaucoup de personnes habitent la région parisienne.

EXERCICE P. 160

90 LES ADVERBES DE MANIÈRE EN *-MENT*

Les adverbes de manière en *-ment* sont formés à partir d'un adjectif qualificatif, généralement féminin.

brave – brave → brave**ment**
doux – douce → douce**ment**
dur – dure → dure**ment**
brutal – brutale → brutale**ment**
naturel – naturelle → naturelle**ment**
curieux – curieuse → curieuse**ment**

grammaire

Comment orthographier les adverbes en *-ment* ?

- Dans certains cas, on place un accent sur le ***e*** qui précède la terminaison ***-ment***.

confus – confuse → confus**é**ment
énorme – énorme → énorm**é**ment

- Les adverbes correspondant à des adjectifs terminés au masculin par ***-é, -ai, -i, -u*** sont formés à partir de l'adjectif masculin.

aisé → **aisé**ment
vrai → **vrai**ment
infini → **infini**ment
résolu → **résolu**ment

On ajoute quelquefois un accent circonflexe sur le ***u***.

assidu → assid**û**ment
cru → cr**û**ment

- Les adverbes formés à partir d'adjectifs terminés par le son [ɑ̃], s'écrivent :

-emment, s'ils sont formés à partir d'adjectifs terminés par ***-ent*** ;

impati**ent** → impati**emment**
prud**ent** → prud**emment**

-amment, s'ils sont formés à partir d'adjectifs terminés par ***-ant***.

suffis**ant** → suffis**amment**
brill**ant** → brill**amment**

Remarques

1 Pour ne pas confondre les adverbes, les noms et les adjectifs terminés par le son [ɑ̃], on remplace :

– l'adverbe (invariable) par l'expression *de manière...* ;

Les savants sont **généralement** des personnes modestes.
Les savants sont **de manière générale** des personnes modestes.

– le nom (variable) par un autre nom ;

Ces savants étudient les **glissements** de terrains.
Ces savants étudient les **modifications** de terrains.

– l'adjectif (variable) par un autre adjectif.

Ces rues portent les noms de savants **éminents**.
Ces rues portent les noms de savants **célèbres**.

2 On ne peut pas former des adverbes de manière avec tous les adjectifs qualificatifs (*immobile, content, familial, fameux, aigu, lointain...*). Au lieu de l'adverbe, il faut alors employer une périphrase.

Les enfants ouvrent leurs cadeaux **en famille**.
Les enfants ouvrent leurs cadeaux **d'un air content**.

EXERCICE P. 160

91 LES PRONOMS POSSESSIFS, DÉMONSTRATIFS, INDÉFINIS

Les pronoms remplacent généralement un groupe nominal déjà mentionné afin d'éviter une répétition.

Les pronoms possessifs

- **Le pronom possessif** remplace un groupe nominal dont le déterminant peut être adjectif possessif.

Gloria enfile son pull ; **le mien** est introuvable.
Ces meubles sont en merisier ; **les nôtres** sont en acajou.

- Les pronoms possessifs des premières et deuxièmes personnes du pluriel prennent **un accent circonflexe** ; les adjectifs possessifs n'en ont pas.

Notre appartement domine le parc municipal ; **le vôtre** donne sur le gymnase.

singulier			pluriel		
1re personne	2e personne	3e personne	1re personne	2e personne	3e personne
le mien	le tien	le sien	le nôtre	le vôtre	le leur
la mienne	la tienne	la sienne	la nôtre	la vôtre	la leur
les miens	les tiens	les siens	les nôtres	les vôtres	les leurs
les miennes	les tiennes	les siennes			

Les pronoms démonstratifs

- **Le pronom démonstratif** remplace un groupe nominal dont le déterminant peut être un adjectif démonstratif.

Je suis devant les boutiques ; enfin **celles** qui sont ouvertes !

- Le pronom démonstratif ***ce*** subit l'élision devant toute forme du verbe *être* commençant par une voyelle, ainsi que devant le pronom personnel *en*.

C'est le début du printemps. **C'**était un jour de fête. **C'**en est fini de ce travail.

			masculin	féminin	neutre
formes simples		sing.	celui	celle	ce
		plur.	ceux	celles	
formes composées	démonstratifs proches	sing.	celui-ci	celle-ci	ceci
		plur.	ceux-ci	celles-ci	
	démonstratifs lointains	sing.	celui-là	celle-là	cela – ça
		plur.	ceux-là	celles-là	

Les pronoms indéfinis

Le pronom indéfini remplace un groupe nominal dont le déterminant peut être un adjectif indéfini.

Tout le nécessaire manque. → **Tout** manque.

Les pronoms indéfinis sont nombreux : *aucun – autre(s) – autrui – chacun(e) – certains – personne – nul – plusieurs – quiconque – tout, tous – la plupart...*

EXERCICE P. 160

92 LA VOIX PASSIVE – LE COMPLÉMENT D'AGENT

La voix passive présente la même action que la voix active mais de façon différente.
Voix active : le sujet fait l'action.
Une bâche protège le tas de bois.
Voix passive : le sujet subit l'action.
Le tas de bois est protégé par une bâche.

La voix passive

• Le COD du verbe actif devient le sujet du verbe passif et le sujet du verbe actif devient le complément d'agent du verbe passif.

Une bâche protège le tas de bois. Le tas de bois est protégé par une bâche.
sujet COD sujet compl. d'agent

• En général, il n'y a que les verbes transitifs directs qui puissent être employés à la voix passive puisque c'est le COD qui devient sujet.

• Au passif, tous les verbes sont conjugués avec *être* qui porte la marque du temps.

présent de l'indicatif :
Les cheveux de Sabine **sont** retenus par un ruban.
présent du conditionnel :
Les cheveux de Sabine **seraient** retenus par un ruban.
présent du subjonctif :
Il faut que les cheveux de Sabine **soient** retenus par un ruban.

⚠ Remarques

1 Les verbes comme *arriver, tomber, entrer, partir,* etc. dont la conjugaison se fait toujours avec l'auxiliaire *être,* ne sont jamais à la voix passive.

2 Un verbe pronominal peut avoir un sens passif.
Ces appartements se sont loués en quelques jours.

Le complément d'agent

• Le complément d'agent est souvent introduit par les prépositions *par* et *de.*

L'Étranger a été écrit **par** Albert Camus. → Albert Camus a écrit *L'Étranger.*
L'Étranger est connu **de** beaucoup de lecteurs. → Beaucoup de lecteurs connaissent *L'Étranger.*

• Il est possible que le complément d'agent soit sous-entendu.

L'immeuble a été bâti en peu de temps.
Le passage à l'actif se fait avec le pronom sujet *on.*
On a bâti l'immeuble en peu de temps.
Quand le complément d'agent est sous-entendu, il n'est pas toujours aisé de distinguer le verbe passif et le verbe *être* suivi d'un participe passé employé comme adjectif.
Le parking est occupé. Le parking est occupé par des véhicules. → passif
Le parking est occupé. Le parking est vide.
→ *occupé* et *vide* sont attributs du sujet

EXERCICE P. 161

93 LES FORMES AFFIRMATIVE, NÉGATIVE ET INTERROGATIVE

Une phrase peut prendre différentes formes, voire combiner ces formes.

Les formes affirmative et négative

- **La forme négative** s'oppose à la forme affirmative.

Lucas part en avance. Lucas **ne** part **pas** en avance.

- Le verbe est le seul élément de la phrase qui puisse être encadré par une locution négative. Aux temps composés, la négation encadre l'auxiliaire (ou parfois le verbe et un adverbe).

Lucas **n'**est **pas** parti en avance. Lucas **n'**est vraiment **pas** parti en avance.

- Il existe **plusieurs locutions négatives** : *ne ... pas – ne ... rien – ne ... plus – ne ... jamais – ne ... guère – ne ... que – ne ... ni ... ni – ne ... point.*

Parfois, le second terme de la négation est placé avant *ne*.

Aucun ne connaît la réponse. **Personne** ne connaît la réponse.

Lorsque le verbe est à l'infinitif, la locution négative est placée avant lui.

Vous devez apprendre à **ne pas** mentir.

Remarques

1 La locution *ne ... que* signifie généralement *seulement*.

Tu **ne** possèdes **que** vingt euros.

2 Parfois la négation est réduite au seul premier terme *ne*.

On **ne** peut laisser circuler de fausses nouvelles.
Obtenir un prix ? Samir **n'**ose y croire.

3 Pour exprimer la négation, on peut également utiliser un mot de sens contraire (un antonyme).

Lucas part en retard.

La forme interrogative

- Lorsque le sujet du verbe est un pronom, il se place après le verbe ou après l'auxiliaire pour les temps composés. Dans ce cas, on lie le verbe au pronom par un trait d'union.

Réaliseras-**tu** ton projet ? Avez-**vous** versé un acompte ?

- Pour formuler une interrogation, on peut également (surtout si le pronom sujet est *je*) faire précéder le verbe de l'expression *Est-ce que...* .

Est-ce que le vent souffle ? **Est-ce que** je t'accompagne ?

Remarques

1 Pour éviter la rencontre de deux voyelles, on place un ***t*** euphonique entre les terminaisons ***a*** et ***e*** des verbes et les pronoms de la 3e personne du singulier.

Compare-**t-il** ces produits ?
Acheta-**t-elle** ces produits ?
Échange-**t-on** nos places ?

2 Lorsque le sujet du verbe est un nom, on place, après le verbe, un pronom personnel (dit de reprise) de la 3e personne.

Le score est-**il** définitif ?
Les joueurs quitteront-**ils** le terrain ?

3 L'interrogation peut aussi être marquée par des mots interrogatifs.

Qui est là ? **Où** es-tu ? **Quelle** heure est-il ?

EXERCICE P. 161

94 LES FORMES IMPERSONNELLE, PRONOMINALE ET EMPHATIQUE

Une phrase peut prendre différentes formes, voire combiner ces formes.

La forme impersonnelle

- Un verbe à la **forme impersonnelle** est un verbe dont le sujet ne représente ni une personne, ni un animal, ni une chose défini.
Les verbes impersonnels ne se conjuguent qu'à la 3e personne du singulier avec le sujet *il* (parfois *ce*, *ça* ou *cela*), du genre neutre.
Il ne vous arrive que des ennuis.
Ça déborde de bons sentiments dans ce mélo !
- Il existe des verbes qui ne peuvent être employés qu'à la forme impersonnelle ; à part le verbe *falloir*, ils expriment tous des phénomènes naturels.
Il **faut** écouter les conseils. – Il **a neigé** une grande partie de la nuit.
Il **a plu** des cordes. – Il **tonnera** probablement avant la fin de la journée.
Le participe passé des verbes impersonnels est toujours invariable.
- Dans une tournure impersonnelle, *il* est le **sujet apparent**, celui avec lequel le verbe s'accorde. Le complément d'objet est le **sujet réel**, celui avec lequel le verbe ne s'accorde pas.
Il se passe de curieux événements dans ce hameau.
↑ sujet apparent — COD
De fait, le COD est le véritable agent de l'action exprimée par le verbe.
De curieux événements se passent dans ce hameau.
- Retenons certaines tournures présentatives dont le sujet *il* est neutre.
Il était une fois... **Il** est trois heures. **Il** y a...

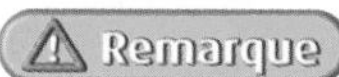

Certains verbes peuvent être exceptionnellement à la forme impersonnelle.

Des encombrements se forment à la sortie du tunnel. → forme personnelle
Il se forme des encombrements à la sortie du tunnel. → forme impersonnelle

La forme pronominale

- Un verbe à **la forme pronominale** est conjugué avec **un pronom personnel réfléchi**.
Je **me** repose un peu. Tu **te** lances à l'aventure. Les villages **s'**embellissent.
- Les temps composés d'un verbe à la forme pronominale se construisent avec l'auxiliaire *être*.
Je **me** suis reposée un peu. Les villages **se** sont embellis.

La forme emphatique

La forme emphatique met en relief certains mots en utilisant des présentatifs ou le déplacement de groupes de mots avec reprise par un pronom.
C'est le modèle que je préfère. → Le modèle que je préfère, c'est celui-ci.

EXERCICE P. 161

95 DES ERREURS À ÉVITER (1)

À l'oral comme à l'écrit, de nombreuses erreurs de sens peuvent être évitées.

Les contresens

• Se tromper sur l'interprétation d'un mot ou d'une expression, c'est commettre un contresens.
Ne pas avoir un sou vaillant.
→ ne pas avoir un sou qui vaille (qui vaut quelque chose), et non avoir un sou courageux

• Assez souvent, le contresens provient d'un mot pris au sens propre et non au sens figuré.
Être dans ses petits souliers.
→ être mal à l'aise, et non porter des souliers trop petits

Les erreurs les plus fréquentes (1)

• *Amener* s'emploie plutôt pour des êtres.
La maman **amène** ses enfants à l'école.
Apporter s'emploie plutôt pour des choses.
La maman **apporte** le goûter à ses enfants.

• On ne dit pas : Vous n'êtes pas sans ignorer que la Thaïlande se trouve en Asie.
Mais : Vous **n'êtes pas sans savoir** que la Thaïlande se trouve en Asie.
ou : Vous **n'ignorez pas** que la Thaïlande se trouve en Asie.

• Il faut éviter de terminer une phrase par la préposition *avec*.
On ne dit pas : Le journal proposait un DVD gratuit ; je l'ai pris avec.
Mais : J'ai pris le DVD gratuit offert **avec** le journal.

• On ne dit pas : Malgré qu'il soit fatigué, il termine son travail.
Mais : **Bien qu'**il soit fatigué, il termine son travail.

• On n'emploie jamais *car* et *en effet* ensemble.
On ne dit pas : Rentrons, car en effet la nuit tombe.
Mais : Rentrons, **car** la nuit tombe. Rentrons, **en effet** la nuit tombe.

• On ne dit pas ***de façon à ce que*** ou ***de manière à ce que*** ; on dit :
Il dispose les objets **de façon qu'**il puisse les atteindre facilement.
Il dispose les objets **de manière qu'**il puisse les atteindre facilement.

• Lorsque le verbe est suivi de deux pronoms compléments, le COD se place le plus près du verbe.
Rendez-**les**-moi. Dites-**le**-vous pour dit.

• On ne peut rentrer quelque part que si on en est sorti.
On dit : Après mon travail, je **rentre** chez moi.
Et : J'**entre** à la mairie.

• On n'est pas furieux après quelqu'un, mais **furieux contre** quelqu'un.

EXERCICE P. 161

96 DES ERREURS À ÉVITER (2)

Les erreurs les plus fréquentes (2)

• De nombreuses erreurs sont commises dans la conjugaison des verbes. Il faut éviter ces incorrections en identifiant d'abord le groupe auquel les verbes appartiennent, puis en consultant les tableaux de conjugaison correspondants. Par exemple : le verbe *mourir* appartient au 3e groupe ; à l'imparfait de l'indicatif, on ne place pas l'élément ***-ss-*** caractéristique des verbes du 2e groupe.
On ne dit pas : il mourrissait Mais : il mourait

• Il existe des verbes proches qui appartiennent à des groupes différents.
ressortir de, 3e groupe : Les spectateurs **ressortent** enchantés **de** ce concert.
ressortir à, 2e groupe : Ces procès **ressortissent au** tribunal correctionnel.

• Le nom qui marque la nationalité ou qui désigne les habitants d'un lieu est un nom propre ; il prend une majuscule.
Les **F**rançais et les **I**taliens sont des **L**atins.
Je savoure un fromage de **R**oquefort.
Le nom qui désigne une langue, un produit d'origine, ainsi que l'adjectif qualificatif, s'écrivent sans majuscule.
Le **f**rançais et l'**i**talien sont des langues **l**atines.
N'abusez pas du **b**eaujolais nouveau.

• Il ne faut pas confondre l'emploi des deux adverbes *jadis* et *naguère*.
Jadis signifie : « *Il y a fort longtemps* » et *naguère* : « *Il n'y a guère de temps.* »
Jadis, les serfs étaient malheureux.
Ces rues, **naguère** fréquentées, sont maintenant désertes.

• Comme *pallier* est un verbe transitif, on ne dit pas :
L'éleveur pallie au manque de foin en donnant de la paille à ses bêtes.
Mais : L'éleveur **pallie** le manque de foin en donnant de la paille à ses bêtes.

• Ne pas confondre l'adverbe *voire*, qui a le sens de *même*, et l'infinitif *voir*.
Ce champignon est comestible, **voire** savoureux.
Je vais **voir** si ce champignon est comestible.

• Ne pas confondre la locution adverbiale *à l'envi*, qui a le sens de *à qui mieux mieux*, et le nom *l'envie*.
Les hyènes se disputaient **à l'envi** la carcasse du gnou.
Cette femme enceinte à **une envie** de fraises.

• Le participe passé du verbe *dire* – *dit* – se soude avec l'article défini et avec l'adverbe *sus* dans des expressions pour rappeler qu'il a déjà été question des personnes ou des choses.
Je suis certain que **ladite** signature est une imitation grossière.
Mon adresse **susdite** est celle de mon lieu de vacances.
Mais les deux mots sont distincts lorsque *le* est un pronom personnel précédant le verbe au présent de l'indicatif.
Il ne viendra pas ; il me **le dit** calmement.

EXERCICE P. 161

CONJUGAISON

97 LES VERBES

Un verbe est un mot qui indique ce que fait, ce qu'est ou ce que pense une personne, un animal ou une chose.

L'infinitif

• On dit qu'un verbe est **conjugué** lorsque son écriture change selon le sujet du verbe ou le temps de la phrase.

• Lorsqu'il n'est pas conjugué, le verbe se présente sous une forme neutre : **l'infinitif**. C'est ainsi qu'il figure dans un dictionnaire.

parler – marcher – réunir – découvrir – faire – croire – venir – pouvoir

Le radical et la terminaison d'un verbe

Un verbe se compose d'un **radical** et d'une **terminaison** (ou désinence).

cherch-**er** (radical / terminaison) réun-**ir** voul-**oir** descend-**re**

(Dans les exemples ci-dessus, les terminaisons sont celles de l'infinitif.)

Remarque

Pour certains verbes, le radical reste le même dans toutes les formes verbales.

je **ris** – nous **ri**ions – ils **ri**ront – il faut qu'elle **rie** – **ris** – j'ai **ri**

Pour d'autres verbes, le radical peut varier d'une forme verbale à l'autre.

je **vais** – nous **all**ons – elle **ira** – il faut que tu **aill**es

Les trois groupes de verbes

• **Le 1er groupe :** tous les verbes dont l'infinitif se termine par ***-er*** (sauf *aller*).

cherch**er** – trouv**er** – parl**er** – appel**er**

• **Le 2e groupe :** les verbes dont l'infinitif se termine par ***-ir*** et qui intercalent l'élément ***-ss-*** entre le radical et la terminaison, aux personnes du pluriel du présent de l'indicatif.

réunir (nous réuni**ss**ons) – agir (vous agi**ss**ez)

• **Le 3e groupe :** tous les autres verbes.

perdre – apparaître – vivre – courir (on ne dit pas « nous courissons »)

Les verbes *avoir* et *être* n'appartiennent à aucun groupe. Ils s'emploient comme les autres verbes, mais aussi comme **auxiliaires** aux temps composés (voir leçon 98).

Les verbes pronominaux

On appelle **verbes pronominaux** les verbes qui sont accompagnés d'un pronom personnel de la même personne que le sujet. À l'infinitif, c'est le pronom de la 3e personne : ***se***.

se laver – **se** tenir – **se** nourrir – **s'**asseoir – **se** pincer – **se** poser

Je **me** lave. – Tu **te** tenais. – Il **se** nourrit. – Nous **nous** asseyons. – Vous **vous** pincez. – Ils **se** posent.

EXERCICE P. 162

98 LES TEMPS – LES MODES – LES PERSONNES

La conjugaison est composée de séries verbales appelées « temps », elles-mêmes réunies en séries appelées « modes ».

Les temps

Le temps du verbe permet de se situer (action / parole) sur un axe temporel (passé, présent, futur). La terminaison d'un verbe varie selon **le temps**.

hier → je march**ais** aujourd'hui → je march**e** demain → je marche**rai**

- **Temps simples :** formes sans auxiliaire.
  je marche – nous marchions – vous marcheriez
- **Temps composés :** auxiliaire *être* ou *avoir* + participe passé du verbe.
  j'ai marché – nous avions marché – ils seront partis

Les modes

- **L'indicatif** : action dans sa réalité.
  Il **lit** ce roman.
- **L'impératif** : action sous forme d'ordre, de conseil, de recommandation.
  Lis ce roman !
- **Le subjonctif** : action envisagée ou hypothétique.
  Il faut qu'il **lise** ce roman.
- **Le conditionnel** : action éventuelle, qui dépend d'une condition.
  S'il en avait le temps, il **lirait** ce roman.

Les personnes

La terminaison d'un verbe varie selon **la personne**.

je, tu, il, elle, on, nous, vous, ils, elles sont des **pronoms de conjugaison**.

Il y a trois personnes du singulier et trois personnes du pluriel.

je marche	→ c'est moi qui fais l'action	1re pers. du singulier
tu marches	→ c'est toi qui fais l'action	2e pers. du singulier
il/elle/on marche	→ c'est lui (elle) qui fait l'action	3e pers. du singulier
nous marchons	→ c'est nous qui faisons l'action	1re pers. du pluriel
vous marchez	→ c'est vous qui faites l'action	2e pers. du pluriel
ils/elles marchent	→ ce sont eux (elles) qui font l'action	3e pers. du pluriel

Remarques

1 Dans la langue courante, il est devenu fréquent d'employer le pronom *on* à la place du pronom *nous*.

Nous marchons vite.
On marche vite.

2 Le *vous* de politesse s'emploie quand on ne veut pas tutoyer son unique interlocuteur : la terminaison du verbe est celle de la 2e personne du pluriel. Mais on ne s'adresse qu'à une seule personne.

EXERCICE P. 162

99 LE PRÉSENT DE L'INDICATIF : *avoir – être –* 1er groupe

Le présent de l'indicatif indique généralement le moment actuel, mais il a aussi d'autres valeurs.

Les valeurs du présent de l'indicatif

- Le présent indique une action qui se déroule au moment où l'on parle.
Tu **regardes** la télévision.
- Il peut exprimer une habitude, une action ou un fait souvent répété.
Ce magasin **ouvre** tous les jours à 9 heures.
- Il peut présenter une vérité générale, un fait permanent.
Qui ne **risque** rien n'**a** rien.
- Il exprime des actions passées que l'on place dans le présent pour les rendre plus vivantes (présent de narration).
En 1492, Christophe Colomb **découvre** l'Amérique.
- Il peut avoir une valeur de passé récent ou de futur très proche.
Je **viens** juste de lui téléphoner. Demain, j'**arrive** vers 15 heures.

Tableaux de conjugaison

auxiliaires		1er groupe
avoir	**être**	**parler**
j' ai	je suis	je parle
tu as	tu es	tu parles
il/elle a	il/elle est	il/elle parle
nous avons	nous sommes	nous parlons
vous avez	vous êtes	vous parlez
ils/elles ont	ils/elles sont	ils/elles parlent

Remarques

1 Certaines formes des auxiliaires sont homophones (elles ont la même prononciation).

Tu [ɛ] frileux. 2e pers. sing. → **es** *(être)*
Il [ɛ] frileux. 3e pers. sing. → **est** *(être)*
J'[ɛ] froid. 1re pers. sing. → **ai** *(avoir)*
Tu [a] froid. 2e pers. sing. → **as** *(avoir)*
Elle [a] froid. 3e pers. sing. → **a** *(avoir)*

2 Pour les verbes du 1er groupe, quatre terminaisons sont muettes :

je parle – tu parles – il parle – elles parlent

Il faut donc bien chercher la personne à laquelle le verbe est conjugué pour placer la terminaison correcte.

3 Le pronom personnel précédant le verbe n'est pas obligatoirement le sujet du verbe : ce peut être un pronom personnel complément.

Tu *me* donnes un as. → Tu donnes un as.

4 Les verbes du 3e groupe comme *ouvrir, couvrir, découvrir, recouvrir, entrouvrir, offrir, souffrir, cueillir, recueillir, saillir, défaillir, assaillir, tressaillir* se conjuguent comme les verbes du 1er groupe au présent de l'indicatif.

j'ouvre – tu découvres – il souffre – nous cueillons – vous défaillez – elles tressaillent

EXERCICE P. 162

100 LE PRÉSENT DE L'INDICATIF : 2e et 3e groupes

Au présent de l'indicatif, les terminaisons des verbes des 2e et 3e groupes sont identiques.

Tableaux de conjugaison

2e groupe	3e groupe	
réussir	**courir**	**rompre**
je réussis	je cours	je romps
tu réussis	tu cours	tu romps
il/elle réussit	il/elle court	il/elle rompt
nous réussissons	nous courons	nous rompons
vous réussissez	vous courez	vous rompez
ils/elles réussissent	ils/elles courent	ils/elles rompent

Remarques

1 Certains verbes du 3e groupe (et leurs dérivés) perdent la dernière lettre de leur radical aux personnes du singulier.

vivre	je vis	tu vis	on vit
mettre	je mets	tu mets	il met
battre	je bats	tu bats	elle bat
dormir	je dors	tu dors	il dort
sentir	je sens	tu sens	on sent
partir	je pars	tu pars	elle part
sortir	je sors	tu sors	il sort
mentir	je mens	tu mens	elle ment
paraître	je parais	tu parais	il paraît*

* Pour les verbes terminés par ***-aître*** à l'infinitif – ainsi que *plaire* –, on conserve l'accent circonflexe quand le ***i*** du radical est suivi d'un ***t***.

2 Il existe plusieurs formes homophones. Pour éviter les erreurs, il faut chercher le verbe, le groupe et la personne avant de placer la terminaison.

réussir → je réussis – tu réussis – il réussit
courir → je cours – tu cours – elle court – ils courent

3 Pour les verbes terminés par ***-dre***, il n'y a pas de terminaison à la 3e personne du singulier.

j'attends – il attend

4 Il ne faut pas confondre les verbes du 1er groupe homophones de verbes du 3e groupe à certaines personnes. Pour éviter les fautes d'orthographe, il faut chercher l'infinitif qui indique le groupe auquel appartient chaque verbe.

Vous [fɛt] un tour en ville.
3e groupe → faites *(faire)*
Tu [fɛt] ton anniversaire.
1er groupe → fêtes *(fêter)*

5 Pour les personnes du pluriel des verbes du 2e groupe, on intercale l'élément ***-ss-*** entre le radical et la terminaison. Cet élément permet de distinguer les verbes en ***-ir*** du 2e groupe de ceux également en ***-ir*** du 3e groupe.

6 Les formes conjuguées du verbe *croître* conservent l'accent circonflexe quand elles peuvent être confondues avec les formes conjuguées du verbe *croire*.

croître → Je croîs. L'arbre croît.
croire → Je crois. Il me croit.

7 Le verbe *vêtir* (et ses dérivés) conserve l'accent circonflexe à toutes les personnes.

revêtir → je revêts – tu revêts – elle revêt – nous revêtons – vous revêtez – ils revêtent

conjugaison

EXERCICE P. 162

101 LE PRÉSENT DE L'INDICATIF : verbes irréguliers

Au présent de l'indicatif, certains verbes du 3e groupe ont des formes irrégulières qu'il faut retenir.

Quelques verbes irréguliers

aller	je vais	elle va	nous allons	ils vont
faire	tu fais	nous faisons	vous faites	elles font
venir	je viens	elle vient	nous venons	ils viennent
pouvoir	je peux	il peut	nous pouvons	elles peuvent
valoir	tu vaux	elle vaut	vous valez	ils valent
dire	je dis	elle dit	vous dites	elles disent
devoir	tu dois	il doit	nous devons	ils doivent
voir	il voit	nous voyons	vous voyez	elles voient
lire	je lis	elle lit	nous lisons	ils lisent
mourir	tu meurs	il meurt	vous mourez	elles meurent
asseoir*	j'assois	elle assoit	nous assoyons	ils assoient
	j'assieds	elle assied	nous asseyons	ils asseyent
acquérir	j'acquiers	il acquiert	vous acquérez	ils acquièrent
écrire	tu écris	elle écrit	nous écrivons	elles écrivent
vaincre	tu vaincs	elle vainc	vous vainquez	ils vainquent
fuire	je fuis	nous fuyons	vous fuyez	elles fuient
peindre	je peins	il peint	nous peignons	ils peignent
conduire	tu conduis	elle conduit	vous conduisez	elles conduisent
résoudre	je résous	nous résolvons	vous résolvez	ils résolvent
coudre	tu couds	il coud	nous cousons	elles cousent

* Les deux conjugaisons sont acceptées, même si la première est d'un niveau moins soutenu.

⚠ Remarques

1 Les verbes dont l'infinitif se termine par ***-indre***, comme *peindre, joindre, craindre*, perdent le ***d*** du radical aux personnes du singulier.
Aux personnes du pluriel, le radical est modifié.

2 Le radical des verbes dont l'infinitif se termine par ***-uire***, comme *conduire*, est modifié aux personnes du pluriel : ajout du ***s***.

3 Les verbes *résoudre* et *dissoudre* perdent le ***d*** aux trois personnes du singulier. Leur radical est modifié aux trois personnes du pluriel.

4 Les verbes *coudre, découdre, moudre* conservent le ***d*** aux trois personnes du singulier.

5 Le verbe *falloir* ne s'utilise qu'à la 3e personne du singulier.
Il **faut** préserver l'environnement.

EXERCICE P. 162

L'IMPARFAIT DE L'INDICATIF : 1er, 2e et 3e groupes

L'imparfait de l'indicatif est un temps du passé.

Les valeurs de l'imparfait de l'indicatif

- L'imparfait marque un fait situé dans le passé.

Avant de découvrir cette région, je n'**aimais** pas la campagne.

- Il indique une action qui a duré, qui n'est peut-être pas achevée, qui n'est pas délimitée dans le temps.

La mer **se déchaînait** et le bateau **tanguait** dangereusement.

- C'est aussi le temps de la description (paysages, scènes) et de l'expression de faits habituels dans le passé.

Le dimanche, nous **mangions** chez nos parents.

Tableaux de conjugaison

1er groupe	2e groupe	3e groupe	
parler	**agir**	**vendre**	**revenir**
je parlais	j'agissais	je vendais	je revenais
tu parlais	tu agissais	tu vendais	tu revenais
il/elle parlait	il/elle agissait	il/elle vendait	il/elle revenait
nous parlions	nous agissions	nous vendions	nous revenions
vous parliez	vous agissiez	vous vendiez	vous reveniez
ils/elles parlaient	ils/elles agissaient	ils/elles vendaient	ils/elles revenaient

⚠ Remarques

1 À l'imparfait, tous les verbes prennent les mêmes terminaisons.

2 Pour les verbes du 2e groupe, on intercale l'élément ***-ss-*** entre le radical et la terminaison.

3 Pour tous les verbes, quatre terminaisons sont homophones.

je recul**ais** – tu recul**ais** – il recul**ait** – elles recul**aient**

Il faut donc bien chercher la personne à laquelle le verbe est conjugué pour placer la terminaison correcte.

4 Pour les verbes du 1er groupe en ***-gner, -iller, -ier, -yer***, les terminaisons des 1re et 2e personnes du pluriel ont une prononciation quasiment identique au présent et à l'imparfait. Il ne faut donc pas oublier d'ajouter un *i* à l'imparfait.

nous gagnons – nous gagn**ions**
vous travaillez – vous travaill**iez**
nous skions – nous ski**ions**
vous balayez – vous balay**iez**

Pour bien faire la distinction, on remplace par une forme du singulier.

Aujourd'hui, nous skions.
Aujourd'hui, elle skie. → présent
Hier, nous ski**ions**.
Hier, elle ski**ait**. → imparfait

5 Certains verbes du 3e groupe *(rire, cueillir, bouillir, fuir, voir, asseoir, croire, craindre, peindre...)* se conjuguent avec cette même particularité.

nous ri**ions** – vous cueill**iez** – nous bouill**ions** – vous fuy**iez** – nous voy**ions** – vous assoy**iez** – vous assey**iez** – nous croy**ions** – vous craign**iez** – nous peign**ions**

EXERCICE P. 162

103 L'IMPARFAIT DE L'INDICATIF : *avoir* – *être* – verbes irréguliers

À l'imparfait de l'indicatif, quelques verbes modifient leur radical (on dit que ces verbes sont irréguliers), mais la forme de ce radical est la même pour toutes les personnes.

être – avoir

avoir	j'avais	il/elle avait	nous avions	ils/elles avaient
être	j'étais	il/elle était	nous étions	ils/elles étaient

Quelques verbes irréguliers

faire	je faisais	il faisait	nous faisions	ils faisaient
aller	tu allais	elle allait	vous alliez	elles allaient
dire	je disais	il disait	nous disions	ils disaient
prédire	tu prédisais	elle prédisait	vous prédisiez	elles prédisaient
maudire	je maudissais	il maudissait	nous maudissions	ils maudissaient
lire	tu lisais	elle lisait	vous lisiez	elles lisaient
écrire	j'écrivais	il écrivait	nous écrivions	ils écrivaient
conduire	tu conduisais	elle conduisait	vous conduisiez	elles conduisaient
boire	je buvais	il buvait	nous buvions	ils buvaient
vaincre	tu vainquais	elle vainquait	vous vainquiez	elles vainquaient
prendre	je prenais	il prenait	nous prenions	ils prenaient
éteindre	tu éteignais	elle éteignait	vous éteigniez	elles éteignaient
coudre	je cousais	il cousait	nous cousions	ils cousaient
résoudre	tu résolvais	elle résolvait	vous résolviez	elles résolvaient
paraître	je paraissais	il paraissait	nous paraissions	ils paraissaient
taire	tu taisais	elle taisait	vous taisiez	elles taisaient
plaire	je plaisais	il plaisait	nous plaisions	ils plaisaient
haïr	tu haïssais	elle haïssait	vous haïssiez	elles haïssaient

⚠ Remarques

1 Les terminaisons sont les mêmes pour tous les verbes : ***-ais, -ais, -ait, -ions, -iez, -aient***.

2 Le radical sur lequel on forme l'imparfait de l'indicatif est le même que celui de la 1re personne du pluriel du présent de l'indicatif pour tous les verbes (sauf *être*).

présent → nous **fais**ons
imparfait → je **fais**ais

présent → nous **conduis**ons
imparfait → tu **conduis**ais

présent → nous **buv**ons
imparfait → ils **buv**aient

présent → nous **résolv**ons
imparfait → vous **résolv**iez

3 Le verbe *falloir* ne se conjugue qu'à la 3e personne du singulier.

Il **fallait** procéder à des modifications.

EXERCICE P. 163

104 LE FUTUR SIMPLE : *avoir – être – 1er et 2e groupes*

Le futur simple s'emploie généralement pour exprimer une action à venir, mais il a aussi d'autres valeurs.

Les valeurs du futur simple

- Le futur simple indique une action qui se fera, avec plus ou moins de certitude, dans l'avenir par rapport au moment où l'on parle.
Pour votre anniversaire, vous **inviterez** tous vos amis.
- Il exprime l'ordre à la place de l'impératif.
Vous **nettoierez** votre bureau avant de partir.
- Il peut aussi prendre la valeur du présent pour atténuer le ton de certains propos ou marquer une nuance de politesse, essentiellement aux 1res personnes du singulier et du pluriel.
Je te **demanderai** de rouler moins vite. Nous **solliciterons** un bref entretien.
- Lorsqu'on utilise le présent de narration dans un récit, tous les faits postérieurs au moment où se situe l'action racontée seront au futur simple.
Jeanne d'Arc **affirme** (présent de narration) qu'elle **délivrera** (futur simple) Orléans.

Tableaux de conjugaison

auxiliaires		1er groupe	2e groupe
être	avoir	rester	finir
je serai	j'aurai	je resterai	je finirai
tu seras	tu auras	tu resteras	tu finiras
il/elle sera	il/elle aura	il/elle restera	il/elle finira
nous serons	nous aurons	nous resterons	nous finirons
vous serez	vous aurez	vous resterez	vous finirez
ils/elles seront	ils/elles auront	ils/elles resteront	ils/elles finiront

Remarques

1. Au futur simple, les terminaisons sont les mêmes pour tous les verbes.

2. Le futur des verbes des 1er et 2e groupes (hormis quelques verbes, leçon 105) se forme à partir de l'infinitif complet auquel on ajoute les terminaisons : ***-ai, -as, -a, -ons, -ez, -ont***.

3. Certaines terminaisons sont homophones ; pour ne pas les confondre, il faut bien identifier la personne à laquelle le verbe est conjugué.

Tu rester[a].	2e pers. sing.	→ as
Elle rester[a].	3e pers. sing.	→ a
Nous finir[ɔ̃].	1re pers. plur.	→ ons
Elles finir[ɔ̃].	3e pers. plur.	→ ont

4. Quand on écrit un verbe du 1er groupe au futur simple, il faut bien penser à l'infinitif pour éviter d'oublier le **e** muet.
jouer → je jouerai – nous jouerons
skier → je skierai – nous skierons
créer → je créerai – nous créerons

5. Le verbe *cueillir* (et ses dérivés), du 3e groupe, se conjugue comme un verbe du 1er groupe.
je cueillerai – nous cueillerons

conjugaison

EXERCICE P. 163

105 LE FUTUR SIMPLE : 3e groupe – verbes irréguliers

Les terminaisons du futur simple des verbes du 3e groupe sont les mêmes que celles des verbes des 1er et 2e groupes.

Quelques verbes irréguliers

faire	je ferai	il fera	nous ferons	ils feront
aller	tu iras	elle ira	vous irez	elles iront
venir	je viendrai	il viendra	nous viendrons	ils viendront
tenir	tu tiendras	elle tiendra	vous tiendrez	elles tiendront
acquérir	j'acquerrai	il acquerra	nous acquerrons	ils acquerront
mourir	tu mourras	elle mourra	vous mourrez	elles mourront
courir	je courrai	il courra	nous courrons	ils courront
pouvoir	tu pourras	elle pourra	vous pourrez	elles pourront
devoir	je devrai	il devra	nous devrons	ils devront
vouloir	tu voudras	elle voudra	vous voudrez	elles voudront
voir	je verrai	il verra	nous verrons	ils verront
recevoir	tu recevras	elle recevra	vous recevrez	elles recevront
savoir	je saurai	il saura	nous saurons	ils sauront
valoir	tu vaudras	elle vaudra	vous vaudrez	elles vaudront
asseoir	j'assoirai tu assiéras	il assoira elle assiéra	nous assoirons vous assiérez	ils assoiront elles assiéront

Remarques

1 Au futur simple, les verbes du 3e groupe, dont l'infinitif se termine par ***-e***, perdent cette lettre.

descendre → je descendr**ai**
combattre → tu combattr**as**
rire → nous rir**ons**

2 Avant d'écrire un verbe du 3e groupe au futur simple, il faut chercher son infinitif pour ne pas oublier une lettre muette ou en placer une superflue.

Le ministre **saluera** le président.
saluer ; 1er groupe → présence d'un ***e***
Le ministre **conclura** son discours.
conclure ; 3e groupe → pas de ***e***

3 Le futur proche s'exprime à l'aide du verbe *aller* au présent de l'indicatif suivi de l'infinitif.

Dans un instant, je **vais prendre** le TGV.

4 *Revoir* et *entrevoir* (ainsi qu'*envoyer*) se conjuguent comme *voir*.

Nous vous **reverrons** demain.
Tu **entreverras** une solution.

Mais *pourvoir* et *prévoir* se conjuguent sur un autre radical.

Nous **pourvoirons** à vos besoins.
Tu **prévoiras** une trousse de secours.

5 Au futur simple, les formes des verbes *être* et *savoir* ont des prononciations proches. Pour ne pas les confondre, il faut bien examiner le sens de la phrase ou changer de temps.

Je **serai** sous un abri. Je **saurai** où m'abriter.
Je **suis** sous un abri. Je **sais** où m'abriter.

EXERCICE P. 163

106 LE PASSÉ SIMPLE : *avoir – être – 1er groupe*

Le passé simple est un temps du passé, le plus souvent utilisé dans la langue écrite.

Les valeurs du passé simple

- Le passé simple exprime des faits passés, complètement achevés, qui ont eu lieu à un moment précis, sans idée d'habitude et sans lien avec le présent.
Le train **arriva** à l'heure.
- Il marque la succession des faits, c'est le temps du récit écrit par excellence.
Karine **surmonta** son trac, **écarta** le rideau et **entra** en scène.
- Il exprime une action brève dans le passé, soudaine, à la différence de l'imparfait, temps de la description, qui marque une action qui dure ou des faits habituels.
Géraldine **regardait** un film à la télévision lorsque le téléphone **sonna**.
→ action qui dure : imparfait → action brève : passé simple

⚠ Remarque

Aujourd'hui, le passé simple, qui est essentiellement un **temps du récit**, est surtout employé aux troisièmes personnes du singulier et du pluriel dont les formes sont plus aisées à mémoriser. Pour les deux premières personnes du pluriel, on lui préférera le passé composé.

Tableaux de conjugaison

auxiliaires		1er groupe
avoir	**être**	**sonner**
j'eus	je fus	je sonnai
tu eus	tu fus	tu sonnas
il/elle eut*	il/elle fut*	il/elle sonna
nous eûmes	nous fûmes	nous sonnâmes
vous eûtes	vous fûtes	vous sonnâtes
ils/elles eurent	ils/elles furent	ils/elles sonnèrent

* Ces formes ne prennent jamais d'accent circonflexe au passé simple.

⚠ Remarques

1 Au passé simple, les terminaisons sont les mêmes pour tous les verbes du 1er groupe : ***-ai, -as, -a, -âmes, -âtes, -èrent***.

2 Le verbe *aller*, même s'il appartient au 3e groupe, se conjugue au passé simple comme un verbe du 1er groupe.
j'all**ai** – nous all**âmes** – ils all**èrent**

3 Au passé simple et à l'imparfait de l'indicatif, les terminaisons des verbes du 1er groupe, à la 1re personne du singulier, ont pratiquement la même prononciation. Pour entendre la différence, on remplace par la 2e personne du singulier.
Souvent, j'hésit**ais** à parler.
Souvent, tu hésit**ais** à parler. → imparfait
Soudain, j'hésit**ai** à parler.
Soudain, tu hésit**as** à parler. → passé simple

conjugaison

EXERCICE P. 163

107 LE PASSÉ SIMPLE : 2e et 3e groupes en *-i-*

Au passé simple, les verbes du 2e groupe et certains verbes du 3e groupe ont les mêmes terminaisons : ***-is, -is, -it, -îmes, -îtes, -irent***.

Tableaux de conjugaison

2e groupe	3e groupe		
rougir	**sourire**	**sortir**	**entendre**
je rougis	je souris	je sortis	j'entendis
tu rougis	tu souris	tu sortis	tu entendis
il/elle rougit	il/elle sourit	il/elle sortit	il/elle entendit
nous rougîmes	nous sourîmes	nous sortîmes	nous entendîmes
vous rougîtes	vous sourîtes	vous sortîtes	vous entendîtes
ils/elles rougirent	ils/elles sourirent	ils/elles sortirent	ils/elles entendirent

⚠ Remarques

1 Au passé simple, pour les personnes du singulier, les terminaisons des verbes du 2e groupe sont les mêmes que celles du présent de l'indicatif. Pour distinguer ces deux temps, il faut chercher les indicateurs temporels ou observer les formes des autres verbes de la phrase.

passé simple :
L'avion **arrivait** de Mexico et à l'approche de Roissy, il **ralentit** et **atterrit**.
présent de l'indicatif :
L'avion **arrive** de Mexico et à l'approche de Roissy, il **ralentit** et **atterrit**.

2 À la 3e personne du singulier, il n'y a jamais d'accent sur la voyelle qui précède le ***-t***.

il rougit – on sourit – il sortit – on entendit

3 Tous les verbes du 3e groupe n'ont pas une terminaison en ***-i*** au passé simple (voir leçon 108).

4 Les deux premières personnes du pluriel, aux formes désuètes, ne sont plus employées aujourd'hui.

Quelques verbes irréguliers

faire	je fis	il fit	nous fîmes	ils firent
prendre	tu pris	elle prit	vous prîtes	elles prirent
voir	je vis	il vit	nous vîmes	ils virent
mettre	tu mis	elle mit	vous mîtes	elles mirent
dire	je dis	il dit	nous dîmes	ils dirent
conduire	tu conduisis	elle conduisit	vous conduisîtes	elles conduisirent
asseoir	j'assis	il assit	nous assîmes	ils assirent
écrire	tu écrivis	elle écrivit	vous écrivîtes	elles écrivirent
peindre	je peignis	il peignit	nous peignîmes	ils peignirent
naître	tu naquis	elle naquit	vous naquîtes	elles naquirent
vaincre	je vainquis	il vainquit	nous vainquîmes	ils vainquirent
acquérir	tu acquis	elle acquit	vous acquîtes	elles acquirent

EXERCICE P. 163

LE PASSÉ SIMPLE : 3e groupe en *-u-* et en *-in-*

Au passé simple, les verbes du 3e groupe se terminent par ***-s, -s, -t, -mes, -tes, -rent***. Ces terminaisons peuvent être précédées de ***-u-*** ou ***-in-***.

Tableaux de conjugaison

courir	vouloir	venir	tenir
je courus	je voulus	je vins	je tins
tu courus	tu voulus	tu vins	tu tins
il/elle courut	il/elle voulut	il/elle vint	il/elle tint
nous courûmes	nous voulûmes	nous vînmes	nous tînmes
vous courûtes	vous voulûtes	vous vîntes	vous tîntes
ils/elles coururent	ils/elles voulurent	ils/elles vinrent	ils/elles tinrent

Remarques

1 Pour trouver la terminaison des verbes du 3e groupe, on ne peut pas se référer à l'infinitif ni à d'autres formes conjuguées.

mourir → il meurt (présent)
il mourut (passé simple)
venir → il vient (présent)
il vint (passé simple)

Il faut retenir par cœur les formes du passé simple pour ces verbes.

2 Les verbes des mêmes familles que *venir* et *tenir* prennent les mêmes terminaisons.

venir : advenir – survenir – revenir – devenir – prévenir – intervenir – provenir – convenir – se souvenir – redevenir – contrevenir

tenir : appartenir – obtenir – détenir – entretenir – retenir – contenir – soutenir – maintenir – s'abstenir

Quelques verbes irréguliers

connaître	je connus	il connut	nous connûmes	ils connurent
savoir	tu sus	elle sut	vous sûtes	elles surent
valoir	je valus	il valut	nous valûmes	ils valurent
pouvoir	tu pus	elle put	vous pûtes	elles purent
devoir	je dus	il dut	nous dûmes	ils durent
vivre	tu vécus	elle vécut	vous vécûtes	elles vécurent
boire	je bus	il but	nous bûmes	ils burent
croire*	tu crus	elle crut	vous crûtes	elles crurent
croître*	je crûs	il crût	nous crûmes	ils crûrent
plaire	tu plus	elle plut	vous plûtes	elles plurent
taire	je tus	il tut	nous tûmes	ils turent
résoudre	tu résolus	elle résolut	vous résolûtes	elles résolurent
pourvoir	je pourvus	il pourvut	nous pourvûmes	ils pourvurent

* Le verbe *croître (grandir)* prend un accent circonflexe à toutes les personnes pour ne pas être confondu avec le verbe *croire* qui ne le prend qu'aux deux premières personnes du pluriel.

EXERCICE P. 163

109 LES TEMPS SIMPLES : verbes en *-yer*, en *-eler* et *-eter*

Les verbes du 1er groupe en *-yer*, en *-eler* et *-eter* présentent des spécificités.

Verbes en *-yer*

payer		nettoyer	
présent	**futur simple**	**présent**	**futur simple**
je paie	je paierai	tu nettoies	tu nettoieras
nous payons	nous paierons	vous nettoyez	vous nettoierez
ils/elles paient	ils/elles paieront	ils/elles nettoient	ils/elles nettoieront

Remarques

1 Pour les verbes en ***-ayer, -oyer, -uyer***, le ***y*** se transforme en ***i*** devant les terminaisons commençant par un ***e*** muet au présent et au futur simple de l'indicatif.

2 Pour les verbes en ***-ayer***, le maintien du ***y*** devant le ***e*** muet est toléré. Mais, pour mieux retenir l'ensemble des conjugaisons des verbes en ***-yer***, il est préférable de transformer le ***y*** en ***i*** pour tous les verbes, quelle que soit la voyelle qui précède le ***y*** à l'infinitif.

3 Les verbes *envoyer* et *renvoyer* ont une conjugaison particulière au futur simple :

j'enverrai – ils renverront

Verbes en *-eler* et *-eter*

appeler		jeter	
présent	**futur simple**	**présent**	**futur simple**
j'appelle	j'appellerai	tu jettes	tu jetteras
nous appelons	nous appellerons	vous jetez	vous jetterez
ils/elles appellent	ils/elles appelleront	ils/elles jettent	ils/elles jetteront

Remarques

1 La plupart des verbes en ***-eler*** et ***-eter*** doublent le ***l*** ou le ***t*** devant les terminaisons commençant par un ***e*** muet.

2 Seuls quelques verbes en ***-eler*** *(peler – geler* et ses composés – *écarteler – marteler – modeler – démanteler)* et en ***-eter*** *(acheter – crocheter – haleter – fureter)* ne doublent pas le ***l*** ou le ***t*** devant les terminaisons commençant par un ***e*** muet. Ils s'écrivent avec un **accent grave** sur le ***e*** qui précède le ***l*** ou le ***t***.

je pèle – nous pelons
tu achèteras – vous achèterez

3 À l'imparfait et au passé simple de l'indicatif, les terminaisons, pour l'ensemble des personnes, ne commencent jamais par un ***e*** muet ; on conserve donc le ***y*** des verbes en ***yer***, on ne double pas la consonne des verbes en ***-eler*** et en ***-eter*** et on ne place pas d'accent grave.

4 Les verbes comme *interpeller* et *regretter* qui ont deux ***l*** ou deux ***t*** à l'infinitif les conservent à toutes les personnes.

j'interpelle – nous interpellons
tu regrettes – vous regrettez

EXERCICE P. 164

110 LES TEMPS SIMPLES : verbes en *-cer, -ger, -guer* et *-quer*

Les verbes du 1er groupe en *-cer, -ger, -guer* et *-quer* observent certaines règles qu'il faut connaître.

Verbes en *-cer*

présent	imparfait	passé simple
je m'enfonce	tu t'enfonçais	je m'enfonçai
nous nous enfonçons	vous vous enfonciez	nous nous enfonçâmes

Remarques

1 Pour conserver le son [s], les verbes en ***-cer*** prennent une **cédille** sous le ***c*** devant les voyelles ***o*** ou ***a***.

2 Au futur simple, l'infinitif des verbes en ***-cer*** se retrouve en entier à toutes les personnes ; le son [s] est ainsi toujours conservé.

tu t'**enfonce**ras – nous nous **enfonce**rons

3 Quelques verbes du 3e groupe *(apercevoir, percevoir, concevoir, décevoir, recevoir)* s'écrivent avec un ***ç*** devant les voyelles ***o*** et ***u*** au présent et au passé simple.

j'aperçois – il aperçoit
j'aperçus – ils aperçurent
tu conçus – vous conçûtes

Verbes en *-ger*

présent	imparfait	passé simple
je nage	tu nageais	je nageai
nous nageons	vous nagiez	nous nageâmes

Remarques

1 Les verbes en ***-ger*** prennent un ***e*** après le ***g*** devant les voyelles ***o*** ou ***a*** pour conserver le son [ʒ].

2 Au futur simple, l'infinitif des verbes en ***-ger*** se retrouve en entier à toutes les personnes ; le son [ʒ] est ainsi toujours conservé.

je **nager**ai – nous **nager**ons

Verbes en *-guer* et en *-quer*

présent	imparfait	passé simple
je me fatigue	je me fatiguais	je me fatiguai
nous nous fatiguons	nous nous fatiguions	nous nous fatiguâmes

Remarques

1 Pour tous les temps simples, et à toutes les personnes, les verbes en ***-guer*** conservent le ***u*** de leur radical, même s'il n'est pas indispensable pour maintenir le son [g].

2 Il en est de même pour les verbes en ***-quer*** qui conservent toujours le ***u*** du radical.

nous débarq**u**ons – elle débarq**u**ait – je débarq**ue**rai – vous débarq**u**âtes

EXERCICE P. 164

111 LES TEMPS SIMPLES : verbes comme *semer* et *céder*

Dans certaines formes de leur conjugaison, les verbes comme *semer* et *céder* voient leur radical changer : du ***e*** en ***é*** et du ***é*** en ***è***.

Verbes comme *semer*

présent	futur simple	imparfait	passé simple
je sème	tu sèmeras	je semais	tu semas
nous semons	vous sèmerez	nous semions	vous semâtes

Remarques

1 Pour les verbes du 1er groupe qui ont un ***e*** muet dans l'avant-dernière syllabe de leur infinitif, on place un **accent grave** sur ce ***e*** devant une terminaison commençant par un ***e*** muet.

2 Pour l'imparfait et le passé simple de l'indicatif, il n'existe pas de terminaisons commençant par un ***e*** muet ; le radical n'est donc jamais modifié. En prononçant les formes verbales à haute voix, on entend la différence.

Verbes comme *céder*

présent	futur simple	imparfait	passé simple
je cède	tu cèderas	je cédais	tu cédas
nous cédons	vous cèderez	nous cédions	vous cédâtes

Remarques

1 Pour les verbes du 1er groupe qui ont un ***é*** dans l'avant-dernière syllabe de leur infinitif, l'accent aigu devient un **accent grave** devant un ***e*** muet.

2 Pour le futur simple, l'usage admet que l'on puisse conserver le ***é*** devant la terminaison muette. Cependant, pour ne pas créer de confusion, il est préférable d'appliquer la même règle qu'au présent de l'indicatif, d'autant que la prononciation actuelle appelle l'accent grave.

3 Pour l'imparfait et le passé simple de l'indicatif, il n'existe pas de terminaisons commençant par un ***e*** muet ; le radical n'est donc jamais modifié. En prononçant les formes verbales à haute voix, on entend la différence.

4 On applique la même règle de transformation du ***é*** en ***è*** devant un ***e*** muet pour les verbes du 1er groupe en ***-éguer*** ou en ***-égner***.

présent :
je délègue – nous déléguons
tu règnes – vous régnez

futur simple :
il délèguera – ils délègueront
je règnerai – nous règnerons

5 Les verbes en ***-éer*** conservent l'accent aigu dans toute leur conjugaison. Attention, il ne faut pas oublier le ***e*** muet au futur simple.

je crée – tu créais – elle créa – nous créerons

EXERCICE P. 164

112 LE PASSÉ COMPOSÉ DE L'INDICATIF

Le passé composé est un temps du passé, souvent utilisé aussi bien à l'écrit qu'à l'oral.

Les valeurs du passé composé

- Il exprime des faits achevés à un moment donné du passé, en relation avec le présent ou dont les conséquences sont encore sensibles dans le présent.
Tu reviens de l'hôpital, tu **as rendu** visite à ta sœur.
- Aujourd'hui, il est souvent employé à la place du passé simple. Il indique alors un événement dans le passé sans relation avec le présent.
Il **s'est levé** et il **a quitté** la table.

Tableaux de conjugaison

auxiliaire *avoir*	auxiliaire *être*	
rêver	**venir**	**se lever**
j'ai rêvé	je suis venu(e)	je me suis levé(e)
tu as rêvé	tu es venu(e)	tu t'es levé(e)
il/elle a rêvé	il/elle est venu(e)	il/elle s'est levé(e)
nous avons rêvé	nous sommes venu(e)s	nous nous sommes levé(e)s
vous avez rêvé	vous êtes venu(e)s	vous vous êtes levé(e)s
ils/elles ont rêvé	ils/elles sont venu(e)s	ils/elles se sont levé(e)s

conjugaison

Remarques

1 Pour former le passé composé, on place l'auxiliaire conjugué au présent de l'indicatif devant le participe passé. Beaucoup de verbes, en particulier les verbes transitifs, se conjuguent avec l'auxiliaire *avoir*. Quelques verbes intransitifs *(aller, partir, arriver, entrer, rester, venir...)*, ainsi que les verbes pronominaux, se conjuguent avec l'auxiliaire *être*.

2 Tous les participes passés des verbes du 1er groupe se terminent par ***-é***.
affirmer : affirmé *rester* : resté
Tous les participes passés des verbes du 2e groupe se terminent par ***-i***.
remplir : rempli *maigrir* : maigri
Les participes passés des verbes du 3e groupe se terminent généralement par ***-i*** ou ***-u***.
sourire : souri *vendre* : vendu
Mais il existe des formes particulières.
naître : né, née *devoir* : dû, due
plaire : plu *pouvoir* : pu
savoir : su, sue *voir* : vu, vue
vivre : vécu, vécue *vaincre* : vaincu, vaincue
Certains participes passés se terminent par une lettre muette, ***-t*** ou ***-s***. Le féminin du participe passé permet souvent de trouver la lettre muette.
asseoir : assis, assise *prendre* : pris, prise
mourir : mort, morte *faire* : fait, faite
ouvrir : ouvert, ouverte *dire* : dit, dite
Pour l'accord des participes passés, voir leçons 27 à 33.

3 Les verbes *avoir* et *être* se conjuguent tous les deux avec l'auxiliaire *avoir*.
J'**ai eu** du courage. J'**ai été** courageux(se).

4 Aux 1re et 2e personnes, seule la personne qui écrit sait quel accord il faut faire.
soit le masculin : Je suis parti. Nous sommes partis.
soit le féminin : Tu es partie. Vous êtes parties.

EXERCICE P. 164

113 LE PLUS-QUE-PARFAIT DE L'INDICATIF

Le plus-que-parfait est un temps composé du passé.

Les valeurs du plus-que-parfait

- Le plus-que-parfait de l'indicatif exprime des faits accomplis dont la durée est indéterminée, et qui se situent avant une autre action passée exprimée le plus souvent à l'imparfait, au passé composé ou au passé simple.

Béatrice lisait les lettres qu'elle **avait reçues.**
Béatrice a lu les lettres qu'elle **avait reçues.**
Béatrice lut les lettres qu'elle **avait reçues.**
C'est après avoir reçu les lettres que Béatrice a pu les lire.

- Le plus-que-parfait peut aussi exprimer, dans le passé, des faits répétés ou habituels.

Pendant des mois, Mathilde **avait cherché** du travail : en vain.

- Il s'emploie également pour exprimer un fait passé par rapport au moment présent.

Je suis en panne et ça, je ne l'**avais** pas **prévu**.

- Il peut aussi être employé seul ; il présente un fait totalement accompli au moment où l'on parle.

Tu **avais** longuement **réfléchi** avant de t'exprimer.
J'**étais restée** pour vous aider.

- Dans les propositions de supposition, il exprime un fait qui ne s'est pas réalisé dans le passé.

Si j'**avais été** plus attentif, j'aurais retenu le nom de cet acteur.

Tableaux de conjugaison

auxiliaire *avoir*	auxiliaire *être*	
résister	**intervenir**	**s'arrêter**
j'avais résisté	j'étais intervenu(e)	je m'étais arrêté(e)
tu avais résisté	tu étais intervenu(e)	tu t'étais arrêté(e)
il/elle avait résisté	il/elle était intervenu(e)	il/elle s'était arrêté(e)
nous avions résisté	nous étions intervenu(e)s	nous nous étions arrêté(e)s
vous aviez résisté	vous étiez intervenu(e)s	vous vous étiez arrêté(e)s
ils/elles avaient résisté	ils/elles étaient intervenu(e)s	ils/elles s'étaient arrêté(e)s

⚠ Remarques

1 Pour former le plus-que-parfait d'un verbe, on place un des deux auxiliaires, conjugué à l'imparfait de l'indicatif, devant le participe passé.

2 Aux temps composés, l'adverbe, ainsi que la seconde partie de la négation, se placent entre l'auxiliaire et le participe passé.

L'émission s'était **brusquement** interrompue.
L'émission **ne** s'était **jamais** interrompue.

EXERCICE P. 164

114

LE PASSÉ ANTÉRIEUR ET LE FUTUR ANTÉRIEUR

Le passé antérieur

• Le passé antérieur exprime des faits accomplis, généralement brefs, dont la durée est déterminée, et qui se situent avant une autre action passée exprimée au passé simple. On dit que c'est le **passé du passé**. Il se rencontre généralement dans les propositions subordonnées après une conjonction de temps *(quand, lorsque, aussitôt que, dès que, après que...)*.
Après qu'il **eut atteint** le col, Philippe **se reposa**.
Quand les coureurs **furent arrivés** au sommet du col, ils **se désaltérèrent**.

• Il s'emploie parfois dans une proposition indépendante pour exprimer une action brève dans le passé. Il est alors accompagné d'un adverbe de temps *(bientôt, vite, enfin, en un instant...)*.
Les jeunes gens **eurent** bientôt **aménagé** leur nouvel appartement.
Le boxeur **se fut** rapidement **relevé**.

Au passé antérieur, l'auxiliaire (*être* ou *avoir*) est conjugué au passé simple.

auxiliaire *avoir*	auxiliaire *être*	
refuser	rester	se servir
j'eus refusé	je fus resté(e)	je me fus servi(e)
tu eus refusé	tu fus resté(e)	tu te fus servi(e)
il/elle eut refusé	il/elle fut resté(e)	il/elle se fut servi(e)
nous eûmes refusé	nous fûmes resté(e)s	nous nous fûmes servi(e)s
vous eûtes refusé	vous fûtes resté(e)s	vous vous fûtes servi(e)s
ils/elles eurent refusé	ils/elles furent resté(e)s	ils/elles se furent servi(e)s

Le futur antérieur

Le futur antérieur exprime une action qui sera achevée à un moment donné du futur. On dit que c'est le **passé du futur**. On peut le trouver dans des propositions subordonnées ou des propositions indépendantes.
Nous relirons ce que nous **aurons écrit**. L'autobus **sera parti** dans dix minutes.

Au futur antérieur, l'auxiliaire (*avoir* ou *être*) est conjugué au futur simple de l'indicatif.

auxiliaire *avoir*	auxiliaire *être*	
refuser	rester	se servir
j'aurai refusé	je serai resté(e)	je me serai servi(e)
tu auras refusé	tu seras resté(e)	tu te seras servi(e)
il/elle aura refusé	il/elle sera resté(e)	il/elle se sera servi(e)
nous aurons refusé	nous serons resté(e)s	nous nous serons servi(e)s
vous aurez refusé	vous serez resté(e)s	vous vous serez servi(e)s
ils/elles auront refusé	ils/elles seront resté(e)s	ils/elles se seront servi(e)s

EXERCICE P. 164

115 LE PRÉSENT DU CONDITIONNEL

Le présent du conditionnel exprime généralement des faits dont la réalisation est soumise à une condition.

Les valeurs du présent du conditionnel

• Le présent du conditionnel a valeur de **mode** lorsque l'action est :
– la conséquence possible d'un fait supposé, d'une condition ;
S'il pleuvait plus souvent, la pelouse **reverdirait**.
– une éventualité ;
Quelques plaisanteries **détendraient** peut-être l'atmosphère.
– un souhait ;
J'**aimerais** voyager à travers le monde.
– un fait dont on n'est pas certain, une supposition.
Par hasard, **ressemblerait**-il à son cousin ?

• Le présent du conditionnel, pour certains emplois, est considéré comme un temps de l'indicatif. C'est un **futur hypothétique du passé**.
Je pensais (ai pensé) que tu **attendrais** le prochain métro.
Dans ce cas, le présent du conditionnel s'impose parce que le verbe de la principale est au passé.
Si le verbe de la principale est au présent de l'indicatif, le verbe de la subordonnée est au futur simple.
Je pense que tu **attendras** le prochain métro.

Tableaux de conjugaison

camper	faiblir	dormir	vivre
je camperais	je faiblirais	je dormirais	je vivrais
tu camperais	tu faiblirais	tu dormirais	tu vivrais
il/elle camperait	il/elle faiblirait	il/elle dormirait	il/elle vivrait
nous camperions	nous faiblirions	nous dormirions	nous vivrions
vous camperiez	vous faibliriez	vous dormiriez	vous vivriez
ils/elles camperaient	ils/elles faibliraient	ils/elles dormiraient	ils/elles vivraient

⚠ Remarques

1 Au présent du conditionnel, tous les verbes ont les mêmes terminaisons, celles de l'imparfait de l'indicatif.
Le radical est le même que celui qui permet de former le futur simple.

2 Pour les verbes des 1er et 2e groupes, on retrouve l'infinitif en entier.

3 Pour les verbes du 1er groupe en ***-ouer, -uer, -ier, -éer***, il ne faut pas oublier de placer le ***e***.

je jouerais – tu tuerais – elle épierait – il créerait

4 Les verbes du 3e groupe, dont l'infinitif se termine par ***-e***, perdent cette lettre.

5 Pour certains verbes du 3e groupe, le radical a une forme particulière (voir leçon 116).

6 Il faut retenir les formes de *être* et *avoir*.

être : je ser**ais** – nous ser**ions**
avoir : j'aur**ais** – nous aur**ions**

EXERCICE P. 165

116 LE PRÉSENT DU CONDITIONNEL : verbes irréguliers

Pour un certain nombre de verbes, on retrouve, au présent du conditionnel, les mêmes irrégularités de formes du radical qu'au futur simple. Les terminaisons sont toujours celles de l'imparfait de l'indicatif.

Formes particulières du 1er groupe

nettoyer	je nettoierais	il nettoierait	nous nettoierions	ils nettoieraient
envoyer	tu enverrais	elle enverrait	vous enverriez	elles enverraient
appeler	j'appellerais	il appellerait	nous appellerions	ils appelleraient
modeler	tu modèlerais	elle modèlerait	vous modèleriez	elles modèleraient
jeter	je jetterais	il jetterait	nous jetterions	ils jetteraient
acheter	tu achèterais	elle achèterait	vous achèteriez	elles achèteraient
achever	j'achèverais	il achèverait	nous achèverions	ils achèveraient
libérer*	tu libèrerais	elle libèrerait	vous libèreriez	elles libèreraient

* Si l'usage admet que l'on puisse conserver le ***é*** devant la terminaison muette, il est préférable d'appliquer la même règle qu'au présent de l'indicatif, d'autant que la prononciation actuelle appelle l'accent grave.

Quelques verbes irréguliers du 3e groupe

aller	j'irais	il irait	nous irions	ils iraient
faire	tu ferais	elle ferait	vous feriez	elles feraient
tenir (venir)	je tiendrais	il tiendrait	nous tiendrions	ils tiendraient
courir	tu courrais	elle courrait	vous courriez	elles courraient
pouvoir	je pourrais	il pourrait	nous pourrions	ils pourraient
voir	tu verrais	elle verrait	vous verriez	elles verraient
vouloir	je voudrais	il voudrait	nous voudrions	ils voudraient
valoir	tu vaudrais	elle vaudrait	vous vaudriez	elles vaudraient
asseoir	j'assiérais tu assoirais	il assiérait elle assoirait	nous assiérions vous assoiriez	ils assiéraient elles assoiraient
savoir	je saurais	il saurait	nous saurions	ils sauraient

Remarques

1 Pour les verbes qui doublent le ***r*** au présent du conditionnel *(accourir, parcourir, concourir, secourir, mourir, acquérir, requérir, conquérir...)*, il ne faut pas confondre les formes de l'imparfait de l'indicatif et celles du présent du conditionnel.

Avant, il **courait** vite.
S'il s'entraînait, il **courrait** vite.

2 Les verbes *cueillir, accueillir, se recueillir* se conjuguent comme des verbes du 1er groupe.

tu cueillerais – il accueillerait – elles se recueilleraient

3 Le verbe *falloir* ne s'emploie qu'à la 3e personne du singulier.

Il **faudrait** baisser le son.

EXERCICE P. 165

117 FUTUR SIMPLE OU PRÉSENT DU CONDITIONNEL ?

À l'oral ou à l'écrit, il n'est pas rare d'hésiter entre le futur simple et le présent du conditionnel. Il faut donc savoir distinguer ces deux temps.

Confusion due à la prononciation

Les terminaisons de la première personne du singulier du futur simple et du présent du conditionnel ont **la même prononciation**.
Le 23 mars, je souhaiter[ɛ] l'anniversaire de mon ami Hervé.
Le 23 mars, je souhaiter[ɛ] que l'anniversaire d'Hervé soit une grande fête.

Comment éviter toute confusion ?

• Pour distinguer ces deux terminaisons, on peut examiner le sens de la phrase.
Le 23 mars, je souhaiter[ɛ] l'anniversaire de mon ami Hervé.
C'est une quasi-certitude → futur simple → terminaison : ***-ai***.
Le 23 mars, je souhaiter[ɛ] que l'anniversaire d'Hervé soit une grande fête.
C'est une possibilité, un désir → présent du conditionnel → terminaison : ***-ais***.
• On peut aussi remplacer la 1re personne du singulier par une autre personne ; on entend alors la différence.
– futur simple :
Le 23 mars, je souhaiter[ɛ] l'anniversaire de mon ami Hervé.
Le 23 mars, nous souhaiter**ons** l'anniversaire de notre ami Hervé.
– présent du conditionnel :
Le 23 mars, je souhaiter[ɛ] que l'anniversaire d'Hervé soit une grande fête.
Le 23 mars, nous souhaiter**ions** que l'anniversaire d'Hervé soit une grande fête.

Concordance des temps

• Si le verbe de la proposition subordonnée, introduite par ***si***, est au présent de l'indicatif, le verbe de la proposition principale est au futur simple.
Si Hervé m'appelle, je lui souhaiter**ai** son anniversaire.
Si Hervé nous appelle, nous lui souhaiter**ons** son anniversaire.
• Si le verbe de la proposition subordonnée, introduite par ***si***, est à l'imparfait de l'indicatif, le verbe de la proposition principale est au présent du conditionnel.
Si Hervé m'appel**ait**, je lui souhaiter**ais** son anniversaire.
Si Hervé nous appel**ait**, nous lui souhaiter**ions** son anniversaire.

⚠ Remarque

Le verbe de la subordonnée introduite par la conjonction ***si*** ne s'écrit jamais au présent du conditionnel.

« Si j'achèterais un téléphone portable... » est un barbarisme.

La proposition correcte est :
Si j'achetais un téléphone portable, j'**adopterais** une sonnerie originale.
ou bien :
Si j'achète un téléphone portable, j'**adopterai** une sonnerie originale.

EXERCICE P. 165

118 LES TEMPS COMPOSÉS DU CONDITIONNEL

Les temps composés du conditionnel sont le passé 1re forme et le passé 2e forme.

Le passé 1re forme du conditionnel

Le passé du conditionnel indique qu'un fait situé dans le passé serait accompli dans un moment à venir.
Je savais que la séance **aurait pris** fin quand minuit sonnerait.
Le chef de gare déclara que le train ne **serait** pas **parti** à 16 heures.

Le passé 1re forme du conditionnel est composé de l'auxiliaire *être* ou *avoir* au présent du conditionnel et du participe passé du verbe conjugué.

apprécier	aller	partir
j'aurais apprécié	je serais allé(e)	je serais parti(e)
il/elle aurait apprécié	il/elle serait allé(e)	il/elle serait parti(e)
nous aurions apprécié	nous serions allé(e)s	nous serions parti(e)s
ils/elles auraient apprécié	ils/elles seraient allé(e)s	ils/elles seraient parti(e)s

Remarque

Si le verbe de la subordonnée, introduite par ***si***, est au plus-que-parfait de l'indicatif, le verbe de la principale est au conditionnel passé.

Si tu avais vu ce film, tu l'**aurais apprécié**.
Si j'en avais eu l'occasion, je **serais parti**.

Le passé 2e forme du conditionnel

On donne parfois au plus-que-parfait du subjonctif (voir leçon 125) le nom de passé 2e forme du conditionnel. Ce sont des temps recherchés, littéraires, qu'on ne rencontre qu'exceptionnellement à l'oral.

Le passé 2e forme du conditionnel est composé de l'auxiliaire *être* ou *avoir* à l'imparfait du subjonctif et du participe passé du verbe conjugué.

apprécier	aller	partir
j'eusse apprécié	je fusse allé(e)	je fusse parti(e)
il/elle eût apprécié	il/elle fût allé(e)	il/elle fût parti(e)
nous eussions apprécié	vous fussiez allé(e)s	nous fussions parti(e)s
ils/elles eussent apprécié	ils/elles fussent allé(e)s	ils/elles fussent parti(e)s

Remarque

Pour ne pas confondre la 3e personne du singulier du passé 2e forme du conditionnel avec la 3e personne du singulier du passé antérieur de l'indicatif, qui ne se différencient que par la présence d'un accent circonflexe au conditionnel, on remplace par le passé 1re forme du conditionnel.

Il sortit après qu'il **eut pris** son parapluie.
S'il avait prévu la pluie, il **eût pris** son parapluie.
(S'il avait prévu la pluie, il **aurait pris** son parapluie. → passé du conditionnel)

EXERCICE P. 165

119 LA VOIX PASSIVE – LES VERBES TRANSITIFS / INTRANSITIFS

Une phrase qui passe de la voix active à la voix passive exprime toujours la même idée avec une construction différente. Cette transformation n'est possible qu'avec des verbes qui peuvent être suivis d'un COD (verbes transitifs).

Voix active – Voix passive

- Un verbe est à la voix active lorsque le sujet fait l'action.

Ce réalisateur **tourne** un nouveau film.

- Un verbe est à la voix passive lorsque le sujet subit l'action.

Un nouveau film **est tourné** par ce réalisateur.

C'est le temps de l'auxiliaire *être* (simple ou composé) qui donne le temps de la forme verbale passive.

Un nouveau film **est** tourné par ce réalisateur.	**est** → présent de l'indicatif
Un nouveau film **sera** tourné par ce réalisateur.	**sera** → futur simple
Un nouveau film **a été** tourné par ce réalisateur.	**a été** → passé composé
Il faut que ce film **soit** tourné par ce réalisateur.	**soit** → présent du subjonctif

Remarques

1 La voix passive se construit exclusivement avec l'auxiliaire *être*. Le participe passé s'accorde donc avec le sujet du verbe.

Un film est tourné par ce réalisateur.
Une série est tourné**e** par ce réalisateur.

2 Attention aux temps composés des verbes qui se conjuguent avec l'auxiliaire *être*.

Ce réalisateur est resté sur le plateau.
→ voix active – verbe au passé composé

3 De la voix active à la voix passive, le COD devient le sujet du verbe et le sujet devient le **complément d'agent**. Celui-ci est le plus souvent introduit par la préposition *par*.

Ce film est coupé **par** des messages publicitaires.

Parfois, il est simplement sous-entendu.

voix active : On a tourné un film.
voix passive : Un film a été tourné.
(sous-entendu « **par on** »)

Verbes transitifs – Verbes intransitifs

- Les verbes qui sont suivis d'un complément d'objet direct peuvent, le plus souvent, être mis à la forme passive. Ce sont des **verbes transitifs** directs.
- Les **verbes intransitifs** ne sont jamais accompagnés d'un COD, ils ne peuvent donc pas être à la voix passive ; mais, selon le sens, un verbe peut être transitif ou intransitif.

Le satellite **tourne** autour de la Terre.	→ verbe intransitif
Ce jeune réalisateur **tourne** un nouveau film.	→ verbe transitif

Remarque

Il ne faut pas confondre le verbe à la voix passive avec le verbe *être* suivi d'un participe passé marquant l'état ; le participe passé est alors attribut.

La lumière **est éteinte par Samuel**.
→ voix passive

La lumière **est éteinte**.
→ verbe *être* + attribut

EXERCICE P. 165

120 LE PRÉSENT DU SUBJONCTIF

Le subjonctif s'emploie généralement dans les propositions subordonnées.

Les valeurs du subjonctif

Le subjonctif exprime généralement un désir, un souhait, un ordre, un doute, un regret, un conseil, une supposition... Les verbes au subjonctif sont, assez souvent, inclus dans une proposition subordonnée introduite par la conjonction *que*.

Je souhaite **que** tu **réussisses**.
La fragilité de ce moteur exige **que** le réglage **soit** parfait.
Nous doutons **qu'**il **retrouve** son chemin.

Remarques

1 Le subjonctif peut être employé dans une proposition indépendante ou dans une proposition relative.

Qu'il **soit** prêt à l'heure !
Il n'y a que toi qui **réussisses** ce tour de magie.

2 Les conjonctions *que* et *quoi* peuvent se trouver en tête de phrase dans des exclamations marquant l'ordre, l'étonnement, l'indignation. Le verbe est alors au subjonctif.

Que personne ne **sorte** !
Que tu te **perdes** ! Ce n'est pas possible.
Quoi que vous **mangiez**, vous ne serez pas rassasiés.

Tableaux de conjugaison

avoir	être	jouer	obéir	rire
que j'aie	que je sois	que je joue	que j'obéisse	que je rie
que tu aies	que tu sois	que tu joues	que tu obéisses	que tu ries
qu'il/elle ait	qu'il/elle soit	qu'il/elle joue	qu'il/elle obéisse	qu'il/elle rie
que nous ayons	que nous soyons	que nous jouions	que nous obéissions	que nous riions
que vous ayez	que vous soyez	que vous jouiez	que vous obéissiez	que vous riiez
qu'ils/elles aient	qu'ils/elles soient	qu'ils/elles jouent	qu'ils/elles obéissent	qu'ils/elles rient

Remarques

1 Au présent du subjonctif, tous les verbes (sauf *être* et *avoir*) prennent les mêmes terminaisons : ***-e, -es, -e, -ions, -iez, -ent***.

2 Pour les verbes du 2e groupe, l'élément ***-ss-*** est toujours intercalé entre le radical et la terminaison.

Il faut que je fini**ss**e.
Il faut que nous réfléchi**ss**ions.

3 Pour certains verbes du 1er groupe, on retrouve les mêmes modifications du radical devant un **e** muet.

appeler : Il faut que j'appe**ll**e.
feuilleter : Il faut qu'elles feuille**tt**ent.
acheter : Il faut que tu ach**è**tes.
geler : Il faut qu'il g**è**le.
payer : Il faut que tu pa**i**es.
se lever : Il faut qu'il se l**è**ve.
accélérer : Il faut qu'ils accél**è**rent.

EXERCICE P. 165

121 LE PRÉSENT DU SUBJONCTIF : verbes irréguliers

Au présent du subjonctif, le radical d'un certain nombre de verbes du 3ᵉ groupe est modifié, mais les terminaisons sont toujours les mêmes : ***-e, -es, -e, -ions, -iez, -ent***.

Quelques verbes irréguliers

faire	que je fasse	qu'il fasse	que nous fassions	qu'ils fassent
aller	que tu ailles	qu'elle aille	que vous alliez	qu'elles aillent
venir	que je vienne	qu'il vienne	que nous venions	qu'ils viennent
tenir	que tu tiennes	qu'elle tienne	que vous teniez	qu'elles tiennent
dire	que je dise	qu'il dise	que nous disions	qu'ils disent
écrire	que tu écrives	qu'elle écrive	que vous écriviez	qu'elles écrivent
lire	que je lise	qu'il lise	que nous lisions	qu'ils lisent
mourir	que tu meures	qu'elle meure	que vous mouriez	qu'elles meurent
haïr	que je haïsse	qu'il haïsse	que nous haïssions	qu'ils haïssent
devoir	que tu doives	qu'elle doive	que vous deviez	qu'elles doivent
savoir	que je sache	qu'il sache	que nous sachions	qu'ils sachent
voir	que tu voies	qu'elle voie	que vous voyiez	qu'elles voient
asseoir	que j'assoie que tu asseyes	qu'il assoie qu'elle asseye	que nous assoyions que vous asseyiez	qu'ils assoient qu'elles asseyent
vouloir	que je veuille	qu'il veuille	que nous voulions	qu'ils veuillent
recevoir	que tu reçoives	qu'elle reçoive	que vous receviez	qu'elles reçoivent
valoir	que je vaille	qu'il vaille	que nous valions	qu'ils vaillent
prendre	que tu prennes	qu'elle prenne	que vous preniez	qu'elles prennent
conduire	que je conduise	qu'il conduise	que nous conduisions	qu'ils conduisent
vaincre	que tu vainques	qu'elle vainque	que vous vainquiez	qu'elles vainquent
craindre	que je craigne	qu'il craigne	que nous craignions	qu'ils craignent
plaire	que tu plaises	qu'elle plaise	que vous plaisiez	qu'elles plaisent
se taire	que je me taise	qu'il se taise	que nous nous taisions	qu'ils se taisent
paraître	que tu paraisses	qu'elle paraisse	que vous paraissiez	qu'elles paraissent

Le verbe *falloir* ne s'emploie qu'à la 3ᵉ personne du singulier.

Il se peut qu'il **faille** démonter la roue.

EXERCICE P. 166

122

PRÉSENT DE L'INDICATIF OU PRÉSENT DU SUBJONCTIF ?

À l'oral ou à l'écrit, il n'est pas rare d'hésiter entre le présent de l'indicatif et le présent du subjonctif. Il faut donc savoir distinguer ces deux temps.

Confusion due à la prononciation

• Pour certains verbes du 3e groupe, les formes des personnes du singulier du présent de l'indicatif et celles du présent du subjonctif sont homophones.
On sait que tu **cours** [kuʀ] les brocantes chaque dimanche.
On doute que tu **coures** [kuʀ] les brocantes chaque dimanche.

• Pour les verbes du 1er groupe, les terminaisons des trois personnes du singulier et de la 3e personne du pluriel sont les mêmes au présent de l'indicatif et au présent du subjonctif.
On sait que je **fréquente** les brocantes chaque dimanche.
On doute que je **fréquente** les brocantes chaque dimanche.

Comment éviter toute confusion ?

Pour ne pas confondre présent de l'indicatif et présent du subjonctif, il faut :
– remplacer par la 1re ou la 2e personne du pluriel ;
On sait que vous **courez** les brocantes chaque dimanche. → indicatif
On doute que vous **couriez** les brocantes chaque dimanche. → subjonctif
– employer un autre verbe du 3e groupe avec lequel on entend la différence.
On sait que je **fais** les brocantes chaque dimanche. → indicatif
On doute que je **fasse** les brocantes chaque dimanche. → subjonctif

Cas particuliers

• Pour les verbes du 1er groupe en ***-yer, -ier, -iller, -gner***, aux deux premières personnes du pluriel du présent du subjonctif, il ne faut pas oublier, même si on ne l'entend pas distinctement, le ***i*** de la terminaison.
Il faut que vous renvoy**i**ez le bon de commande rempli correctement.
Il faut que nous nous réfugi**i**ons sous un auvent.
Il faut que vous verrouill**i**ez toutes les portes.
Il faut que nous regagn**i**ons rapidement notre place.

• Il en est de même pour quelques verbes du 3e groupe.
Il est rare que nous voy**i**ons des vents aussi violents.
Il convient que vous souri**i**ez devant la caméra.

⚠ Remarques

1 *Après que* est suivi de l'indicatif (c'est une certitude).

Nous allumons le téléviseur après que nous **avons** mis nos écouteurs.

Avant que est suivi du subjonctif (il demeure un doute).

Nous allumons le téléviseur avant que nous **ayons** mis nos écouteurs.

2 Les verbes *être* et *avoir*, aux deux premières personnes du pluriel, ne prennent pas de ***i*** après le ***y***.

Il se peut que nous **ayons** du temps libre.
Il faut que vous **soyez** libres rapidement.

EXERCICE P. 166

123 L'IMPARFAIT DU SUBJONCTIF

Comme le présent du subjonctif, l'imparfait du subjonctif exprime généralement un souhait, un ordre, un doute, un regret, un conseil, un désir, une supposition...

L'emploi de l'imparfait du subjonctif

- L'imparfait du subjonctif s'emploie lorsque le verbe de la principale est à un temps passé de l'indicatif ou au conditionnel.
  Il faut que ce garçon **s'endorme**. → présent du subjonctif
  Il fallait (Il faudrait) que ce garçon **s'endormît**. → imparfait du subjonctif
- L'imparfait du subjonctif est un temps qu'on ne rencontre que dans les textes littéraires, essentiellement à la 3e personne du singulier. Ce temps n'est plus employé à l'oral. À l'écrit, il est aujourd'hui admis que l'on puisse remplacer l'imparfait du subjonctif par le présent du subjonctif.

Tableaux de conjugaison

avoir	être	écouter	faiblir
que j'eusse	que je fusse	que j'écoutasse	que je faiblisse
que tu eusses	que tu fusses	que tu écoutasses	que tu faiblisses
qu'il/elle eût	qu'il/elle fût	qu'il/elle écoutât	qu'il/elle faiblît
que nous eussions	que nous fussions	que nous écoutassions	que nous faiblissions
que vous eussiez	que vous fussiez	que vous écoutassiez	que vous faiblissiez
qu'ils/elles eussent	qu'ils/elles fussent	qu'ils/elles écoutassent	qu'ils/elles faiblissent

faire	aller	venir	pouvoir
que je fisse	que j'allasse	que je vinsse	que je pusse
que tu fisses	que tu allasses	que tu vinsses	que tu pusses
qu'il/elle fît	qu'il/elle allât	qu'il/elle vînt	qu'il/elle pût
que nous fissions	que nous allassions	que nous vinssions	que nous pussions
que vous fissiez	que vous allassiez	que vous vinssiez	que vous pussiez
qu'ils/elles fissent	qu'ils/elles allassent	qu'ils/elles vinssent	qu'ils/elles pussent

Remarques

1. L'imparfait du subjonctif se forme avec la même voyelle dans la terminaison que celle du passé simple.
2. Pour les verbes du 2e groupe, les formes sont identiques à celles du présent du subjonctif, sauf pour la 3e personne du singulier.
3. À la 3e personne du singulier, il faut toujours placer un accent circonflexe sur la voyelle qui précède le *t*. C'est une forme différente des cinq autres personnes.

EXERCICE P. 166

124 PASSÉ SIMPLE OU IMPARFAIT DU SUBJONCTIF ?

À l'oral ou à l'écrit, il n'est pas rare d'hésiter entre le passé simple et l'imparfait du subjonctif. Il faut donc savoir distinguer ces deux temps.

Confusion due à la prononciation

Les terminaisons de la 3e personne du singulier du passé simple et de l'imparfait du subjonctif sont **homophones**.

• Pour les verbes du 1er groupe, à l'imparfait du subjonctif, on place un accent circonflexe sur le ***a*** qui précède le ***t***. Au passé simple, la terminaison est un simple ***a***.

Il était urgent que Luc **changeât** la batterie de la voiture.
Lorsqu'il vit qu'elle était usagée, Luc **changea** la batterie de la voiture.

• Pour les verbes des 2e et 3e groupes, seule la présence d'un accent circonflexe distingue l'imparfait du subjonctif du passé simple.

– 2e groupe :
Il était urgent que Luc **remplît** la batterie de la voiture.
Lorsqu'il vit qu'elle était usagée, Luc **remplit** la batterie de la voiture.

– 3e groupe :
Il était urgent que Luc **reprît** la batterie de la voiture.
Lorsqu'il vit qu'elle était usagée, Luc **reprit** la batterie de la voiture.

Comment éviter toute confusion ?

Pour ne pas confondre ces formes verbales, il faut :

– se rapporter au sens de l'action, ou bien essayer de changer de personne ;
Il était urgent que tu **changeasses** la batterie de la voiture.
Lorsque tu vis qu'elle était usagée, tu **changeas** la batterie de la voiture.

Il était urgent que tu **remplisses** la batterie de la voiture.
Lorsque tu vis qu'elle était usagée, tu **remplis** la batterie de la voiture.

Il était urgent que tu **reprisses** la batterie de la voiture.
Lorsque tu vis qu'elle était usagée, tu **repris** la batterie de la voiture.

– essayer de changer de temps en remplaçant l'imparfait du subjonctif par un autre temps du subjonctif, ou le passé simple par un autre temps de l'indicatif.
Il est urgent que Luc **change** la batterie de la voiture.
Lorsqu'il a vu qu'elle était usagée, Luc **a changé** la batterie de la voiture.

Il est urgent que Luc **remplisse** la batterie de la voiture.
Lorsqu'il a vu qu'elle était usagée, Luc **a rempli** la batterie de la voiture.

Il est urgent que Luc **reprenne** la batterie de la voiture.
Lorsqu'il a vu qu'elle était usagée, Luc **a repris** la batterie de la voiture.

EXERCICE P. 166

125 LES TEMPS COMPOSÉS DU SUBJONCTIF

Les temps composés du subjonctif sont le passé et le plus-que-parfait.

Le passé du subjonctif

On écrit le verbe de la subordonnée au passé du subjonctif si le verbe de la proposition principale est au présent ou au futur et si l'on veut exprimer un fait passé par rapport au fait de la principale ou par rapport à tel moment à venir.
Il n'est pas possible que le temps **ait changé** aussi rapidement.
Je regretterai vivement que mes amis **soient partis** sans me saluer.

bouger	réagir	naître
que j'aie bougé	que j'aie réagi	que je sois né(e)
qu'il/elle ait bougé	qu'il/elle ait réagi	qu'il/elle soit né(e)
que nous ayons bougé	que nous ayons réagi	que nous soyons né(e)s
qu'ils/elles aient bougé	qu'ils/elles aient réagi	qu'ils/elles soient né(e)s

Le plus-que-parfait du subjonctif

On écrit le verbe de la subordonnée au plus-que-parfait du subjonctif si le verbe de la proposition principale est au passé et si l'on veut exprimer un fait passé par rapport au fait de la principale.
Il n'était pas possible que le temps **eût changé** aussi rapidement.
J'ai vivement regretté que mes amis **fussent partis** sans me saluer.

Il est admis, aujourd'hui, d'utiliser le passé du subjonctif à la place du plus-que-parfait.

bouger	réagir	naître
que j'eusse bougé	que j'eusse réagi	que je fusse né(e)
qu'il/elle eût bougé	qu'il/elle eût réagi	qu'il/elle fût né(e)
que nous eussions bougé	que nous eussions réagi	que nous fussions né(e)s
qu'ils/elles eussent bougé	qu'ils/elles eussent réagi	qu'ils/elles fussent né(e)s

⚠ Remarques

1 Les formes du plus-que-parfait du subjonctif sont identiques à celles du passé 2e forme du conditionnel.

2 À la 3e personne du singulier, il ne faut pas confondre le plus-que-parfait du subjonctif avec le passé antérieur de l'indicatif.

Quand il **eut opéré** le malade, le chirurgien le conduisit en salle de réveil.

Mieux assisté, il se pouvait que le chirurgien **eût opéré** le malade plus tôt.

Pour faire la distinction, on peut changer de personne.

Quand ils **eurent opéré** le malade, les chirurgiens le conduisirent en salle de réveil.

Mieux assistés, il se pouvait que les chirurgiens **eussent opéré** le malade plus tôt.

EXERCICE P. 166

126 L'IMPÉRATIF

Le présent de l'impératif ne se conjugue qu'à trois personnes, la 2e personne du singulier et les deux premières personnes du pluriel, sans sujet exprimé.

Les valeurs de l'impératif

Le présent de l'impératif est employé pour exprimer des ordres, des conseils, des souhaits, des recommandations, des demandes, des interdictions.

Ne t'**énerve** pas.
Ralentissons à l'entrée du village.
Traduis ce texte.
Respirez profondément.

Le passé de l'impératif est formé de l'auxiliaire (*avoir* ou *être*) au présent de l'impératif et du participe passé du verbe conjugué. C'est un temps très peu employé.

Soyez partis lorsque minuit sonnera.

Tableaux de conjugaison

1er groupe	2e groupe	3e groupe		
jongler	**bondir**	**descendre**	**courir**	**s'inscrire**
jongle	bondis	descends	cours	inscris-toi
jonglons	bondissons	descendons	courons	inscrivons-nous
jonglez	bondissez	descendez	courez	inscrivez-vous

Remarques

1 Pour les verbes du 2e groupe, on intercale l'élément ***-ss-*** entre le radical et les terminaisons pour les personnes du pluriel.

2 À la 2e personne du singulier, les verbes du 1er groupe (ainsi que *ouvrir, offrir, souffrir, cueillir, aller* et *savoir*) ne prennent pas de ***s***. Néanmoins, pour faciliter la prononciation, ces verbes (ainsi que *aller*) prennent un ***s*** quand le mot qui suit est *en* ou *y*.

Ces chocolats, offres-en à tes amis.
N'hésite pas, vas-y franchement.

3 On place un trait d'union entre le verbe à l'impératif et le pronom personnel complément qui le suit.

Vos enfants, emmenez-les au cirque.
Laisse-nous terminer ce puzzle.

4 Les particularités rencontrées pour les verbes comme *nettoyer, appeler, acheter, céder* devant un **e** muet se retrouvent à la 2e personne du singulier du présent de l'impératif.

Nettoie-les.
Achète-la.
Appelle-moi.
Ne cède pas.

Formes particulières

avoir	être	aller	savoir	envoyer
aie	sois	va	sache	envoie
ayons	soyons	allons	sachons	envoyons
ayez	soyez	allez	sachez	envoyez

EXERCICE P. 166

127 PRÉSENT DE L'IMPÉRATIF OU PRÉSENT DE L'INDICATIF ?

À l'oral ou à l'écrit, il n'est pas rare d'hésiter entre le présent de l'impératif et le présent de l'indicatif. Il faut donc savoir distinguer ces deux temps.

Confusion due à la prononciation

• Pour les verbes du 1er groupe, il ne faut pas confondre la 2e personne du singulier du présent de l'impératif, qui n'a pas de sujet exprimé, avec la 2e personne du singulier du présent de l'indicatif.

Appell**e** ton ami au téléphone. — présent de l'impératif → **e**
Tu appell**es** ton ami au téléphone. — présent de l'indicatif → **es**

• Pour les verbes du 3e groupe comme *offrir, ouvrir, cueillir, accueillir, tressaillir, souffrir* ou *aller*, la 2e personne du singulier du présent de l'impératif, qui ne prend pas de ***s***, peut également être confondue avec une forme conjuguée du présent de l'indicatif.

Ouvr**e** ton courrier ! — présent de l'impératif → **e**
Tu ouvr**es** ton courrier. — présent de l'indicatif → **es**

V**a** jusqu'aux grilles du stade. — présent de l'impératif → **a**
Tu v**as** jusqu'aux grilles du stade. — présent de l'indicatif → **as**

Cas particuliers des verbes pronominaux

• Pour les verbes pronominaux, la forme verbale du présent de l'impératif est suivie du pronom personnel réfléchi *toi*, qu'il ne faut pas confondre avec le pronom personnel de la forme interrogative *tu*.

Présent**e**-toi au plus vite au guichet de la poste ! — présent de l'impératif → **e**
Pourquoi présent**es**-tu ton carnet au guichet ? — présent de l'indicatif → **es**

• Pour les deux personnes du pluriel du présent de l'impératif, il ne faut pas confondre les pronoms personnels réfléchis avec les pronoms personnels de la forme interrogative.

Contrôlons-**nous** pour être plus précis. — présent de l'impératif
Comment contrôlons-**nous** nos gestes ? — présent de l'indicatif

Contrôlez-**vous** pour être plus précis. — présent de l'impératif
Comment contrôlez-**vous** vos gestes ? — présent de l'indicatif

Comment éviter toute confusion ?

• Afin de bien distinguer présent de l'impératif et présent de l'indicatif, il faut être attentif(ve) à la recherche du pronom personnel.

• Pour bien différencier présent de l'impératif et présent de l'indicatif à la forme interrogative, on peut examiner la ponctuation. À la fin d'une phrase impérative, on trouve assez souvent un point d'exclamation ; à la fin d'une phrase interrogative, on trouve un point d'interrogation.

EXERCICE P. 166

128 LES FORMES VERBALES EN *-ANT*

Il existe trois formes verbales en *-ant* : le participe présent, le gérondif et l'adjectif verbal.

Participe présent et gérondif

• Le **participe présent** est une forme verbale terminée par *-ant*, qui marque une action en cours de déroulement. Il peut avoir un complément d'objet ou un complément circonstanciel. Le participe présent est **invariable**.
Souriant aux spectateurs, les chanteurs entrent en scène.
Souriant sous les projecteurs, les chanteurs entrent en scène.

• Lorsque la forme verbale en *-ant* est précédée de la préposition *en*, c'est un **gérondif**.
Le gérondif précise les circonstances de l'action et fonctionne comme un adverbe. Il est **invariable**.
En souriant aux spectateurs, les chanteurs entrent en scène.

Participe présent et adjectif verbal

Le participe présent peut se transformer en adjectif lui aussi terminé par ***-ant***. Il s'agit de l'adjectif verbal. Cet adjectif s'accorde avec le nom (ou le pronom) auquel il se rapporte. Il peut être épithète ou attribut.
Les spectateurs ont face à eux des chanteurs **souriants**.

⚠ Remarques

1. Dans certains cas, il est difficile de distinguer le participe présent de l'adjectif verbal. Il faut alors remplacer le nom masculin par un nom féminin ; à l'oral, on entend la différence.
Souriant aux spectateurs, les chanteuses entrent en scène. → participe présent
Les spectateurs ont face à eux des chanteuses **souriantes.** → adjectif verbal

2. L'expression *soi-disant* est toujours invariable.

3. Certains adjectifs verbaux sont employés comme noms.
Seuls les **descendants** mâles régnaient.

4. Il ne faut pas confondre les participes présents et les adjectifs verbaux en ***-ant*** avec les adverbes terminés par ***-ant*** ou ***-ent***.
Auparavant, ces chanteuses étaient souvent éblouissantes.

Orthographe des participes présents et adjectifs verbaux

participes présents	adjectifs verbaux	participes présents	adjectifs verbaux
provoquant	provocant	excellant	excellent
convainquant	convaincant	négligeant	négligent
fatiguant	fatigant	adhérant	adhérent
naviguant	navigant	influant	influent
suffoquant	suffocant	précédant	précédent
vaquant	vacant	convergeant	convergent
intriguant	intrigant	différant	différent
communiquant	communicant	équivalant	équivalent

EXERCICE P. 167

129 EU – EUT – EÛT ? FUT – FÛT ?

Il faut savoir distinguer les formes homophones du verbe *avoir* : eu – eut – eût ainsi que les formes homophones du verbe *être* : fut – fût.

eu – eut – eût ?

• Le participe passé du verbe *avoir*.
Damien a **eu** vingt ans.

• La 3e personne du singulier du verbe *avoir* au passé simple.
Quand Damien **eut** vingt ans, il partit à l'aventure au Brésil.

• La 3e personne du singulier du verbe *avoir* au passé 2e forme du conditionnel ou à l'imparfait du subjonctif.
Le Brésil, Damien ne l'**eût** pas visité s'il n'avait pas eu vingt ans.
Bien qu'il n'**eût** pas vingt ans, Damien était parti à l'aventure au Brésil.

fut – fût ?

• La 3e personne du singulier du verbe *être* au passé simple de l'indicatif.
Quand Damien **fut** âgé de vingt ans, il partit à l'aventure au Brésil.

• La 3e personne du singulier du verbe *être* au passé 2e forme du conditionnel ou à l'imparfait du subjonctif.
Damien ne **fût** pas parti au Brésil s'il n'avait pas eu vingt ans.
Bien qu'il ne **fût** pas âgé de vingt ans, Damien était parti à l'aventure au Brésil.

Comment éviter toute confusion ?

Pour différencier ces formes verbales homophones, il faut se rapporter au sens de l'action. On peut également essayer de changer le temps du verbe.

eu – eut – eût
Si l'on peut remplacer par :
– un autre participe passé, il s'agit du participe passé *eu* ;
Damien a **eu** (**fêté** ses) vingt ans.
– un temps de l'indicatif *(aura – avait)*, il s'agit du passé simple *eut* ;
Quand Damien **eut** (**aura**) vingt ans, il partit (partira) à l'aventure au Brésil.
– le passé 1re forme du conditionnel *(aurait)*, il s'agit du conditionnel *eût* ;
Le Brésil, Damien ne l'**eût** (l'**aurait**) pas visité s'il n'avait pas eu vingt ans.
– le présent du subjonctif *(ait)*, il s'agit de l'imparfait du subjonctif *eût*.
Bien qu'il n'**eût** (n'**ait**) pas vingt ans, Damien était parti (est parti) à l'aventure.

fut – fût
Si l'on peut remplacer par :
– un temps de l'indicatif *(sera – était)*, il s'agit du passé simple *fut* ;
Quand Damien **fut** (**sera**) âgé de vingt ans, il partit (partira) à l'aventure.
– le passé 1re forme du conditionnel *(serait)*, il s'agit du conditionnel *fût* ;
Damien ne **fût** (**serait**) pas parti au Brésil s'il n'avait pas eu vingt ans.
– le présent du subjonctif *(soit)*, il s'agit de l'imparfait du subjonctif *eût*.
Bien qu'il ne **fût** (**soit**) pas âgé de vingt ans, Damien était (est) parti à l'aventure.

EXERCICE P. 167

EXERCICES ET CORRIGÉS

ÉNONCÉS DES EXERCICES

LEÇON 1 – À la fin de chaque phrase, placez un point ou un point d'interrogation.

Le mulet est le croisement d'un cheval et d'une ânesse ... – À quel étage M. Blain habite-t-il ... – La consommation de pétrole dans le monde est en constante augmentation ... – À Lyon, beaucoup de traboules de la Croix-Rousse sont inaccessibles aux touristes ... – Le bâtiment est-il bien isolé ... – Ce film est encensé par tous les critiques ... – La station d'épuration des eaux usées fonctionne-t-elle ... – Combien coûte ce lecteur de DVD ... – Pour Noël, les commerçants ont fait un effort pour décorer leurs vitrines ... – Dans ce parc d'attractions, le cap des trois millions de visiteurs sera-t-il atteint ... – Qui a posé le premier le pied sur la Lune ... – Les élections n'ont pas dégagé de majorité ... – Où trouve-t-on les gousses de vanille les plus parfumées ...

LEÇON 2 – Placez correctement la virgule oubliée dans chaque phrase.

Après un vol mouvementé l'avion s'est posé sans difficulté. – Pierre-Antoine est un grand lecteur il dévore quatre romans par semaine. – Assise devant son téléviseur Ursula se contente d'un simple plateau-repas. – Avant d'être élu président de la République d'Afrique du Sud Nelson Mandela fut emprisonné de longues années. – Pour ne pas se blesser ce soudeur porte des lunettes protectrices. – Atteindre le centre de la Terre cela reste une utopie. – Déçu par la qualité de ce journal tu n'as pas renouvelé ton abonnement. – Pour rejoindre le point de départ du rallye il faut emprunter ce raccourci. – Devant l'obstacle il arrive que les meilleurs chevaux se dérobent. – Adepte du yoga Claire peut rester des heures dans la position du lotus.

LEÇON 3 – Placez une virgule ou un point-virgule aux emplacements indiqués.

Dans cette école * la semaine scolaire ne dure que quatre jours. – Le parking est complet * la file d'attente s'allonge. – Marcel Pagnol a vécu une enfance heureuse * il l'a racontée dans *La Gloire de mon père*. – Comme il fait froid * la récolte d'abricots sera tardive. – La fête de la musique bat son plein * les virtuoses amateurs s'en donnent à cœur joie. – Le cours du cuivre est au plus haut * les spéculateurs en profitent. – En servant l'apéritif * Florian a renversé le contenu d'un verre sur le tapis.

LEÇON 4 – Placez correctement les deux-points dans ces phrases.

Il n'y a qu'une seule explication à ce mystère un revenant se cache dans le château. – Je ne resterai pas longtemps dans cette pièce l'odeur des lilas m'incommode. – Le proverbe est formel « La parole est d'argent mais le silence est d'or. » – Voilà une offre exceptionnelle trois CD pour le prix d'un ! – Cette maison est à vendre les acheteurs potentiels la visitent. – L'eau de la piscine est à 18° pas question de se baigner aujourd'hui. – L'expression « au jour d'aujourd'hui » est incorrecte c'est un double pléonasme puisque, étymologiquement, « aujourd'hui » en est déjà un !

LEÇON 5 – Placez dans ces phrases les majuscules et les virgules qui conviennent.

le mont everest dans l'himalaya est appelé le toit du monde par les alpinistes. – de nombreux tableaux de courbet un des peintres les plus renommés du XIXe siècle sont exposés au musée d'orsay. – françois Ier qui le fit bâtir ne séjourna que peu de temps au château de chambord. – la fusée ariane une réalisation européenne exemplaire emportera une sonde qui se posera sur la planète mars. – l'expédition commandée par jean bouquin a atteint les côtes de la terre adélie.

LEÇON 6 – Placez l'article indéfini *(un – une)* qui convient devant ces noms.

incendie	tissu	cargaison	fanfare	individu
tragédie	vertu	diapason	barbare	entrevue
stratège	tomme	estafilade	guitare	fourrure
sortilège	tome	croisade	cigare	faux

orme
arôme
idiome
ivoire
échappatoire

géode
épisode
exode
moto
loto

peau
veau
ciseau
arrêt
forêt

paroi
renvoi
emploi
choix
croix

taux
guérison
hérisson
ancre
cancre

LEÇON 7 – Écrivez ces noms au féminin.

un gardien
un champion
un pharmacien
un moniteur
un masseur
un skieur
un interlocuteur

un baron
un musicien
un comédien
un électeur
un chanteur
un lecteur
un danseur

un muet
un lion
un espion
un correcteur
un médiateur
un séducteur
un voleur

un cadet
un patron
un collégien
un voyageur
un tricheur
un inspecteur
un plongeur

un sot
un chien
un mécanicien
un éditeur
un spectateur
un rédacteur
un empereur

LEÇON 8 – Écrivez ces noms au pluriel.

un tableau
un gâteau
un essieu
un aveu
un attirail
un gouvernail

un canal
un arsenal
un capital
un gavial
un chenal
un narval

un quintal
un local
un rorqual
un tribunal
un métal
un bal

un arceau
un fléau
un vœu
un sou
un bisou
un bijou

un éventail
un caillou
un écrou
un matou
un pou
un cadeau

LEÇON 9 – Écrivez correctement les noms en gras.

Lorsqu'ils partent en expédition, les **Inuit** bâtissent des **igloo**. – Le chanteur auditionne plusieurs **trio** de guitaristes pour choisir ceux qui l'accompagneront. – Très pieuse, cette personne récite des dizaines d'**Ave** en égrenant son chapelet. – Les **Mazué** ont passé la soirée chez leurs amis ; la maîtresse de maison avait préparé un plat de **spaghetti**. – Dans les années 1970, les **hippy** manifestaient contre l'engagement des **Américain** au Vietnam. – Ces **tennisman** disputent leurs **match** en trois **set** gagnants. – Les **requiem** accompagnent les enterrements d'hommes illustres. – L'admission dans certaines écoles est soumise à des **quota**.

LEÇON 10 – Écrivez ces noms composés au pluriel.

un amour-propre
une grande-duchesse
un fusil-mitrailleur
un lave-vaisselle
un marteau-piqueur
un serre-tête

un rond-point
un chasse-neige
un semi-remorque
un papier-filtre
un hors-la-loi
un balai-brosse

un haut-fond
un sans-abri
un chou-fleur
un libre-service
un après-ski
un bric-à-brac

LEÇON 11 – Employez ces adjectifs avec un nom masculin, puis un nom féminin.

flatteur
fou
confus

musical
nouveau
ambitieux

régulier
attentif
quotidien

sec
nombreux
évocateur

fréquent
étroit
ras

LEÇON 12 – Écrivez correctement ces adjectifs en gras.

des lits **jumeau**
de **fraîche** soirées
des notes **aigu**
des repas **familial**
des quartiers **central**
des faits **réel**

des comptes **rond**
des salades **grec**
des combats **naval**
des abris **protecteur**
des amis **loyal**
des gouffres **profond**

des mêlées **confus**
des palais **épiscopal**
des esprits **jaloux**
des matins **calme**
des édifices **monumental**
des jardins **privatif**

LEÇON 13 – Remplacez les infinitifs en gras par leur participe passé que vous accorderez.

Une casquette à visière de cuir, **rabattre**, cachait en partie son visage **brûler** par le soleil et par le hâle. Sa chemise de grosse toile jaune, **rattacher** au col par une petite ancre d'argent, laissait voir sa poitrine velue. Il avait une cravate **tordre**, un pantalon de coutil bleu, **user** et **râper**, blanc à un genou, **trouer** à l'autre, une vieille blouse grise en haillons **rapiécer** d'un morceau de drap vert, à la main un énorme bâton noueux, les pieds sans bas dans des souliers **ferrer**, la tête **tondre** et la barbe longue.

Victor Hugo, *Les Misérables*.

LEÇON 14 – Accordez les adjectifs qualificatifs et les participes passés en gras ; vous préciserez leur fonction : épithète ou attribut.

La musicienne est **exigeant** pour elle-même ; elle reste **concentré** des heures **entier** à travailler les morceaux les plus **difficile**. – Les expéditions **spatial** sont désormais **habituel** ; les charges **transporté** sont de plus en plus **important**. – Depuis quelques années, les langues **étranger** sont **étudié** dès l'école **primaire**. – Une **violent** tempête **inattendu** a ruiné cette région **côtier**. – Géraldine est **perdu** parmi les ruelles **sombre** et **étroit** de cette ville **moyenâgeux**. – De **téméraire** trapézistes exécutent des figures **compliqué** devant les spectateurs **émerveillé**. – Les figurants **amateur** sont **attentif** aux conseils **avisé** du metteur en scène.

LEÇON 15 – Accordez les adjectifs qualificatifs et les participes passés en gras.

Annoté, **raturé** et même **taché**, ces copies sont **illisible**. – **Prêt** à tout abandonner pour partir à l'aventure, Damien rêve de s'engager dans la marine **marchand**. – **Prioritaire** de par leur handicap, ces personnes accèdent aux **premier** rangs. – **Paradisiaque**, ces îlots sont un refuge pour les **vrai** amateurs d'une nature **préservé** de toute pollution. – **Rare**, donc **précieux**, ces statuettes valent une somme **important**. – Ces ouvriers, désormais **syndiqué**, ont demandé à rencontrer leur employeur.

LEÇON 16 – Accordez les adjectifs qualificatifs et les participes passés en gras.

L'été, Fatima porte un chemisier et un pantalon **léger**. – Cette excursion et ce projet de voyage paraissent totalement **irréel**. – À quatre heures et **demi**, nous partirons pour Béziers. – Ces tourterelles sont à **demi mort** de froid. – Cette planche fait deux centimètres et **demi** d'épaisseur. – Ces garnements ont fait toutes les sottises **possible** et **imaginable**. – Johnny fait le moins de mouvements **possible**.

LEÇON 17 – Accordez les adjectifs qualificatifs en gras.

les grenouilles **vert** – une serviette **châtain foncé** – les joues **cramoisi** – des capes **écarlate** – des robes **rose** – les rideaux couleur **rose** – des bas couleur **chair** – les poils **marron** – des tuniques **pourpre** – des épis **bleu violet** – des fanions **orange**.

LEÇON 18 – Écrivez ces nombres en lettres et faites-les suivre d'un nom de votre choix.

23	46	55	77	108	500
1 368	2 400 000	85	500 000	372	17 000

LEÇON 19 – Écrivez correctement les mots en gras.

De **chaque** tribune, de **chaque** rangée de fauteuils, des cris d'encouragement s'élevaient pour soutenir l'équipe de France. – Vous ne trouverez **nul** part un aussi joli panorama. – Les enquêteurs en sont persuadés, il n'y a **aucun** doute, cette piste est la bonne. – Il n'y a pas **divers** solutions pour se rendre sur cette île ; il faut prendre un bateau. – Dans ce pays, on trouve des sources en **maint** endroits. – Vous travaillez avec une **tel** ardeur que vous ne tarderez pas à achever la besogne.

LEÇON 20 – Écrivez les noms en gras au pluriel et faites les accords nécessaires.

Vous admirez un **tableau** bien éclairé. – Cette **figue** est bien trop sèche ; elle est immangeable. – Un violent **vent** du nord balaie l'immense **plaine**. – L'**arbre** du **jardin** public perd ses feuilles. – Cette **photographie**, prise au téléobjectif, permet d'apprécier le moindre **détail** des monuments. – Avec une telle **calculatrice**, l'**opération** la plus compliquée est un **jeu** d'enfant. – La **grue** du **chantier** voisin soulève une **charge** de plus de dix tonnes : quelle **performance** exceptionnelle !

LEÇON 21 – Encadrez les sujets, soulignez le mot qui commande l'accord, puis écrivez les verbes en gras au présent de l'indicatif.

Nous **écouter** des musiques de films ; l'une d'elles nous **plaire** particulièrement. – Les avions de chasse **décoller** dans un bruit épouvantable. – Se chauffer au bois **s'avérer** parfois très économique. – La tour du Bois du Verne **compter** cinquante logements ; celle des Églantines n'**abriter** que des bureaux. – Les issues de secours **faciliter** l'évacuation du public. – Les émanations de gaz toxiques **indisposer** les personnes souffrant des bronches. – Quelques clous de girofle **donner** du goût à ce civet. – Mes grands-parents **habiter** à Perpignan ; où les tiens **résider**-ils ?

LEÇON 22 – Écrivez les verbes en gras au présent de l'indicatif.

Brice, tu lui **reprocher** toujours ses retards et tu **avoir** raison. – Comme Leïla **faire** preuve d'une farouche volonté, tu l'**encourager** à persévérer. – Cette région **pouvoir** paraître inhospitalière à ceux qui ne la **connaître** pas. – M. London **éprouver** une reconnaissance sans borne envers les maîtres nageurs qui l'**avoir** sauvé d'une noyade certaine. – Les clients qui ne **souhaiter** pas attendre aux caisses ne **devoir** pas acheter plus de dix articles. – On ne **devoir** pas s'appuyer sur cette rampe, elle **être** trop fragile et on ne **savoir** jamais ce qui **pouvoir** arriver. – Ton père, de qui tu **tenir** ta haute stature, **dominer** encore toutes les personnes de son âge.

LEÇON 23 – Écrivez les verbes en gras au présent de l'indicatif.

À l'entrée du musée **s'aligner** des centaines de visiteurs. – Les olives que **broyer** la meule du moulin à huile **provenir** des meilleures oliveraies. – Que **devenir** les marais où **nicher** les hérons ? – Quand Johnny **entrer** en scène, une foule d'admirateurs lui **réserver** une ovation sans pareille. – Beaucoup de gens **parler** du monstre du Loch Ness, mais peu **être** capables de le décrire avec précision. – Il **stationner** plus de deux cents voitures sur ce parking. – Une cinquantaine de mécaniciens **composer** l'environnement d'une écurie de Formule 1.

LEÇON 24 – Écrivez les verbes en gras au présent de l'indicatif.

Sortir un plat du congélateur et le placer dans le four micro-ondes ne **prendre** que quelques minutes. – Le nickel, aussi bien que le cuivre, **procurer** aux pays exportateurs des revenus non négligeables. – Des compliments ou des reproches, rien ne me **surprendre** de ta part. – Ni la Suisse ni l'Autriche ne **posséder** d'ouvertures maritimes. – Tes amis et toi **faire** une pause sur l'aire d'autoroute. – Florian et Émilie **porter** les chandails que **tricoter** leur tante. – Mes cousines et moi **attendre** avec impatience le mois de mai ; c'**être** celui de nos anniversaires !

LEÇON 25 – Écrivez les verbes en gras au présent de l'indicatif.

Les noix, Boris les **casser** avec ses dents ; c'est d'une imprudence folle. – Les lions **se jeter** sur la malheureuse gazelle et la **dévorer**. – Lorsque les contribuables **payer** leurs impôts, le percepteur leur **délivrer** un reçu. – Les opérateurs ne **savoir** plus où donner de la tête ; tout le monde leur **demander** des renseignements. – Ces jeunes mariés **vouloir** ouvrir un compte ; le banquier leur **fixer** un rendez-vous. – Les annonces publicitaires des quotidiens, personne ne les **lire** d'un bout à l'autre. – Les gymnastes **exécuter** des sauts si parfaits que le jury leur **attribuer** la note maximale.

LEÇON 26 – **Complétez chaque phrase avec une forme conjuguée homonyme du nom entre parenthèses ; vous préciserez l'infinitif du verbe.**

(le vin) Pour plonger de ce promontoire, tu ... ton appréhension en fermant les yeux. – (la forêt) À la recherche d'eau, le sourcier ... le sol. – (le flageolet) Au moindre bruit, les jambes de M. Loubet ... . – (le soufre) M. Rivet ... d'un début de bronchite. – (un cornet) Perdu dans la brume, le patron du chalutier ... sans relâche. – (le prix) Bien que très affectée, Priscillia ... un air détaché. – (la plaie) Avec son petit chapeau rose, Virginie ... à tout le monde. – (une taie) Les convives parlent tous en même temps, seule Sylvie se ... . – (le fond) Les petits ruisseaux ... les grandes rivières. – (l'essai) Tu ... un pantalon, mais il est bien trop court pour toi.

LEÇON 27 – **Accordez les participes passés des verbes en gras.**

Nous serons **attendre** par nos amis à la descente du train. – Les arbres étaient **dépouiller**, les rivières étaient **geler**, la terre était **durcir** : c'était vraiment l'hiver. – Il se fait tard ; les passants sont **presser** de rentrer chez eux. – Que sont **devenir** les voitures qui disputaient le rallye de Monte-Carlo en 1950 ? – Ces enveloppes seront **décacheter** à la machine. – Les nageurs imprudents avaient sous-estimé la puissance des vagues ; ils furent **soulever**, **entraîner**, puis **rouler** jusqu'au rivage. – Les enfants ne furent pas **intéresser** par ce jeu aux règles bien trop **compliquer**. – Avec la canicule, toutes les portes étaient **fermer** et les persiennes **clore**.

LEÇON 28 – **Copiez ces phrases et n'encadrez que les COD.**

Les films comiques plaisent aux petits comme aux grands. – Nul ne prévoyait des réactions aussi spontanées de la part de Maxime. – Le troupeau de chèvres de M. Armand ne manque pas de fourrage. – Des châteaux forts dominent la vallée de l'Ariège. – Ce disque me plaît, mais je préfère de beaucoup celui-ci. – Les Islandais se baignent dans les sources d'eau chaude. – Cette personne a conservé une excellente mémoire. – Vous avez agité le flacon avant de l'ouvrir. – Les passagers attendent que les horaires s'affichent. – Le chevreuil surgit du fourré. – Le mont Blanc, que vous ne distinguez qu'avec peine, flotte dans le brouillard. – Tu ne triches jamais au jeu.

LEÇON 29 – **Copiez ces phrases et encadrez les COI.**

Les deux chefs d'entreprise parlent d'affaires les concernant. – On se souvient toujours des événements heureux de son existence. – L'araignée diffère de la mouche ; elle a huit pattes et non six. – Ses recherches, le savant les communique à toute la communauté scientifique. – Fumer nuit à ceux qui n'y ont pas encore renoncé. – Nelly répond immédiatement au SMS qu'elle reçoit. – Les concurrents dopés seront privés de compétitions officielles pendant deux ans. – Le diplomate fait part de sa mission à ses supérieurs. – Certains abandonnent leur chien, mais Fanny pense au sien. – Est-ce que vous croyez aux revenants ? – De quoi vous mêlez-vous ?

LEÇON 30 – **Accordez, si nécessaire, les participes passés des verbes en gras.**

Les boucles d'oreilles que vous m'avez **offrir** me plaisent beaucoup. – L'assurance que Clément a **souscrire** couvre les dégâts des eaux. – J'espère que la date tu l'as bien **inscrire** sur le chèque, ainsi que le montant. – La sonde spatiale a **émettre** des signaux depuis le sol de Mars que la base de Cap Canaveral a **capter**. – Nathalie a **commettre** une maladresse et a **renverser** la salade de fruits. – Leur réputation, ces maîtres verriers l'ont **asseoir** sur un amour du travail bien fait. – Cette toile monumentale, Picasso l'a **peindre** en quelques jours ; c'est du moins ce que l'histoire raconte. – La récompense que tu m'avais **promettre**, je l'ai **attendre** longtemps mais je n'ai pas été **décevoir**. – Combien de paniers de cerises avons-nous **cueillir** ?

LEÇON 31 – **Écrivez correctement les participes passés des verbes en gras.**

Ces garnements capricieux, nous les avons **voir** trépigner, pleurer, menacer ; heureusement leurs parents n'ont pas **céder**. – Le pompiste voulait regonfler les pneus de ma voiture ; je l'ai **laisser** faire. – Ses vacances furent si idylliques que Victoria ne les a pas **voir** passer. – La fusée que chacun a **voir** décoller emportait un satellite de télécommunication pakistanais. – La date de péremption de ces surgelés est **dépasser**, Omar n'a pas **oser** les consommer. – La tranchée que le terrassier avait **espérer** combler en quelques minutes se révéla plus profonde que **prévoir**. – Nos droits, nous les avons **faire** valoir auprès des autorités.

LEÇON 32 – Écrivez correctement les participes passés des verbes en gras.

Timothée classe les timbres dans son album ; il échangera ceux qu'il en aura **retirer**. – Lorsque Mme Davy est **aller** visiter la Pologne, la description qu'elle en a **faire** à ses neveux les a **ravir**. – M. Monet a **rendre** mille services à ses voisins. Ceux-ci ne lui en ont jamais **rendre**. – Tu collectionnes les histoires drôles pour distraire tes amis et tu en as déjà **remplir** un plein carnet. – Il paraît qu'il y a des lynx en liberté dans le Jura, mais je n'en ai jamais **rencontrer**. – M. Bourget a **ramasser** des chanterelles et il en a **préparer** un bon plat. – Ces spaghettis sont excellents, mais Apolline les eût **préférer** moins salés. – Le peu de mots que l'homme a **prononcer** n'a pas **permettre** de déterminer sa nationalité. – Je ne connais pas les pays que vous avez **visiter**.

LEÇON 33 – Accordez correctement les participes passés des verbes en gras.

L'avocat et son client se sont **donner** rendez-vous devant le Palais de Justice. – La Joconde, Adrien se l'était **imaginer** beaucoup plus imposante. – Lorsque Marianne et Doris se sont **rencontrer**, elles se sont **sourire**. – Les professeurs se sont **déclarer enchanter** par les résultats de leurs élèves. – Ces jeunes filles se sont **promettre** de retourner en vacances ensemble. – Les cueilleurs de fruits se sont **faire** payer leurs heures supplémentaires. – Les parachutistes se sont **assurer** du bon fonctionnement de leur matériel. – Sa retraite, M. Combe se l'est **constituer** au fil des années. – **Frapper** par une mystérieuse maladie, ces hommes se sont **affaiblir** de jour en jour. – La crème dont tu t'es **enduire** le corps te protègera du soleil.

LEÇON 34 – Complétez ces phrases avec *-é (-ée, -és, -ées)*, *-er* ou *-ez*.

La bâche est déroul... pour protég... le court de tennis. – La France doit import... des tonnes de pétrole pour que tous les véhicules puissent roul... et que les logements soient chauff... . – Vous encoll... les murs, puis vous pos... le papier peint. – Pour mang... un yaourt, il faut utilis... une cuillère et non une fourchette. – Les coureurs dop... sont immédiatement exclus de la compétition. – Les visiteurs sont fascin... par la virtuosité de ce peintre. – Rien ne sert de critiqu..., il faut propos... une solution.

LEÇON 35 – Complétez avec le participe passé ou la forme conjuguée au présent de l'indicatif des verbes en gras. Vous justifierez la forme conjuguée en écrivant l'imparfait.

Le hall d'exposition du Salon du Livre **s'agrandir** d'année en année. – Grâce au trampoline, l'acrobate **rebondir** à une hauteur fantastique. – Ce terrain, **conquérir** sur la mer, est transformé en polder. – Ophélie **nourrir** son hamster avec des carottes bien fraîches. – Un bien mal **acquérir** ne profite jamais. – L'augmentation de salaire **promettre** a bien été versée. – Le message, **transmettre** par Internet, **parvenir** à des centaines de destinataires en un clic de souris. – Lorsque je me souviens de cette histoire, j'en **rire** encore. – Cette mauvaise nouvelle **refroidir** quelque peu l'atmosphère. – Tu as **lire** la question avec attention et tu as **savoir** répondre.

LEÇON 36 – Complétez avec *est, et, ai, aie, ait* ou *aient*.

Pour t'engager dans ces gorges sur ton canoë, il ... préférable que tu ... un gilet de sauvetage ... un casque protecteur. – Il n'... pas exclu que j'... la possibilité de me faire embaucher. – Il ... de règle que les handicapés ... des places réservées. – Mireille n'... pas étonnée que Caroline n'... pas supporté le climat tropical ... qu'elle ... pris le premier avion pour rentrer. – Il n'... pas concevable que l'organisation de cette manifestation ... connu de telles défaillances. – Les ostréiculteurs regrettent que la vente des huîtres ... été interdite. – Le bibliothécaire ... un homme fort obligeant ; il a tenu à ce que j'... accès à tous les ouvrages ... que je puisse les consulter.

LEÇON 37 – Complétez ces phrases avec *tout, toute, tous, toutes*.

Comme il a plu, les bancs sont ... mouillés. – ... les autoroutes sont saturées ; ... les vacanciers sont ... partis en même temps. – Le voyage fut agréable, mais ... a une fin. – Cet homme est, à ... égards, de bon conseil. – Mehdi préfère le rap à ... autre musique. – À ... les lieux qu'il a visités, M. Jardin préfère la douceur de sa Bourgogne natale. – Pourquoi Delphine téléphone-t-elle ... en conduisant ? Elle prend ... les risques. – Ce n'est pas ... à fait ce que tu croyais ; il faudra encore marcher trois heures ! – En juin, les pensionnaires de ce foyer vont ... partir en voyage. – Ce jeune homme, c'est ... le portrait de son père. – ... les légumes cuits à l'eau sont pauvres en calories, mais riches en vitamines. – ... les marins ont eu un jour le mal de mer. – Ces médicaments sont ... nouveaux et les médecins ne les prescrivent pas ... .

LEÇON 38 – Complétez ces phrases avec *même* ou *mêmes*.

Les castors bâtissent eux-... des barrages qui perturbent le cours des rivières. – ... lorsque les platanes semblent sains, ils peuvent abriter des champignons parasites. – Ces jeunes bénévoles ont nettoyé le square du quartier, ils ont ... repeint les bancs publics. – Dans le regard de cet homme, on retrouve toute l'expression de la bonté, ... ses yeux respirent la bienveillance. – Toutes les réformes, ... les plus urgentes, ne pourront être effectuées dans l'immédiat. – En Thaïlande, les élèves des écoles secondaires portent les ... vêtements. – En Alsace, ... les plus petits balcons sont fleuris tout au long de l'année. – Certains disent que la publicité se nourrit d'elle-... .

LEÇON 39 – Complétez ces phrases avec *quel(s), quelle(s)* ou *qu'elle(s)*.

... ennui ! Pourtant c'est un film ... m'avait conseillé de voir. – Les icônes du tableau de bord, il faut ... soient déplacées. – À ... heure le bureau de poste ouvre-t-il ? – Oriane, je ne savais pas ... avait une sœur jumelle. – Nous ignorions ... étaient leurs intentions à notre égard. – Maria est très curieuse, elle fait des recherches sur tout ce ... ne connaît pas. – ... est la saison des moissons ? – ... temps ! On ne mettrait pas un chat dehors. – Il faut voir avec ... maestria Nelly fait sauter les crêpes. – Mme Ferrand a rédigé la réclamation ... adresse au concepteur de ce robot ménager. – Le plombier remplace les conduites d'eau parce ... sont percées. – ... performance que de pouvoir se rendre de Paris à Lyon en moins de deux heures !

LEÇON 40 – Complétez ces phrases avec *ce, c', se, s'* ou *ceux*.

... téléphérique n'est pas fait pour ... qui ont le vertige. – La Galerie des Glaces est ... qu'il y a de plus magnifique à Versailles. – Nous nous retrouvons avec ... que le hasard avait déjà placés devant nous. – Les deux délégations de diplomates ... quittent sans avoir conclu un accord. – Pour ... faire entendre, le dirigeant syndical utilise ... porte-voix. – Dans ... gouffre ... trouvent des stalagmites de taille imposante. – ... guichet est réservé pour ... dont le passeport comporte un visa de tourisme. – À la vue de ... serpent, Léa ... enfuit, ... qui fit bien rire son père. – Michel me montre ... qu'il fabrique : une maquette de bateau.

LEÇON 41 – Complétez ces phrases avec *s'est, c'est* ou *ses, ces*.

... véhicules sont équipés d'un GPS ; ... un dispositif qui permet de s'orienter plus facilement. – Chaque vendredi soir, à la sortie des bureaux, ... la bousculade habituelle ; chacun va retrouver sa famille ou ... amis. – Le chercheur ... malheureusement trompé dans ... calculs ; il devra reprendre ... expériences. – Ce canal est poissonneux ; ... pourquoi, chaque dimanche, on voit des centaines de pêcheurs sur ... berges. – Lucas ... découvert une nouvelle occupation ; écrire ... souvenirs d'écolier. – ... étonnant, ... plantes ont poussé sans engrais ! – ... nectarines sont trop mûres ; ... déjà la fin de l'été. – En voulant retourner ... saucisses, Paulin ... brûlé la main. – Jennifer a changé ... boucles d'oreilles ; ... plus discret, affirme son mari. – Hélène ... équipée d'un nouveau modem pour mieux recevoir ... messages.

LEÇON 42 – Complétez ces phrases avec *ont, on* ou *on n'*.

... a toujours du plaisir à bavarder avec ceux qui ... les mêmes goûts que nous. – ... entend la sirène du bateau qu'... aperçoit pas encore. – ... arrivera avant la nuit si ... est pas retardé. – Au refuge, tout sera fourni, ... emportera donc ni draps ni couvertures. – Les ingénieurs ... étudié la possibilité d'implanter une usine de cosmétiques dans la région. – Lorsqu'... achète un produit au plus bas prix, ... est pas certain de sa qualité. – Par économie, ... allume qu'un lampadaire sur deux. – Si ... voulait tout savoir sur les guerres de Religion, ... en finirait pas de consulter des dizaines d'ouvrages. – Sur les quais, les grues ... soulevé les conteneurs et les ... placés dans la cale du cargo. – Ces musiciens amateurs ... enregistré leur premier disque et ... leur prédit un grand avenir, s'ils ... le souci de toujours soigner leur orchestration.

LEÇON 43 – Complétez ces phrases avec *soi, soit* ou *sois*.

Lorsqu'il pleut à verse, il vaut mieux rentrer chez ... . – On n'est jamais si bien servi que par ...-même. – Dans ce magasin, on peut examiner ...-même tous les articles. – Quand on vous confie un secret, il faut le garder pour ... . – Joël Rattoni sera sélectionné ... comme arrière, ... comme demi de mêlée. – Bien qu'il ... un peu clair, j'achèterai ce pantalon. – Un mètre cube d'eau, c'est 1 000 dm^3, ... 1 000 litres. – Les ingénieurs regrettent que le satellite ne ... pas placé sur la bonne orbite. – Je continuerai à courir jusqu'à ce que je ... épuisée. – Tu es le seul qui ... capable de m'aider à couper les branches de cet arbre. – ... tu es « gémeaux », ... tu es « capricorne », mais quel que ... ton signe astrologique ton horoscope te promet une semaine agréable.

LEÇON 44 – Complétez ces phrases avec *si, s'y, ni* ou *n'y*.

Le manteau de la cheminée du salon est ... haut qu'un homme ... tient aisément debout. – Le bruit de fond est gênant, mais peu à peu on ... habitue. – Le tracteur s'engage dans un chemin défoncé par les pluies et ... embourbe. – Pourquoi le tigre est-il un animal ... cruel ? – Lorsque Émeline a un travail à faire, elle ... met avec ardeur. – ... le douanier réclame les passeports, vous devrez les lui remettre. – Il ... a eu ... joueur blessé ... arrêt de jeu ; il ... aura donc pas de temps additionnel. – Comme il ... a ... panneaux indicateurs ... feux tricolores, les automobilistes sont désemparés. – Dans les grandes villes de Colombie de nombreux enfants n'ont ... famille ... domicile, ils vivent dans la rue.

LEÇON 45 – Complétez ces phrases avec *sans, s'en, sent, sens* ou *c'en*.

... est fait, la famille Flandre n'ira pas en Espagne cette année, mais elle ... remettra, elle ira au bord du lac d'Annecy. – ... une réaction d'orgueil des joueurs en deuxième mi-temps, ... sera fini des chances de l'équipe de France. – Caroline mange des spaghettis à ... barbouiller le menton. – Les spectateurs ... vont à regret, tant le concert fut une réussite. – Je ... que la chaleur va persister encore quelques heures. – Valérien a acheté un VTT ... garde-boue. – ... paix et ... justice, il n'y a pas de vie sociale possible. – M. Guichard est capable de trouver la racine carrée d'un nombre ... utiliser de calculatrice ; comment fait-il ? – Lucien ... défend, mais c'est un amateur de chocolat noir, il ne passe pas une journée ... croquer un carré. – M. Hua a arrêté de fumer ; il ... porte mieux et constate qu'on peut vivre ... cigarettes.

LEÇON 46 – Complétez avec *quelque(s), quel(s) que* ou *quelle(s) que*.

... soient les émissions qu'ils regardent, les enfants sont attentifs. – Ce candidat sera sans doute tombé dans ... piège tendu par l'examinateur. – Il n'y avait pas dans son attitude ... affectation ; tout était naturel en lui. – ... alpinistes, bien imprudents, n'ont pas respecté les consignes de sécurité. – ... soit l'heure du départ de l'avion, vous aurez le temps de prendre votre petit-déjeuner. – Nous avons perçu ... animosité dans votre attitude. – ... soit l'endroit où tu te trouves, tu es rarement satisfaite ; c'est désespérant. – Défaits à la dernière minute, les basketteurs français ont ... regrets. – Ce trajet en autobus ne vous coûtera que ... euros. – ... soit l'état du terrain, la partie débutera à quinze heures.

LEÇON 47 – Complétez ces phrases avec *la, l'a, l'as, là* ou *sa, ça, çà*.

Arnaud se mit en colère et, ...-dessus, il prit la porte et s'en alla. – ... où il y a de ... gêne, il n'y a pas de plaisir. – Ce médicament, tu ... avalé d'un trait : alors ..., tu nous étonnes ! – Bien que ... vedette arbore une robe fort décolletée, personne ne ... remarquée ! – En cherchant bien, nous avons pu trouver ... et ... quelques champignons. – ... fait deux mois qu'il n'a pas plu sur cette région ; comment les scientifiques expliquent-ils ... ? – Une histoire pareille, ... ne s'invente pas ! – Gabriel est satisfait, ... formation professionnelle lui a permis de trouver rapidement un emploi. – Le comportement violent de ce sportif a entaché ... réputation.

LEÇON 48 – **Complétez ces phrases avec *près, prêt* ou *prêts*.**

Le starter donne le départ d'une voix forte : « À vos marques, ..., partez ! » – Les négociateurs argentins ne sont pas ... à faire des concessions. – À la bibliothèque municipale, le ... de livres est gratuit. – Certaines banques consentent des ... avantageux aux étudiants. – Les gendarmes suivent ce trafic de stupéfiants de très ... ; ils sont ... à intervenir dès que l'occasion se présentera. – « Nous sommes ... pour l'atterrissage », annonce le commandant de bord aux passagers. – À deux minutes ..., nous manquions la benne du téléphérique. – Le code de la route est formel, il ne faut pas suivre les véhicules qui vous précèdent de trop ... .

LEÇON 49 – **Complétez ces phrases avec *peut, peux* ou *peu*.**

Cette berline ne ... pas démarrer car il n'y a que ... d'essence dans le réservoir. – Tu ... toujours t'inscrire à un jeu télévisé, mais tu as ... de chance d'être sélectionnée, tu es encore un ... jeune. – Il se ... que, un jour, le Gulf Stream ne vienne plus réchauffer l'ouest de l'Europe. – Versez ... à ... le lait sur la farine avant d'ajouter un tout petit ... de liqueur de fleur d'oranger. – ...-tu écrire un ... mieux ? Je ne ... pas te lire. – J'ai ... de temps et je ne ... pas attendre. – L'eau est ... profonde, tu ... te baigner sans crainte, mais tu ne ... pas plonger.

LEÇON 50 – **Complétez ces phrases avec *quand, quant, qu'en / ou, où*.**

On m'a fait cadeau d'un cendrier mais je ne sais ... faire car je ne fume jamais ! – ... on n'a pas de point de repère, on se dirige au hasard. – On ne trouve des pizzas de cette qualité ... Italie. – Tous les techniciens sont réunis autour du metteur en scène, ... à l'actrice principale, on l'attend encore sur le plateau. – Laurette ne se baigne jamais ... l'eau n'atteint pas 25°. – En vacances, il faut toujours emporter deux ... trois boîtes de médicaments, on ne sait jamais ! – Savez-vous ... se trouve le lac Baïkal ? – M. Berthet perce un trou là ... il veut accrocher un tableau. – Est-ce la trace d'un serval ... d'un guépard ? – Dans l'état ... se trouve cette voiture, il n'est pas normal qu'elle roule encore.

LEÇON 51 – **Complétez ces phrases avec *quoique* ou *quoi que*.**

Cette salle est fort bien aménagée ... avec moins de luxe que la précédente. – ... vous plantiez dans ce terrain, rien ne poussera. – L'attente au péage n'est pas si longue ...'il y ait nombre de véhicules. – ... M. Marmier entreprenne, il réussit toujours. – ... parfaitement outillé, Gérard ne peut démonter la vidange de la machine à laver. – ...'il soit un peu fatigué, Barthélemy poursuit sa route. – ...'elle espère trouver sous le sapin le jour de Noël, Dolorès sera contente.

LEÇON 52 – **Écrivez les noms en gras au pluriel et faites les accords nécessaires.**

Avez-vous déjà rencontré un **homme** parlant le chinois et le japonais ? – Perçant le dallage, le **plombier** prépare le passage de ses tuyaux. – Nous avons reçu un **message** alarmant de nos amis martiniquais ; un cyclone s'approcherait des côtes. – Observant l'éclipse totale de Lune, l'**astronome** est enthousiasmé. – Affamé et terrifiant, le **lion** s'est jeté sur sa proie. – Le **bénéfice** de ce mois est encourageant ; l'usine va embaucher des ouvriers. – Cet **enfant** imprudent s'est brûlé en jouant avec des allumettes. – En l'invitant à cette fête, vous avez fait plaisir à votre **ami**.

LEÇON 53 – **Complétez ces mots avec des accents aigus, graves ou circonflexes.**

un interet	un pieton	un chene	un ancetre	vehiculer
un eveque	la grele	l'aeroport	la treve	l'extremite
parallele	le gresil	la fenetre	la deesse	la tete
reciter	la planete	l'arene	inquieter	teter
rever	enqueter	preter	honnete	pedaler

LEÇON 54 – Copiez ces phrases en plaçant correctement les traits d'union.

Lire des romans de contre espionnage, c'est le passe temps favori de M. Lenoir. – Le contre la montre arrivera à Aix les Bains. – Participerez vous à la prochaine campagne électorale ou vous abstiendrez vous ? – Renseigne toi sur les qualités exigées pour exercer le métier d'aide soignante. – Aucun des vingt cinq élèves de cette classe n'a obtenu une note au dessus de la moyenne. – C'est en mille neuf cent quatre vingt dix huit que Mme Barbier est allée en Extrême Orient. – C'est à cette époque là que les habitants de la vallée de l'Ubaye sont partis à l'aventure au Mexique.

LEÇON 55 – Écrivez ces phrases en toutes lettres en remplaçant les abréviations, les sigles et les symboles par leur signification d'origine.

Les adhérents de la **CGT** participent à une **manif** pour revendiquer une augmentation du **SMIC**, défendre la **Sécu** et transformer tous les emplois en **CDD** en emplois en **CDI**. – Orane enregistre des **CD** pour se faire une **compil** de **45 min** de musique **électro**. – Profitant de la **RTT**, les employés de cette **Cie** quittent leur travail à **15 h**. – Il faudra changer les **pneus** de cette **auto** et remplir le réservoir avec **60 L** de **super**. – **3 €** ! Le prix de ce **déca** est trop élevé même si la **TVA** à **17 %** est incluse. – Les **écolos** ont fauché un champ de **3 ha** de maïs **OGM**.

LEÇON 56 – Complétez les mots dans lesquels on entend les sons [s] et [z].

Les hommes politiques doivent faire preuve de di...ernement lorsqu'ils prennent une dé...i...ion. – Les adole...ents ...ont une des ...ibles privilégiées des publi...itaires. – Dans les régimes peu démocratiques, ...ertains référendums ...e tran...forment en plébi...ites. – Dans le noir, il faut avan...er avec beaucoup de précau...ions. – Si l'a...en...eur est inutili...able, nous emprunterons l'e...calier. – Dimanche, tous les ...itoyens fran...ais ...ont appelés à voter. – La di...cu...ion est vive, chacun pen...e avoir rai...on. – ...ertaines lo...ions capillaires favori...ent la pou...e des cheveux. – La péniche ...e pré...ente à l'entrée de l'éclu...e.

LEÇON 57 – Complétez les mots dans lesquels on entend le son [k].

Les visiteurs admirent les anti...ités gre...es du musée du Louvre. – Le ...atholicisme et le protestantisme sont des religions ...rétiennes. – Le verdi...t du ...ronomètre est impitoyable : Laurent n'est que ...atrième de l'étape ...ontre-la-montre. – À leur mort, les pharaons égyptiens étaient placés dans des sar...ophages richement dé...orés. – Ce judo...a tchè...e est devenu champion olympi...e. – Comment les ar...éologues trouvent-ils des vestiges au milieu de ces ...aos de blo...s et de rochers ? – Le ...lorure de sodium est le nom scientifi...e du sel de ...uisine. – La Nouvelle-...alédonie est un important exportateur de ni...el. – Vi...toria présente le jeu de l'élasti...e à sa grand-mère qui la regarde étonnée ...ar, à son épo...e, ce jeu n'existait pas dans les é...oles.

LEÇON 58 – Complétez les mots dans lesquels on entend le son [ɑ̃].

L'installation de votre t...te sur l'...placem... prévu ne doit pas se faire aux dép... des autres c...peurs. – Cet artis... p...se ...baucher un appr...ti dans quelques jours. – Ce charlat... prét...d fabriquer un carbur... avec de simples bottes de paille ! – Lorsque le présid... est abs..., c'est son assist... qui dirige les débats. – La t...te d'Alex...dre pr...d le t... de lire son journal chaque matin. – Ce dépli... met l'acc... sur l'intérêt des collectes de s... . – Muni d'un scaph...dre autonome, Gabriel plonge à la recherche d'...phores. – Lorsqu'on se trouve au c...tre d'une ville, il faut faire très att...tion car cet ...droit est d...gereux. – L'...quête dilig...tée par le commissaire a conduit à l'arrestation d'un brig... qui h...tait les ...virons du quartier. – Cette ...cienne ...tenne ne permet plus de réceptionner les différ...tes chaînes étr...gères.

LEÇON 59 – Complétez les mots dans lesquels on entend le son [ɛ̃].

Cert...s l...guistes se passionnent pour les langues rares d'Amérique du Sud. – On dit que le ch...panzé est un s...ge doté d'une ...telligence bi... supérieure à celle de ses congénères. – Ce message est ...portant ; lisez-le dès m...tenant. – Cette eau est l...pide, vous pouvez la boire sans cr...te. – À la veille de l'exam..., pour v...cre son angoisse, Sylv... regarde l'épisode d'un feuilleton télévisé. – Le parr... de ton cous... revi...t du Bén... où il a travaillé pendant v...gt mois. – Il y a longtemps qu'on ne moud plus de gr... dans ce moul... à vent. – Les Jeux ol...piques auront lieu à Londres en 2012. – Cet artiste p...t des paysages magnifiques ; dem..., il sera célèbre.

LEÇON 60 – Copiez ces phrases en complétant les mots avec *f*, *ff* ou *ph*.

Le dau...in est un mammi...ère aquatique intelligent et très a...ectueux. – À la sur...ace de cet étang, on admire de magni...iques nénu...ars. – Avant d'a...irmer quelque chose, il ...aut ré...léchir longuement. – A...in d'avoir les meilleures places, les spectateurs s'engou...rent dans le couloir. – Le patineur a e...ectué un saut ...antastique ; son exhibition ...ut par...aite. – Le chau...eur doit régler ses ...ares dans les plus bre...s délais. – Pour e...rayer tes amis, tu te déguises en ...antôme avec de vieux chi...ons. – Dans le nombre trente-neu..., combien y a-t-il de chi...res ? – En ...rançais, l'al...abet compte vingt-six lettres. – Le jour de l'Épi...anie, on tire les rois. – Dans cette ...rase, il y a un adjecti... démonstrati... . – Ouvrez les ...enêtres, car on étou...e ici. – Nous pro...itons d'une redi...usion de ce ...euilleton pour l'enregistrer.

LEÇON 61 – Écrivez les verbes correspondant à ces noms.

l'outil	le relais	le gril	l'éveil	l'essai
le balai	l'onde	la monnaie	l'emploi	le cri
la rouille	le détail	le fusil	le sourcil	la paie

LEÇON 62 – Complétez ces mots dans lesquels on entend les sons [g] et [ʒ].

Quel est le coura...eux chevalier qui vaincra le dra...on ? – Dans un rectan...le, la lon...eur est plus lon...e que la lar...eur. – Arthur a une an...ine ; il a mal à la ...or...e et il a de la fièvre. – Pour mai...rir, ces ...eunes personnes suivent un ré...ime sans pain ni ...raisse. – Avant la construction de la di...e, les inondations rava...aient les cultures. – En man...ant, ...eor...ina s'est mordu la lan...e. – Les ba...a...es de Mar...erite sont restés dans la soute de l'avion. – Lorsque ...e re...arde le fond de la vallée, ...'ai le verti...e. – On char...e une car...aison de ca...ots de lé...umes verts dans ce camion. – Les wa...ons de marchandises seront déchargés en ...are de Di...on.

LEÇON 63 – Dans les mots en gras, on entend le son [ø] ; complétez-les.

La **l...cémie** est une terrible maladie que l'on guérit **h...r...sement** assez souvent. – Les fleurs de l'**...calyptus** sont particulièrement odorantes. – Une **m...te** de paparazzis poursuit l'actrice pour obtenir l'exclusivité d'une photo. – Les musulmans **j...nent** pendant le ramadan. – Le démineur a **n...tralisé** un engin explosif datant de la Première Guerre mondiale. – Karine a terminé **n...vième** lors de la finale de ce concours de chant. – Le **n...tron** est une particule élémentaire des noyaux atomiques. – La manifestation pacifique a tourné à l'**ém...te**. – Le **f...hn** est le nom d'un vent du sud-ouest chaud et sec. – Le métier de **m...nier** a beaucoup évolué depuis que les moulins ont été mécanisés. – Le chauffeur gonfle les **pn...** de son camion. – Les clients font la **qu...** devant les caisses.

LEÇON 64 – Complétez ces mots dans lesquels on entend le son [ɔ̃].

un r...geur	une b...be	c...bler	une b...bonnière	un d...pteur	s...ptueux
un t...beau	une tr...pe	la b...té	le f...dateur	p...dre	prof...d
s...bre	un s...ge	une ...bre	un gr...dement	un bourge...	r...pre
un dém...	un prén...	le c...tinent	n...breux	c...sistant	le ray...

LEÇON 65 – Complétez ces phrases avec un homonyme du mot entre parenthèses.

(la pâte) Pour obtenir un sucre, le chien donne la ... à son maître. – (la cane) La jambe plâtrée, Virginie se déplace avec une ... . – (la bête) Les côtes de ... sont assaisonnées avec un peu de persil et d'ail. – (la balade) « La ... des Pendus » est un poème de François Villon. – (le balai) Le « Lac des Cygnes » est peut-être le ... le plus dansé au monde. – (la cour) La chasse à ... est bien cruelle pour le gibier. – (un atèle) Le palefrenier ... le trotteur à son sulky. – (la cote) Au Moyen Âge, les chevaliers portaient des ... de mailles. – (taire) La ... de ce jardin est très fertile. –

(pallier) Mon voisin de ... est très souvent absent. – (il sert) Les tomates cultivées sous ... sont moins parfumées que celles venant à maturité au soleil.

LEÇON 66 – Écrivez le contraire des adjectifs suivants en utilisant des préfixes.

lisible	mature	différent	réversible	logique	mobile
réfléchi	soluble	matériel	observable	régulier	licite
légitime	lettré	moral	défini	rationnel	mortel
responsable	partial	correct	réaliste	révocable	usité
buvable	utile	réel	maculé	populaire	avoué

LEÇON 67 – Complétez ces noms terminés par [WAR] ou [œR].

L'audit... est attentif car l'exposé du professeur est intéressant. – Ce chanteur possède un répert... étendu. – La chasse est interdite sur tout le territ... de cette commune. – Au sortir de l'eau, la nageuse enfile un peign... de bain bleu. – On est toujours heureux quand on a fait son dev... . – À la vente aux enchères, ce tableau de val... a trouvé un riche acquér... . – Tu as commis une err..., reprends tous les calculs. – Le supermarché ferme ses portes à vingt h... . – La s... de Gaétan est en pl... ; son petit chat a disparu. – Le trapp... dispose un l... pour attirer les renards. – Il n'y a pas péril en la dem..., prends ton temps. – Tu bois à contrec... ce sirop bien amer. – Le direct... de l'usine a des collaborat... qui le secondent parfaitement.

LEÇON 68 – Complétez ces noms terminés par le son [o].

La nourrice pousse le land... du bébé. – Au Mali, les sauterelles sont un véritable flé... pour les cultures. – Les spéléologues progressent dans un étroit boy... . – Grégory a fait un accr... à son blouson. – Dès qu'on le touche, l'escarg... rentre dans sa coquille. – Steve n'a pas de chance, son tir s'est écrasé sur le pot... . – Le ros... plie mais ne rompt pas, c'est du moins ce qu'écrivait La Fontaine. – Coluche disait que l'artich... est le légume du pauvre parce que lorsque vous l'avez mangé, votre assiette est plus garnie qu'au début du repas. – Une des spécialités des sorcières est sans conteste la poudre de crap... . – Le caca... est la principale ressource agricole de la Côte d'Ivoire. – Ce chien montre les cr... .

LEÇON 69 – Écrivez les noms terminés par le son [ɛ] correspondant à ces verbes.

Ex. : jouer → le jouet

fouetter	relayer	riveter	refléter	siffler	balayer
essayer	payer	arrêter	souhaiter	pagayer	remblayer
décéder	engraisser	rabaisser	progresser	faire	piqueter

LEÇON 70 – Complétez ces noms avec *-é, -ée* ou *-er*.

L'intelligence du chimpanz... étonne les spécialistes. – À l'École des Sorci..., la spécialit... de Rogue, ce sont les potions. – L'ann... civile débute le 1er janvi... ; l'ann... scolaire le 1er septembre. – La chauss... enneigée sera dégagée dans la matin... . – Avec trois pellet... de gravi..., le cantonni... a comblé le foss... . – L'entr... du chanti... est réservée aux seuls ouvri... . – Avec une pinc... de sel, ce velout... de champignons sera délicieux. – Soutenu par ses équipi..., le demi de mêl... effectue une perc... . – Marco n'a fait qu'une bouch... de cette tranche de pât... . – D'une enjamb..., Kévin franchit la tranch... .

LEÇON 71 – Complétez ces noms terminés par les sons [i] ou [y].

Les éditeurs vendent désormais des encyclopéd... consultables à l'aide d'un ordinateur. – Le maçon utilise un tam... pour passer le sable. – De quel pays la roup... est-elle la monnaie ? – Victime d'une avar..., ce navire regagne le port. – Il est peu probable que chacun de nous ait un véritable sos... . – Ce suspect est innocenté, car il a un solide alib... . – Le r... est l'aliment de base de nombreux pays. – Geronimo était le chef de la trib... apache des Chiricahuas. – La Pologne a payé un lourd trib... en vies humaines lors de la Seconde Guerre mondiale. – Solène habite au numéro 64 de la r... Garibaldi. – Samia trempe ses pieds dans un petit r... qui serpente dans la prairie. – Le Chablis est un cr... renommé de la région Bourgogne. – Le Rhône est en cr... ; les digues tiendront-elles ? – Le photographe est à l'aff..., mais les rhinocéros se font rares. – Les employés ont beaucoup de difficulté pour contrôler le fl... des clients attirés par les soldes. – La lait... est la plus commune des salades.

LEÇON 72 – Complétez ces noms terminés par les sons [u] ou [wa].

la r...	un verr...	un t...	un burn...	un rendez-v...	un ép...
un garde-b...	un tab...	le saind...	un avant-g...	un marab...	le dég...
un ég...	le m...	le l...	une lampr...	un casse-n...	à mi-v...
un détr...	le désarr...	un avant-t...	l'env...	un passe-dr...	un ch...
un porte-v...	le dr...	l'...	un siam...	un sans-empl...	un bourge...

LEÇON 73 – Complétez ces noms terminés par le son [l].

[al]	un b...	une st...	un ch...	un déd...	le h...
	une cig...	un pét...	un r...	une fili...	un sign...
[ɛl] ou [il]	un app...	une ru...	une sem...	la mo...	une bi...
	un mod...	la gr...	un as...	les sourc...	un vaudev...
[ol], [ɔl] ou [ul]	une cons...	le p... Sud	le rossign...	une gir...	le protoc...
	la pil...	le rec...	le cum...	un somnamb...	la basc...

LEÇON 74 – Complétez ces noms terminés par le son [ʀ].

[aʀ]	un foul...	un av...	une b...	un dép...
	un b...	un calam...	un ch...	un j...
[ɛʀ]	un émiss...	un rep...	une mol...	l'env...
	le conc...	un c...-volant	l'estu...	le fauss...
[iʀ] ou [oʀ]	un emp...	un mart...	un mirad...	un rec...
	une amph...	le déc...	le folkl...	un app...
	un quatu...	le dél...	l'aur...	le conf...
[yʀ]	le merc...	le fut...	une avent...	un m...

LEÇON 75 – Complétez ces phrases avec un nom en *-ance*, *-anse*, *-ence* ou *-ense*.

Le réservoir d'ess... est renforcé pour ne pas s'enflammer en cas de choc violent. – Quand on fait son devoir, on a la consci... tranquille. – Cette chute est la conséqu... de votre imprud... . – Vous avez la ch... d'habiter dans une résid... de grand confort. – L'ambul... fait dilig... pour arriver sur les lieux de l'accident : il y a urg... . – Une confér... se tient sous la présid... du ministre des Fin... . – M. Verdun a pris une assur... contre les nuis... sonores. – La sé... de voy... se déroule dans une ambi... de recueillement. – Le petit voilier s'est réfugié dans une ... bien protégée.

LEÇON 76 – Complétez ces mots avec une lettre muette.

le secour...	le compa...	du taba...	un buvar...	un artichau...
un écla...	du lila...	une perdri...	du siro...	un réchau...
un repa...	un étan...	du vergla...	du caoutchou...	un crapau...
un rally...	la souri...	un talu...	le velour...	le cambouі...
le cervela...	le nœu...	un foular...	un radi...	le syndica...

LEÇON 77 – Si nécessaire, complétez ces mots avec un *h*.

une ...oreille	...urler	...ausser	un ...ôpital
un ...oraire	...aleter	...austère	...éberger
une ...onte	...arpenter	une ...élite	un ...aristocrate
un ...angar	une ...armonie	un ...anchois	...ideux
...agard	une ...anguille	une ...amende	une ...ypothèse

LEÇON 78 – Si nécessaire, complétez ces mots avec des lettres muettes.

Surpris par la pluie, le pêcheur s'abrite sous une ca...ute au bord de l'étang. – La tra...ison de Ganelon a provoqué la mort de Roland. – Je crois que le com...te est exa...t . – Le com...te de Chambord revendiqua, en vain, le trône de France. – Cette pièce de t...éâtre est désopilante ; le public est ent...ousiasmé. – Les policiers ont appré...endé un suspe...t. – Einstein a élaboré une t...éorie co...érente de la relativité. – Le r...ume des foins est une allergie. – De nombreuses sci...ries sont installées près de la forêt vo...gienne. – Avec le feu d'art...ifice, la fête se termine en apot...éose. – L'industrie a besoin de tec...niciens. – Les vitraux de la cat...édrale de Chartres sont splendides.

LEÇON 79 – Complétez ces mots avec *x, ex, cc* ou *exc*.

un ...édent	...humer	une ...ursion	va...iner	la su...ession
...ubérant	un ...amen	...empter	a...éder	l'...eption
into...iquer	l'a...élérateur	le parado...e	la fi...ation	l'asphy...ie
l'o...iput	l'...pulsion	l'...il	la co...inelle	a...éder

LEÇON 80 – À l'aide d'un préfixe, écrivez le contraire de ces mots.

opportun	exprimable	accordé	armer	moral	occupé
hospitalier	légal	orienté	habillé	hydraté	logique
attendu	palpable	flexible	serrer	honorer	habité

LEÇON 81 – Complétez ces phrases avec l'homonyme qui convient.

(cou – coup – coût) Quel est le ... de cette réparation ? – (lice – lys – lisse) Le ... est une fleur très odorante. – (vos – veau – vaut) Que ... cette horloge ancienne ? – (étang – étend – étant) Les roseaux envahissent l'... de Sargon. – (prix – pris – prie) Frida a ... le temps de réfléchir. – (maire – mer – mère) Où se trouve la ... des Sargasses ? – (reine – rêne – renne) Le cavalier tient fermement les ... . – (teint – thym – tain) M. Delarue a des cheveux blancs, mais il les ... en noir. – (reperds – repaire – repère) Le bateau pirate a regagné son ... dans une île de la mer des Caraïbes. – (sensé – censé) Voici une réponse ... .

LEÇON 82 – Écrivez ces noms composés au pluriel. Aidez-vous d'un dictionnaire.

un pull-over	un boy-scout	un music-hall	un pipe-line
un camping-car	un tee-shirt	un blue-jean	un chewing-gum
un hot-dog	un fox-terrier	un hit-parade	un self-service
un night-club	un fast-food	un best-seller	un drop-goal

LEÇON 83 – Complétez ces phrases avec les mots proposés.

effraction / infraction – aveuglement / aveuglément – réflexion / réfection – indignation / indigestion – dénouement / dénuement – astrologue / astronome

Ces malheureux sont dans le plus complet ... . – Le ... de ce roman m'a quelque peu déçu. – Cet ... prédit l'avenir de ceux qui veulent bien le croire. – L'... observe une comète à l'aide d'un puissant télescope. – C'est faire preuve d'... que de continuer à croire aux revenants. – Disciplinés, vous suivez ... les instructions. – Si vous mangez quatre parts de tarte, gare à l'... ! – La maltraitance des animaux ne peut soulever que l'... . – Ce véhicule stationne sur un passage protégé ; il est en ... . – Le cambrioleur a pénétré par ... dans l'appartement. – La ... de la façade a embelli cet immeuble. – Vous avez pris votre décision après mûre ... .

LEÇON 84 – À l'aide d'un mot de la même famille, justifiez les lettres en gras.

Ex. : l'acroba**t**ie → l'acroba**t**e

par**t**iel	contr**a**ire	l'écor**c**e	la diploma**t**ie	insul**a**ire
la m**a**in	le respe**ct**	opport**un**	la démocra**t**ie	le r**e**in
popul**a**ire	le miner**ai**	ser**e**in	la b**a**ignade	v**a**in

LEÇON 85 – Remplacez les prépositions en gras par celles qui conviennent.

Comme il souffre d'une molaire, M. Storet se rend **au** dentiste. – Vous pouvez entrer, la clé est **après** la serrure. – Le couvreur appuie son échelle **après** le mur. – Les cow-boys devaient savoir monter **au** cheval en toutes circonstances. – Le maire inaugurera le gymnase samedi prochain ; M. Paillet l'a lu **sur** le journal. – Les journalistes se sont assis **dans** les chaises mises **durant** leur disposition. – Depuis qu'il travaille dans une agence de publicité, M. Mariotte habite **sur** Paris. – Deux fois **le** mois, un grand marché aux bestiaux se tient sur la place de Louhans. – Étourdi, Gabriel a oublié l'adresse **à** son cousin. – Martha se coiffe **de** son peigne. – **Selon** son service militaire, M. Guiter a beaucoup voyagé ; il était dans la marine.

LEÇON 86 – Transformez ces propositions juxtaposées en propositions coordonnées.

Tous les véhicules sont à bord du ferry-boat ; les marins larguent les amarres. – Pierrick a bien reçu les messages sur son ordinateur : il ne peut pas les ouvrir. – Karen a tenu son pari : il a plongé du haut de la falaise. – Les députés siègent depuis le début de l'après-midi, ils devraient avoir terminé l'examen de cette loi en fin de soirée. – César bat les cartes ; Marc les distribue. – Sarah m'a envoyé un SMS : elle est bien arrivée. – Le terrain est impraticable, le match a été annulé. – Deux hommes ont été soupçonnés de vol ; ils sont innocents.

LEÇON 87 – Complétez ces phrases avec le pronom relatif qui convient.

Mila songe à la soirée à ... Marie l'a invitée. – Les tisanes ... tu me vantes les vertus n'ont aucun effet sur moi. – Les personnes ... ne perçoivent plus de salaire depuis des mois touchent le RMI. – Le Vietnam est le pays ... Nadine aimerait passer ses vacances. – Les délégués ... les employés ont désignés rencontreront le directeur. – Le parking dans ... nous avons garé notre voiture est gardé. – Les arbres sur ..., enfants, nous grimpions ont été abattus. – Les abeilles ... butinent les fleurs participent à la pollinisation. – Les factures ... le comptable fait état devront être réglées.

LEÇON 88 – Mettez le verbe de la proposition subordonnée au présent de l'indicatif ou au présent du subjonctif.

Ces parents font des sacrifices pour que leur fille **entreprendre** des études de médecine. – Bien que le skieur **connaître** les risques d'avalanche, il s'est engagé dans une zone dangereuse. – Pouvez-vous nous communiquer votre numéro de client afin que nous **pouvoir** enregistrer votre commande ? – Toutes les fois que nous **franchir** un col, nous jouissons d'un panorama exceptionnel. – Après que le cyclone **avoir** ravagé la Nouvelle-Orléans, les plans de reconstruction se sont succédé. – Ce commerçant affirme qu'il **atteindre** régulièrement ses objectifs de vente.

LEÇON 89 – Complétez ces phrases avec les adverbes qui conviennent.

Personne n'est d'acc... ; il faudra rediscuter. – Laurette a m... aux dents ; elle se rendra chez le dentiste. – Il y a tr... de bruit ; je ne resterai pas dav... dans cette salle. – Il n'est pas facile de jouer du piano deb... ! – Le parasol est ass... bien fixé ; il ne s'envolera pas. – Dés..., les pays développés devront économiser l'énergie. – À pe... écloses, ces roses se sont fanées. – Le château du Louvre est mai... transformé en musée. – Au Sahara, il ne pleut pas bea... .

LEÇON 90 – Remplacez les mots en gras par un adverbe de manière en *-ment*.

La lumière s'est éteinte **de façon brusque**. – Ce magazine de mode paraît **tous les mois**. – Farida a présenté **avec clarté** la situation au directeur. – Les empereurs chinois vivaient **dans le luxe** de la Cité interdite. – Il faut toujours traverser **avec prudence** sur les passages protégés. – Les arboriculteurs produisent des cerises **en abondance**. – L'actrice a jeté **avec négligence** une cape de soie sur ses épaules. – La caravane a **de manière mystérieuse** disparu derrière les dunes.

LEÇON 91 – Copiez ces phrases en supprimant les répétitions en gras.

Pascal utilise son ordinateur, mais Rémi constate que **son ordinateur** est en panne. – La sortie de la rue Mozart est fermée, nous utiliserons **la sortie** de la rue Pasteur. – J'écris mon adresse sur le formulaire, mais il n'y a plus de place pour que tu y inscrives aussi **ton adresse**. – Rangez vos vêtements ; nous plierons **nos vêtements**. – L'autobus de 16 heures vient de passer et je l'ai manqué ; je prendrai **l'autobus** de 17 heures. – Les feux tricolores de ce carrefour sont éteints, mais **les feux tricolores** du boulevard Mermoz fonctionnent. – Aujourd'hui, la chaussée est recouverte de neige mais **que la chaussée soit recouverte de neige** n'arrive pas souvent.

LEÇON 92 – Transformez ces phrases à la voix passive. Respectez les temps.

Les convives ont apprécié le repas. – Gutenberg a inventé l'imprimerie. – Blandine nous a invités à déjeuner. – Le contrôleur a vérifié les billets. – Le demi de mêlée transforme l'essai. – Ian Fleming a découvert la pénicilline. – Une réglementation stricte fixe les prix. – Le plombier soudait les tuyaux. – La Lune éclipsait peu à peu le Soleil. – La loi interdit la contrefaçon de vêtements de luxe. – La réaction du fauve surprend le dompteur. – Le daltonien confondra ces couleurs. – La compagnie des eaux envoie périodiquement les relevés de consommation à ses abonnés. – Dans le métro, des milliers de personnes lisent les journaux.

LEÇON 93 – Mettez ces phrases à la forme négative en utilisant ces locutions.

ne ... pas – ne ... rien – ne ... plus – ne ... jamais – ne ... guère – ne ... que – ne ... ni ... ni – ne ... point – personne ne – aucun ... ne

Tout le monde réagit aux propos de cet homme politique. – Quelques-uns des bateaux appareilleront dans la soirée. – Les musiciens reprennent le dernier mouvement de la symphonie. – Ces prédictions convainquent ceux qui ont une confiance illimitée en leur horoscope. – La machine à vapeur a survécu à l'apparition de l'électricité et du moteur à explosion. – Contrairement à tous les usages, le vendeur garantit le remplacement des pièces et la main-d'œuvre. – Malgré un régime draconien, ces personnes maigrissent. – Ce nouvel outil sert à tout. – Comme la piste est en réfection, les avions atterrissent à Marignane. – Martin s'endort toujours sans avoir lu un article de son journal ou un chapitre de roman.

LEÇON 94 – Écrivez les verbes en gras au présent de l'indicatif.

Il lui **venir** des étourdissements comme s'il avait été ivre ; il devra consulter un médecin. – Il me **prendre** parfois l'envie de m'isoler pour lire ou rêver. – Il **convenir** que les cyclistes empruntent les couloirs qui leur sont réservés. – Il **être** des propos qu'il **valoir** mieux ne jamais prononcer. – Ce matin, il **geler** à pierre fendre. – Il **faire** bon vivre dans cette région au climat tempéré. – Tous les matins, il **sortir** plus de cinquante autobus de ce dépôt. – À l'issue des débats, il **revenir** aux jurés de prononcer leur verdict. – Il se **pouvoir** que les archives de cette entreprise aient été détruites. – Il **courir** des rumeurs sur une prochaine démission du ministre des Transports.

LEÇON 95 – Cherchez le sens de ces expressions et complétez comme il convient.

couper l'herbe sous le pied – un homme de paille – être à cheval sur les principes – bâtir des châteaux en Espagne – le pot aux roses – sans merci – prendre la mouche – être comme chien et chat – veiller au grain

Ces deux garçons se disputent souvent ; ils .... – M. Maillard rêve qu'il a touché le gros lot ; il .... – Pour sa toilette, Mme Avet est très exigeante ; elle .... – Dorothée s'énerve pour un rien ; elle .... – Ces deux boxeurs veulent gagner à tout prix ; ils disputent un combat .... – Cet escroc cherche ... pour signer les chèques. – Alexandre a mis à jour un secret bien gardé ; il a découvert .... – Le maître d'hôtel donne ses ordres aux serveurs et il .... – En dévoilant le futur mariage de cette célèbre actrice, ce journaliste ... de ses concurrents.

LEÇON 96 – Des erreurs se sont glissées dans ces phrases ; corrigez-les.

Ce jeune blanc-bec est insolent **vis-à-vis des** personnes plus âgées. – Quentin affirme n'importe quoi ; il parle **de trop**. – Le coursier est sorti, mais il reviendra **de suite**. – Ce jongleur rattrape les huit balles sans difficulté ; je suis **stupéfié**. – Pour le mariage de sa fille, ce riche industriel a fait des dépenses **somptuaires**. – Si les vents lui sont favorables, ce navigateur **risque de gagner** la course transatlantique. – Julien en a assez d'avoir les oreilles **rabattues** par les mêmes histoires. – Le livre **de qui** vous parlez est en tête des ventes de cette semaine. – La rue de Rivoli est une rue **passagère** car les commerces y sont nombreux.

LEÇON 97 – Indiquez le groupe auquel appartient chacun de ces verbes à l'infinitif.

traduire – subir – trébucher – pleuvoir – barbouiller – aboutir – plaire – annuler – resplendir – apparaître – atterrir – triompher – intervenir – réfléchir – souligner – approfondir – préconiser – gesticuler – garantir – parcourir – avertir – entendre – enfreindre – espionner

LEÇON 98 – Indiquez le temps (passé – présent – futur) des verbes.

Les pompiers ont éteint l'incendie. – J'avais mordu à pleines dents dans ma pomme. – Vous écoutez un nouveau CD. – Ce mage prédira l'avenir de la jeune fille. – Les autruches pondent des œufs énormes. – Le tapis en mousse amortira la chute du perchiste. – Ces comédiens enchantèrent les spectateurs. – Nous avons envoyé un signal de détresse. – Le médecin vaccine les jeunes enfants.

LEÇON 99 – Écrivez les verbes en gras au présent de l'indicatif.

Désormais, les ordinateurs **être** d'un usage courant. – Ce dessinateur **avoir** de l'or dans les doigts. – Nous **chercher** la rue Pasteur. – Tu **tourner** les talons dès la fin de la discussion. – Vous me **couper** une tranche de gigot. – Je **laver** mes vêtements. – Ces jeunes garçons **fréquenter** la salle de musculation. – Ces baigneurs n'**échapper** pas à la vigilance du maître nageur. – Avant d'acheter, le client **comparer** les prix des différentes marchandises. – Nous **rentrer** d'une longue promenade.

LEÇON 100 – Écrivez les verbes en gras au présent de l'indicatif.

Les vendeurs nous **garantir** la qualité de ces appareils. – Une panne d'électricité **interrompre** la séance. – Comme tu **prendre** ton parapluie, j'en **déduire** que le ciel **s'assombrir**. – Pourquoi **vivre**-vous au jour le jour ? – Nous **admettre** un nouveau joueur dans notre équipe. – Ces hommes généreux **combattre** sans relâche les injustices. – Tu **sentir** la bonne odeur du chocolat chaud. – Ces deux pays **conclure** un traité de paix. – Le cosmonaute **revêtir** un scaphandre spécial. – Je **confondre** ces deux itinéraires. – Au bruit de sa gamelle, le chiot **accourir**. – Tu **subir** tous les cahots de la route. – Le soleil **luire**.

LEÇON 101 – Écrivez les verbes en gras au présent de l'indicatif.

Vous **fuir** les personnes trop bavardes. – Pour progresser dans ce souterrain, Joris **vaincre** sa peur. – Nous nous **asseoir** à la terrasse d'un restaurant. – Les marins **maudire** les vents contraires. – En t'entraînant, tu **acquérir** une forme extraordinaire. – Les génies ne **mourir** jamais ; ils **survivre** dans la mémoire des hommes. – Ces meubles anciens **valoir** probablement une petite fortune. – Je ne **devoir** pas m'inquiéter. – Vous vous **satisfaire** d'une place dans la tribune latérale. – La température **se maintenir** au-dessus de zéro. – En vue de la représentation, nous **apprendre** nos rôles par cœur. – Avant de poser l'affiche, j'**enduire** le mur de colle. – Quelques brins de cerfeuil **suffire** pour donner du goût à la salade.

LEÇON 102 – Écrivez les verbes en gras à l'imparfait de l'indicatif.

L'éleveur ne **nourrir** ses volailles qu'avec des grains de maïs. – Tu **éblouir** tes amis par tes connaissances musicales. – J'**enfouir** les bulbes de tulipes. – Avant chaque course, vous vous **concentrer** longuement. – Cette personne **intervenir** sans cesse, même si le présentateur ne lui **donner** pas la parole. – Quand tu **vivre** en banlieue, tu **mettre** une heure pour te rendre sur ton lieu de travail. – J'**éviter** d'emprunter ce sentier boueux. – Après les pluies, les rivières **envahir** les champs. – Chaque fois qu'il **jouer** au loto, M. Blanc **perdre**. – Les Égyptiens **bâtir** de gigantesques mausolées.

LEÇON 103 – Écrivez les verbes en gras à l'imparfait de l'indicatif.

Autrefois, on **résoudre** les problèmes sans l'aide d'une calculatrice. – Tu **décrire** les détails de l'incident. – Avant 1948, seuls les gens riches **élire** les députés. – Avec ces médicaments, nous **proscrire** toute consommation d'alcool. – L'analyse **contredire** l'hypothèse initiale. – Les précepteurs **instruire** les enfants. – Vous **redire** toujours la même histoire, telle que vous l'**avoir** entendue. – Au Moyen Âge, les paysans **maudire** le passage des soldats. – Dès son enfance, on **prédire** un brillant avenir à Mozart. – Les médecins de Molière lui **prescrire** des saignées. – Aucune émotion ne **transparaître** sur le visage du juge.

LEÇON 104 – Écrivez les verbes en gras au futur simple.

Cet été, vous **louer** un chalet dans les Pyrénées. – Encore un petit effort et tu **accentuer** ton avance. – Tant que je ne l'**avoir** pas vu, je **continuer** à douter de l'existence de Batman. – L'assurance **allouer** une indemnité aux personnes sinistrées. – Nous **plier** les tentes au petit matin. – Les derniers ours blancs **se réfugier** sur la banquise. – Avant d'acheter ce terrain, vous **négocier** longuement le prix. – En cas d'absence, l'adjoint **suppléer** le maire pour célébrer le mariage. – J'espère que cette honnête proposition vous **agréer**. – Nous **unir** nos efforts pour nettoyer le garage. – Tu **recueillir** un oiseau tombé du nid.

LEÇON 105 – Réécrivez ces phrases en transformant le futur proche en futur simple.

Tu **ne vas pas confondre** ces deux numéros de téléphone. – Je **vais m'asseoir** au fond de la salle. – Ce jeune couple **va acquérir** un appartement dans le quartier de la Buire. – Il y a une fuite ; nous **allons prévenir** le plombier. – Mon cousin Farid **va s'inscrire** à la faculté de sciences. – Vous **allez prendre** une perceuse pour fixer les tringles des rideaux. – Dans la navette spatiale, les cosmonautes **vont vivre** une expérience exceptionnelle. – Cette imprimante **va reproduire** le courrier en plusieurs exemplaires. – Si tu viens trop tôt, tu **vas me surprendre** encore au lit.

LEÇON 106 – Écrivez les verbes en gras au passé simple.

L'accusé **proclamer** son innocence. – Tu **sauter** sur le cheval d'arçon. – J'**achever** mon travail dans les délais. – Nous **dévorer** ces tranches de gigot. – Vous nous **proposer** de vous accompagner. – Les employés **désigner** leurs délégués. – Tu **agrafer** les feuillets. – À l'issue de la partie, nous **totaliser** cinquante-deux points. – Surpris par une racine, vous **trébucher**. – Tu **consolider** le mur avec un étai. – Roméo **aimer** Juliette en dépit de l'hostilité de leurs parents. – Le prince charmant **réveiller** Blanche-Neige. – Tu **quitter** ton domicile à seize heures.

LEÇON 107 – Les verbes en gras sont au futur simple ; écrivez-les au passé simple.

Je **ferai** une copie de ce logiciel afin de le sauvegarder. – Lorsque tu **apprendras** la bonne nouvelle, tu **t'assoiras** pour reprendre tes esprits. – La récolte de colza **pâtira** d'un printemps trop sec. – Après une brève accalmie, les prix du pétrole **repartiront** à la hausse. – Je ne **mettrai** que quelques minutes pour changer la roue arrière de ma voiture. – Face à la menace d'inondation, les riverains **entreprendront** le renforcement de la digue. – Devant les pitreries du clown, le public **rira** aux éclats. – Cet éboulement imprévisible nous **contraindra** à un long détour. – Avant de sortir, j'**éteindrai** toutes les lumières. – Pour calmer mon anxiété, je **prendrai** un léger calmant.

LEÇON 108 – Les verbes en gras sont au présent de l'indicatif ; écrivez-les au passé simple.

Les vulcanologues **préviennent** la population de l'imminence d'une éruption. – Arrêté pour excès de vitesse, le chauffard **comparaît** devant le tribunal. – Les sauveteurs **secourent** les victimes du tremblement de terre. – Je **dois** changer le câble de l'accélérateur. – Tu **relis** le compte rendu de la finale de la Coupe de France. – Des barrières **contiennent** les curieux loin du lieu de l'accident. – Ce disque **promeut** le chanteur de rap au sommet du hit-parade. – Les meilleures places **échoient** à ceux qui **ont** le courage de faire la queue. – La sagesse **prévaut** et les protagonistes de cette querelle **finissent** par s'entendre. – Nous **venons** à votre rencontre.

LEÇON 109 – Écrivez les verbes en gras au présent de l'indicatif.

Je **balayais** le sol du garage. – Tu **furetais** partout à la recherche de tes clés. – Nous **empaquetions** les cadeaux de Noël avec des rubans dorés. – La frêle embarcation **louvoyait** entre les récifs à la recherche d'un abri. – Tu **amoncelais** des dizaines de documents sans aucune valeur. – La vaisselle d'argent **flamboyait** à la lueur des bougies. – Vous **vous apitoyiez** sur le sort des poulets élevés en batterie. – Mme Sarda **congelait** des barquettes de sauce tomate. – Le vendeur **interpellait** les rares passants.

LEÇON 110 – Écrivez les verbes en gras au présent de l'indicatif.

En ce lundi, nous **vaquer** à nos occupations habituelles. – Vous **devancer** notre intention en allumant les spots. – Nous **partager** avec beaucoup de personnes une passion pour la musique. – La piqûre est douloureuse ; nous **grimacer**. – La vue du requin blanc **glacer** le sang des plongeurs. – Nous **envisager** de nous installer à Bobigny. – Je **pratiquer** l'escrime à la salle de sport de mon quartier. – Nous **naviguer** à bord d'un catamaran. – Comme le TGV est complet, nous **voyager** assis sur des strapontins. – Tu m'**intriguer** en ne dévoilant pas tes intentions. – Le service d'ordre **endiguer** le flot des spectateurs.

LEÇON 111 – Écrivez les verbes en gras au futur simple de l'indicatif.

Vous **pénétrer** dans la salle du palais de Justice. – Nous **créer** un site Internet pour raconter nos aventures. – Cette femme **léguer** toute sa fortune à des associations d'enfants handicapés. – Les ravisseurs **libérer** leur prisonnier contre une rançon. – J'**opérer** un demi-tour et je **relever** la visière de mon casque. – Tu **gérer** cette affaire avec compétence. – Cet achat inconsidéré **grever** votre budget. – Les jurés **différer** leur décision jusqu'à demain. – La montgolfière **s'élever** dans le ciel clair. – Le prix de cette moto n'**excéder** pas huit mille euros. – J'**intercéder** en votre faveur.

LEÇON 112 – Les verbes en gras sont au passé simple ; écrivez-les au passé composé.

Christophe Colomb **partit** vers l'ouest pour atteindre les Indes, mais il **arriva** en Amérique. – Le pharmacien **prévint** le patient ; ce médicament pouvait avoir des effets secondaires. – Par tes pitreries, tu **divertis** tes amis. – À la vue des dégâts, tu **téléphonas** à ton assureur. – La station spatiale **émit** un faible signal et **disparut** derrière une masse nuageuse. – Les portes **coulissèrent** dans un bruit d'enfer. – On dit que l'ennui **naquit** un jour de l'uniformité. – Je **refusai** de porter ces vêtements bien trop voyants. – Nous **restâmes** devant le portail, mais il ne **s'ouvrit** pas. – Vous **vous installâtes** sur le canapé et **vous prîtes** un magazine.

LEÇON 113 – Écrivez les verbes soulignés à l'imparfait de l'indicatif et ceux en gras au plus-que-parfait de l'indicatif.

Comme le printemps <u>est</u> de retour, les jardiniers **ont sorti** leur matériel et ils **ont commencé** à bêcher. – Les fauves <u>dévorent</u> les gazelles qu'ils **ont poursuivies** à travers la savane. – J'<u>imprime</u> les documents que j'**ai complétés** hier soir. – Vous **avez laissé** votre voiture chez le garagiste parce qu'elle <u>refuse</u> de démarrer. – La pintade que le cuisinier **a préparée** <u>fait</u> l'unanimité : elle <u>est</u> savoureuse. – Nous **sommes parvenues** à destination et nous <u>récupérons</u> nos valises à l'aéroport.

LEÇON 114 – Écrivez les verbes en gras au passé antérieur ou au futur antérieur, selon le sens.

Quand j'**retenir** mon billet par Internet, je pourrai me rendre à la gare. – Lorsque tu **maîtriser** les gestes élémentaires du potier, tu réalisas quelques belles pièces. – Dès que l'ingénieur **perfectionner** son prototype, il essaya de le vendre à une grande entreprise. – Lorsque le soleil **réchauffer** la terre, les plantes vivaces refleuriront. – Sitôt que les mannequins **se maquiller**, ils enfilèrent de somptueuses toilettes. – Quand je **se hisser** sur le toit du hangar, je pus remplacer les tuiles cassées. – Aussitôt que la nuit **tomber** sur le parc de la Vanoise, les chamois apparaîtront.

LEÇON 115 – Écrivez les verbes soulignés à l'imparfait et les verbes en gras au présent du conditionnel.

Si tu utiliser cette tondeuse, tu **porter** des lunettes de protection. – Si l'historien consulter ces documents inédits, il **rédiger** la biographie originale de Jules Ferry. – Si j'être face à un fauve dangereux, je ne **bouger** pas en attendant le garde-chasse. – Le comédien **briser** sa carrière, s'il refuser ce rôle. – Si un malfaiteur se glisser dans le centre commercial, l'alarme **retentir**. – Nous **supporter** la température polaire, si nous porter des chaussettes de laine. – L'arbitre **interrompre** la partie, si le brouillard s'épaissir. – Si vous vouloir conserver ces légumes, vous les **placer** au réfrigérateur.

LEÇON 116 – Écrivez les verbes en gras au présent du conditionnel.

Pourquoi **jeter**-vous cet appareil ? – Si ce blouson était à ma taille, je l'**acheter**. – Si nous le commandions, nous **recevoir** ce mixeur dans les dix jours. – Les habitants **voir**-ils d'un bon œil l'installation d'une usine métallurgique ? – Si tu voulais enfoncer un clou, tu **employer** un marteau ! – En cas de besoin, le conducteur **régler** ses phares. – Qu'**advenir**-il si la planète se réchauffait ? – Si M. Combe roulait trop vite, il **encourir** une forte amende. – Avant de lancer le moteur, il **falloir** mettre de l'essence dans le réservoir !

LEÇON 117 – Écrivez les verbes en gras au futur simple ou au présent du conditionnel.

Si je verrouillais les portes, je ne **craindre** pas une intrusion inopinée. – Si je trouve un studio et des musiciens, j'**enregistrer** un disque. – Si je lisais plus souvent, je **connaître** mieux ce sujet. – Si je bois un café bien serré, je ne m'**endormir** pas. – Si je voyageais fréquemment, je **prendre** une carte demi-tarif. – Si les poules avaient des dents, elles **être** peut-être carnivores. – Si le chasseur à réaction perd de l'altitude, le pilote **s'éjecter**. – Si mon ami Michel se rend au golf, je l'**accompagner**.

LEÇON 118 – Écrivez les verbes soulignés au plus-que-parfait de l'indicatif et les verbes en gras au passé 1re forme du conditionnel.

Si j'en avoir l'occasion, j'**effectuer** quelques tours au volant d'un kart. – Si tu réfléchir un peu, tu ne **répondre** pas à la légère. – S'il ne faire pas une faute, ce cheval **devancer** ses concurrents. – Si mes parents rester en Afrique, je **naître** à l'étranger. – Nous **reporter** notre départ, si les circonstances l'exiger. – Si le plombier intervenir plus tôt, la fuite d'eau n'**avoir** pas de conséquences. – Si le modèle ne bouger pas, le peintre **saisir** son expression avec finesse. – Si les riverains débroussailler leur terrain, le feu ne **se propager** pas. – Si Barbara ne teindre pas ses cheveux, nous l'**reconnaître**. – Si les barrières être mieux fixées, le bétail ne **s'échapper** pas.

LEÇON 119 – Écrivez ces phrases à la voix passive.

On fermait les fenêtres. – On améliorera les performances. – On a châtié les coupables. – On photocopie un document. – On multipliait les expériences. – On piétina la pelouse. – On fabrique des vêtements dans cette usine. – On acclamera les joueurs à la sortie du terrain. – Dimanche prochain, on organise une manifestation. – On a scruté le ciel à la recherche d'étoiles nouvelles. – On compléta le questionnaire. – On prévoit des perturbations dans les transports.

LEÇON 120 – Écrivez les verbes en gras au présent du subjonctif.

Il arrive que l'on **cueillir** des violettes dès le mois de février. – Il faut que j'**appuyer** sur la touche ✧ pour obtenir le service des réclamations. – Il me tarde que l'avion **atterrir** car j'ai mal au cœur. – Ses parents sont d'avis que Victoria **poursuivre** son apprentissage. – Quelle que **être** l'amplitude de la marée, les chalutiers sortiront en mer. – Il convient que Joris **peler** sa pomme avant de la manger. – Rien ne s'oppose à ce que vous **utiliser** une tronçonneuse. – Nos amis nous écrivent pour que nous **partager** la location d'un chalet. – Il est rare que le portier **sourire** !

LEÇON 121 – Écrivez les verbes en gras au présent du subjonctif.

Il est rare qu'un arbre fruitier, bien greffé, **mourir**. – Je m'étonne que tu ne **savoir** pas faire fonctionner cette machine à laver. – Il est vital que le caravanier **boire** une gorgée d'eau avant de continuer. – Où que j'**aller**, j'emporte toujours un vêtement de rechange. – Il est dommage que ce spectacle ne **tenir** pas toutes ses promesses. – Le maire est d'accord pour que M. Porta **construire** un pavillon dans ce lotissement. – La distance empêche que Valérie **rejoindre** le groupe qui la précède. – En cette circonstance, il n'est pas certain que la même cause **produire** le même effet.

LEÇON 122 – Écrivez les verbes en gras au présent de l'indicatif ou au présent du subjonctif.

Il faut que le cosmonaute **revêtir** une combinaison spéciale pour sortir dans l'espace. – Dans la mesure où le condamné **se pourvoir** en appel, la sentence est suspendue. – Il faut que le service de la voirie **pourvoir** au déneigement des trottoirs. – Nul ne souhaite que la lave **se répandre** sur les flancs habités de ce volcan. – Il est surprenant que l'on **extraire** du pétrole de cette région antarctique. – Tu n'oublies pas que ton train **repartir** à onze heures. – L'expert affirme que cette collection de cartes postales **valoir** une petite fortune. – Au premier coup de fusil, le lièvre **s'enfuir**. – Il n'est pas étonnant que la gazelle **s'enfuir** à la vue de la lionne.

LEÇON 123 – Écrivez les verbes en gras à l'imparfait du subjonctif.

Il conviendrait que Théo **faire** tamponner son passeport. – Samuel était le seul qui **réussir** à chasser les papillons de la forêt. – Il serait fâcheux que le touriste **s'égarer** dans les ruelles de la vieille ville. – Avant qu'il **composer** son code confidentiel, il faudrait que Farid **introduire** sa carte bancaire dans le distributeur. – Ce mélomane aimerait que ses amis **partager** sa passion pour la musique baroque. – Il n'y avait que Maria qui **lire** aussi bien l'espagnol. – Il faudrait que ce boxeur **éviter** mieux les coups de son adversaire.

LEÇON 124 – Écrivez les verbes en gras au passé simple ou à l'imparfait du subjonctif.

Il marchait avec tant de précaution qu'on ne l'**entendre** pas entrer dans la salle. – Nous étions très étonnées que la neige **tomber** à si basse altitude. – Lors de son séjour en Mongolie, Mme Testa **découvrir** l'existence des yourtes. – La sentinelle gardait le dépôt de munitions sans que l'on **deviner** sa présence. – Comme la fête avait duré une partie de la nuit, Charles **dormir** jusqu'à midi. – Tu ignorais qu'un tel costume **pouvoir** être porté par un personnage aussi excentrique. – L'éclusier refusa que la péniche **quitter** le bassin avant la fermeture complète des vannes.

LEÇON 125 – Écrivez les verbes en gras au passé du subjonctif.

Tu veux que j'**repeindre** la porte du garage avant ce soir. – Pour démarrer, il faut que tu **desserrer** le frein à main. – Avant que nous **réaliser** ce qui se passait, la fusée avait déjà disparu. – Bien que l'incendie **se propager** rapidement, il n'y eut aucun blessé. – Nous étions heureux que vous **pouvoir** répondre à notre invitation. – J'ai eu peur qu'il **se tromper** dans les proportions de la recette. – Il vaudrait mieux que l'espion ne **percer** pas le secret de fabrication de cet appareil. – Attends que la colle **sécher** pour réutiliser ce vase. – Que je **aller** au bout de la jetée, cela ne fait aucun doute.

LEÇON 126 – Conjuguez les verbes de ces expressions au présent de l'impératif.

éviter les obstacles	**prédire** l'avenir	ne pas **parler** trop fort
réclamer son dû	ne pas **tricher** au jeu	ne pas **claquer** la porte

LEÇON 127 – Écrivez les verbes en gras au présent de l'indicatif ou au présent de l'impératif.

Renforcer les charnières de ton armoire et les portes se fermeront facilement. – **Confirmer** ta réservation dans les plus brefs délais. – Pour sauvegarder tes documents, **enregistrer**-les sous Word puis **copier**-les sur ta clé USB. – Ne **fumer** pas dans les lieux publics, la loi l'**interdire** et cela **nuire** à ta santé. – **S'assurer** que la profondeur est suffisante avant de plonger dans ce torrent. – Tu **envisager** de changer de domicile ; **examiner** bien les avantages et les inconvénients de ta décision.

LEÇON 128 – Remplacez les mots ou expressions en gras par leur contraire.

L'entrée du musée des santons de Provence était **gratuite**. – Les moteurs de ces tracteurs sont **silencieux**. – Mme Leblanc achète des langoustes **mortes**. – Les chiens s'approchent de leur maître **sans remuer** la queue. – **Sans bien chercher**, nous sommes tombés sur de magnifiques girolles. – L'électricien place des câbles **conducteurs** dans les gaines appropriées. – **Sans multiplier** les recherches, l'enquêteur tomba enfin sur une piste. – Nous regardons une émission **ennuyeuse**.

LEÇON 129 – Complétez ces phrases avec *eu, eut, eût, fut* ou *fût*.

Dès qu'elle ... accouché, Mme Garcia choisit le prénom de sa fille : Audrey. – L'électricien tenait à ce que le courant ... coupé avant son intervention. – M. Pujol a ... l'assurance que les dégâts seraient intégralement remboursés. – Il ... fallu plus de détermination au marathonien pour qu'il ... en mesure de terminer dans les premiers. – Il serait inexact de dire que ce trajet ... plus court que celui-ci. – Philippe a ... la prudence de suivre les balises placées le long du sentier ; il ne s'est pas perdu. – Bien qu'on ... au mois de juin, il a neigé sur le plateau de Langres. – Lorsque l'alerte ... donnée, le bateau des sauveteurs prit immédiatement la mer.

CORRIGÉS DES EXERCICES

1 Le mulet […] d'une ânesse. – À quel étage […] habite-t-il ? – La consommation […] augmentation. – […] beaucoup de traboules […] sont inaccessibles aux touristes. – Le bâtiment est-il bien isolé ? – Ce film est encensé par tous les critiques. – La station d'épuration […] fonctionne-t-elle ? – Combien coûte ce lecteur […] ? – […] les commerçants ont fait un effort […] vitrines. – […] le cap […] sera-t-il atteint ? – Qui a posé le premier le pied sur la Lune ? – Les élections n'ont pas dégagé de majorité. – Où trouve-t-on les gousses […] ?

2 Après un vol mouvementé, l'avion s'est posé […]. – Pierre-Antoine est un grand lecteur, il dévore […]. – Assise devant son téléviseur, Ursula se contente […]. – Avant d'être élu président de la République d'Afrique du Sud, Nelson Mandela fut emprisonné […]. – Pour ne pas se blesser, ce soudeur porte des lunettes protectrices. – Atteindre le centre de la Terre, cela reste une utopie. – Déçu par la qualité de ce journal, tu n'as pas renouvelé ton abonnement. – Pour rejoindre le point de départ du rallye, il faut emprunter ce raccourci. – Devant l'obstacle, il arrive que les meilleurs chevaux se dérobent. – Adepte du yoga, Claire peut rester […].

3 Dans cette école, la semaine scolaire […]. – Le parking est complet ; la file d'attente […]. – Marcel Pagnol a vécu une enfance heureuse ; il l'a racontée […]. – Comme il fait froid, la récolte […]. – La fête de la musique bat son plein ; les virtuoses […]. – Le cours du cuivre est au plus haut ; les spéculateurs […]. – En servant l'apéritif, Florian a renversé […].

4 Il n'y a qu'une seule explication à ce mystère : un revenant se cache dans le château. – Je ne resterai pas longtemps dans cette pièce : l'odeur des lilas m'incommode. – Le proverbe est formel : « La parole est d'argent mais le silence est d'or. » – Voilà une offre exceptionnelle : trois CD pour le prix d'un ! – Cette maison est à vendre : les acheteurs potentiels la visitent. – L'eau de la piscine est à 18° : pas question de se baigner aujourd'hui. – L'expression « au jour d'aujourd'hui » est incorrecte : c'est un double pléonasme […] !

5 Le mont Everest, dans l'Himalaya, est appelé le toit du monde par les alpinistes. – De nombreux tableaux de Courbet, un des peintres les plus renommés du XIXe siècle, sont exposés au musée d'Orsay. – François Ier, qui le fit bâtir, ne séjourna que peu de temps au château de Chambord. – La fusée Ariane, une réalisation européenne exemplaire, emportera une sonde qui se posera sur la planète Mars. – L'expédition, commandée par Jean Bouquin, a atteint les côtes de la terre Adélie.

6 **un** incendie – **un** tissu – **une** cargaison – **une** fanfare – **un** individu – **une** tragédie – **une** vertu – **un** diapason – **un** barbare – **une** entrevue – **un** stratège – **une** tomme – **une** estafilade – **une** guitare – **une** fourrure – **un** sortilège – **un** tome – **une** croisade – **un** cigare – **un (une)** faux – **un** orme – **une** géode – **une** peau – **une** paroi – **un** taux – **un** arôme – **un** épisode – **un** veau – **un** renvoi – **une** guérison – **un** idiome – **un** exode – **un** ciseau – **un** emploi – **un** hérisson – **un** ivoire – **une** moto – **un** arrêt – **un** choix – **une** ancre – **une** échappatoire – **un** loto – **une** forêt – **une** croix – **un** cancre

7 **une** gardienne – **une** baronne – **une** muette – **une** cadette – **une** sotte – **une** championne – **une** musicienne – **une** lionne – **une** patronne – **une** chienne – **une** pharmacienne – **une** comédienne – **une** espionne – **une** collégienne – **une** mécanicienne – **une monitrice** – **une électrice** – **une** correctrice – **une** voyageuse – **une éditrice** – **une** masseuse – **une** chanteuse – **une médiatrice** – **une** tricheuse – **une spectatrice** – **une** skieuse – **une lectrice** – **une** séductrice – **une** inspectrice – **une** rédactrice – **une** interlocutrice – **une** danseuse – **une** voleuse – **une** plongeuse – **une impératrice**

8 **des** tableaux – **des** canaux – **des** quintaux – **des** arceaux – **des** éventails – **des** gâteaux – **des** arsenaux – **des** locaux – **des** fléaux – **des** cailloux – **des** essieux – **des** capitaux – **des** rorquals – **des** vœux – **des** écrous – **des** aveux – **des** gavials – **des** tribunaux – **des** sous –

des matous – **des** attirails – **des** chenaux – **des** métaux – **des** bisous – **des** poux – **des** gouvernails – **des** narvals – **des** bals – **des** bijoux – **des** cadeaux

9 ▶ [...] les **Inuits** bâtissent des **igloos**. – [...] plusieurs **trios** [...]. – [...] des dizaines d'**Ave** [...]. – Les **Mazué** ont passé la soirée [...] un plat de **spaghettis**. – [...] les **hippys (hippies)** manifestaient [...]. – Ces **tennismans (tennismen)** disputent leurs **matchs** en trois **sets** gagnants. – Les **requiem** accompagnent [...]. – [...] des **quotas**.

10 ▶ **des** amours-propres – **des** ronds-points – **des** hauts-fonds – **des** grandes-duchesses – **des** chasse-neige – **des** sans-abri – **des** fusils-mitrailleurs – **des** semi-remorques – **des** choux-fleurs – **des** lave-vaisselle – **des** papiers-filtres – **des** libres-services – **des** marteaux-piqueurs – **des** hors-la-loi – **des** après-ski – **des** serre-tête – **des** balais-brosses – **des** bric-à-brac

11 ▶ un propos flatteur ; une réputation **flatteuse** – un thème musical ; une soirée **musicale** – un battement régulier ; une cadence **régulière** – un sol sec ; une terre **sèche** – un passage fréquent ; une relation **fréquente** – un geste fou ; une course **folle** – un jour nouveau ; une journée **nouvelle** – un guetteur attentif ; une sentinelle **attentive** – un public nombreux ; une foule **nombreuse** – un sentier étroit ; une ruelle **étroite** – un texte confus ; une diction **confuse** – un homme ambitieux ; une femme **ambitieuse** – un journal quotidien ; une émission **quotidienne** – un tableau évocateur ; une photographie **évocatrice** – un gazon ras ; une pelouse **rase**

12 ▶ des lits **jumeaux** – des comptes **ronds** – des mêlées **confuses** – de **fraîches** soirées – des salades **grecques** – des palais **épiscopaux** – des notes **aiguës** – des combats **navals** – des esprits **jaloux** – des repas **familiaux** – des abris **protecteurs** – des matins **calmes** – des quartiers **centraux** – des amis **loyaux** – des édifices **monumentaux** – des faits **réels** – des gouffres **profonds** – des jardins **privatifs**

13 ▶ Une casquette à visière de cuir, **rabattue**, cachait [...] son visage **brûlé** [...]. Sa chemise [...], **rattachée** au col [...]. Il avait une cravate **tordue**, un pantalon [...], **usé** et **râpé**, blanc à un genou, **troué** à l'autre, une vieille blouse [...] **rapiécée** [...], les pieds sans bas dans des souliers **ferrés**, la tête **tondue** et la barbe longue.

14 ▶ La musicienne est **exigeante** *(A)* [...] ; elle reste **concentrée** *(A)* des heures **entières** *(E)* [...] les morceaux les plus **difficiles** *(E)*. – Les expéditions **spatiales** *(E)* sont désormais **habituelles** *(A)* ; les charges **transportées** *(E)* sont [...] **importantes** *(A)*. – [...] les langues **étrangères** *(E)* sont **étudiées** *(A)* [...]. – Une **violente** *(E)* tempête **inattendue** *(E)* [...] cette région **côtière** *(E)*. – Géraldine est **perdue** *(A)* [...] les ruelles **sombres** *(E)* et **étroites** *(E)* de cette ville **moyenâgeuse** *(E)*. – De **téméraires** *(E)* trapézistes [...] des figures **compliquées** *(E)* [...] les spectateurs **émerveillés** *(E)*. – Les figurants **amateurs** *(E)* sont **attentifs** *(A)* aux conseils **avisés** *(E)* [...].

15 ▶ **Annotées**, **raturées** et même **tachées**, ces copies sont **illisibles**. – **Prêt** [...], Damien [...] la marine **marchande**. – **Prioritaires** [...], ces personnes accèdent aux **premiers** rangs. – **Paradisiaques**, ces îlots [...] les **vrais** amateurs d'une nature **préservée** [...]. – **Rares**, donc **précieuses**, ces statuettes [...] une somme **importante**. – Ces ouvriers, [...] **syndiqués**, [...].

16 ▶ [...] un chemisier et un pantalon **légers**. – Cette excursion et ce projet de voyage [...] **irréels**. – À quatre heures et **demie** [...]. – Ces tourterelles sont à **demi mortes** [...]. – [...] deux centimètres et **demi** [...]. – [...]toutes les sottises **possibles** et **imaginables**. – [...] le moins de mouvements **possible**.

17 ▶ les grenouilles **vertes** – une serviette **châtain foncé** – les joues **cramoisies** – des capes **écarlates** – des robes **roses** – les rideaux couleur **rose** – des bas couleur **chair** – les poils **marron** – des tuniques **pourpres** – des épis **bleu violet** – des fanions **orange**.

18 vingt-trois degrés – quarante-six jours – cinquante-cinq concurrents – soixante-dix-sept ans – cent huit pages – cinq cents euros – mille trois cent soixante-huit numéros – deux millions quatre cent mille touristes – quatre-vingt-cinq marches – cinq cent mille signes – trois cent soixante-douze élèves – dix-sept mille habitants.

19 De **chaque** tribune, de **chaque** rangée [...]. – [...] **nulle** part [...]. – [...] il n'y a **aucun** doute [...]. – [...] **diverses** solutions [...]. – [...] en **maints** endroits. – [...] une **telle** ardeur [...].

20 [...] **des tableaux** bien **éclairés**. – **Ces figues sont** bien trop **sèches** ; **elles sont immangeables**. – **De violents vents** [...] **balaient les immenses plaines**. – **Les arbres des jardins publics perdent leurs** feuilles. – **Ces photographies, prises** [...], **permettent** d'apprécier **les moindres détails** [...]. – Avec **de telles calculatrices, les opérations les** plus **compliquées sont des jeux d'enfants**. – **Les grues des chantiers voisins soulèvent des charges** [...] : **quelles performances exceptionnelles** !

21 Nous **écoutons** [...] ; l'une d'elles nous **plaît** [...]. – Les avions de chasse **décollent** [...]. – Se chauffer au bois **s'avère** [...]. – La tour du Bois du Verne **compte** [...] ; celle des Églantines n'**abrite** [...]. – Les issues de secours **facilitent** [...]. – Les émanations de gaz toxiques **indisposent** [...]. – Quelques clous de girofle **donnent** [...]. – Mes grands-parents **habitent** [...] ; où les tiens **résident**-ils ?

22 Brice, tu lui **reproches** [...] tu **as** raison. – [...] Leïla **fait** preuve [...], tu l'**encourages** [...]. – Cette région **peut** paraître [...] à ceux qui ne la **connaissent** pas. – M. London **éprouve** [...] qui l'**ont** sauvé [...]. – Les clients qui ne **souhaitent** pas [...] ne **doivent** pas [...]. – On ne **doit** pas [...], elle **est** trop fragile et on ne **sait** jamais ce qui **peut** arriver. – Ton père, de qui tu **tiens** [...], **domine** [...].

23 [...] **s'alignent** des centaines de visiteurs. – Les olives que **broie** la meule [...] **proviennent** [...]. – Que **deviennent** les marais où **nichent** les hérons ? – [...] Johnny **entre** en scène, une foule d'admirateurs lui **réserve(nt)** [...]. – Beaucoup de gens **parlent** [...], mais peu **sont** [...]. – Il **stationne** [...]. – Une cinquantaine de mécaniciens **compose(nt)** [...].

24 Sortir un plat du congélateur et le placer dans le four micro-ondes ne **prend** que [...]. – Le nickel, aussi bien que le cuivre, **procurent** [...]. – [...] rien ne me **surprend** de ta part. – Ni la Suisse ni l'Autriche ne **possèdent** [...]. – Tes amis et toi **faites** une pause [...]. – Florian et Émilie **portent** [...] que **tricote** leur tante. – Mes cousines et moi **attendons** [...] c'**est** celui [...] !

25 Les noix, Boris les **casse** [...]. – Les lions **se jettent** [...] **dévorent**. – [...] les contribuables **paient** [...], le percepteur leur **délivre** [...]. – Les opérateurs ne **savent** plus [...] tout le monde leur **demande** [...]. – Ces jeunes mariés **veulent** [...] ; le banquier leur **fixe** [...]. – [...] personne ne les **lit** [...]. – Les gymnastes **exécutent** [...] le jury leur **attribue** [...].

26 [...] tu **vaincs** (*vaincre*) ton appréhension [...]. – [...] le sourcier **forait** (*forer*) le sol. – [...] les jambes [...] **flageolaient** (*flageoler*). – M. Rivet **souffre** (*souffrir*) [...]. – [...] le patron du chalutier **cornait** (*corner*) [...]. – [...] Priscillia **prit** (*prendre*) [...]. – [...] Virginie **plaît** (*plaire*) [...]. – [...] seule Sylvie se **tait** (*taire*). – Les petits ruisseaux **font** (*faire*) [...]. – Tu **essaies** (*essayer*) un pantalon [...].

27 Nous serons **attendu(e)s** [...]. – Les arbres étaient **dépouillés**, les rivières étaient **gelées**, la terre était **durcie** [...]. – [...] les passants sont **pressés** [...]. – Que sont **devenues** les voitures [...] ? – Ces enveloppes seront **décachetées** [...]. – [...] ils furent **soulevés**, **entraînés**, puis **roulés** [...]. – Les enfants ne furent pas **intéressés** par ce jeu aux règles [...] **compliquées**. – [...] toutes les portes étaient **fermées** et les persiennes **closes**.

28 ▶ **COD** : des réactions aussi spontanées – la vallée de l'Ariège – celui-ci – une excellente mémoire – le flacon – que les horaires s'affichent – que (mis pour *mont Blanc*)

29 ▶ **COI** : d'affaires les concernant – des événements heureux de son existence – de la mouche – à toute la communauté scientifique – à ceux qui n'y ont pas encore renoncé – au SMS qu'elle reçoit – de compétitions officielles – de sa mission / à ses supérieurs – au sien – aux revenants – De quoi

30 ▶ Les boucles d'oreilles que vous m'avez **offertes** [...]. – L'assurance que Clément a **souscrite** [...]. – [...] la date tu l'as bien **inscrite** [...]. – La sonde spatiale a **émis** des signaux [...] que la base [...] a **captés**. – Nathalie a **commis** [...] et a **renversé** [...]. – Leur réputation, ces maîtres verriers l'ont **assise** [...]. – Cette toile monumentale, Picasso l'a **peinte** [...]. – La récompense que tu m'avais **promise**, je l'ai **attendue** [...] je n'ai pas été **déçu(e)**. – Combien de paniers [...] avons-nous **cueillis** ?

31 ▶ [...] nous les avons **vus** trépigner, pleurer, menacer [...] leurs parents n'ont pas **cédé**. – [...] je l'ai **laissé** faire. – [...] Victoria ne les a pas **vues** passer. – La fusée que chacun a **vue** décoller [...]. – La date [...] est **dépassée**, Omar n'a pas **osé** [...]. – La tranchée que le terrassier avait **espéré** combler [...] se révéla plus profonde que **prévu**. – Nos droits, nous les avons **fait** valoir [...].

32 ▶ [...] ceux qu'il en aura **retirés**. – [...] Mme Davy est **allée** visiter la Pologne, la description qu'elle en a **faite** à ses neveux les a **ravis**. – M. Monet a **rendu** [...]. Ceux-ci ne lui en ont jamais **rendu**. – [...] tu en as déjà **rempli** [...]. – [...] je n'en ai jamais **rencontré**. – M. Bourget **a ramassé** des chanterelles et il en **a préparé** [...]. – [...] Apolline les eût **préférés** [...]. – Le peu de mots que l'homme a **prononcé** n'a pas **permis** [...]. – Je ne connais pas les pays que vous avez **visités**.

33 ▶ L'avocat et son client se sont **donné** rendez-vous [...]. – La Joconde, Adrien se l'était **imaginée** [...]. – Lorsque Marianne et Doris se sont **rencontrées**, elles se sont **souri**. – Les professeurs se sont **déclarés enchantés** [...]. – Ces jeunes filles se sont **promis** [...]. – Les cueilleurs de fruits se sont **fait** payer [...]. – Les parachutistes se sont **assurés** [...]. – Sa retraite, M. Combe se l'est **constituée** [...]. – **Frappés** par une mystérieuse maladie, ces hommes se sont **affaiblis** [...]. – La crème dont tu t'es **enduit** [...].

34 ▶ La bâche est **déroulée** pour **protéger** [...]. – La France doit **importer** [...] tous les véhicules puissent **rouler** et que les logements soient **chauffés**. – Vous **encollez** [...] vous **posez** [...]. – Pour **manger** un yaourt, il faut **utiliser** [...]. – Les coureurs **dopés** [...]. – Les visiteurs sont **fascinés** [...]. – Rien ne sert de **critiquer**, il faut **proposer** [...].

35 ▶ Le hall d'exposition [...] **s'agrandit** *(s'agrandissait)* [...]. – [...] l'acrobate **rebondit** *(rebondissait)* [...]. – Ce terrain, **conquis** sur la mer [...]. – Ophélie **nourrit** *(nourrissait)* [...]. – Un bien mal **acquis** [...]. – L'augmentation de salaire **promise** [...]. – Le message, **transmis** [...], **parvient** *(parvenait)* [...]. – [...] j'en **ris** *(riais)* [...]. – Cette mauvaise nouvelle **refroidit** *(refroidissait)* [...]. – Tu as **lu** la question [...] tu as **su** [...].

36 ▶ [...] il **est** préférable que tu **aies** un gilet [...] **et** un casque [...]. – Il n'**est** pas exclu que j'**aie** [...]. – Il **est** de règle que les handicapés **aient** [...]. – Mireille n'**est** pas étonnée que Caroline n'**ait** pas [...] **et** qu'elle **ait** [...]. – Il n'**est** pas concevable que l'organisation de cette manifestation **ait** connu [...]. – Les ostréiculteurs regrettent que la vente [...] **ait** été [...]. – Le bibliothécaire **est** [...] il a tenu à ce que j'**aie** accès [...] **et** que je puisse [...].

37 ▶ [...] **tout (tous)** mouillés. – **Toutes** les autoroutes [...] **tous** les vacanciers sont **tous** partis [...]. – [...] **tout** a une fin. – [...] à **tous** égards [...]. – [...] **tout** autre musique. – À **tous** les lieux [...]. – [...] **tout** en conduisant [...] **tous** les risques. – [...] **tout** à fait

[…] ! – […] les pensionnaires […] vont **tous** […]. – […] c'est **tout** le portrait […]. – **Tous** les légumes […]. – **Tous** les marins […]. – […] **tout (tous)** nouveaux […] / **tous**.

38 Les castors bâtissent eux-**mêmes** […]. – **Même** lorsque les platanes […]. – […] ils ont **même** repeint […]. – […] **même** ses yeux […]. – Toutes les réformes, **même** les plus […]. – […] les **mêmes** vêtements. – […] **même** les plus petits balcons […]. – […] se nourrit d'elle-**même**.

39 **Quel** ennui ! […] c'est un film **qu'elle** m'avait conseillé […]. – […] il faut **qu'elles** soient déplacées. – À **quelle** heure […] ? – […] je ne savais pas **qu'elle** avait […]. – Nous ignorions **quelles** étaient leurs intentions […]. – […] elle fait des recherches sur tout ce **qu'elle** ne connaît pas. – **Quelle** est la saison […] ? – **Quel** temps ! […]. – Il faut voir avec **quelle** maestria […]. – […] la réclamation **qu'elle** adresse […]. – […] parce **qu'elles** sont percées. – **Quelle** performance […] !

40 Ce téléphérique […] pour **ceux** […]. – […] **ce** qu'il y a […]. – […] **ceux** que le hasard […]. – Les deux délégations […] **se** quittent […]. – Pour **se** faire entendre, […] **ce** porte-voix. – Dans **ce** gouffre **se** trouvent des stalagmites […]. – **Ce** guichet […] pour **ceux** […]. – […] **ce** serpent, Léa s'enfuit, **ce** qui fit bien rire […]. – […] **ce** qu'il fabrique […].

41 **Ces** véhicules […] **c'est** un dispositif […]. – […] **c'est** la bousculade […] **ses** amis. – Le chercheur **s'est** […] trompé dans **ses** calculs […] **ses** expériences. – […] **c'est** pourquoi […] **ses** berges. – Lucas **s'est** découvert […] **ses** souvenirs […]. – **C'est** étonnant, **ces** plantes […] ! – **Ces** nectarines […] **c'est** déjà la fin de l'été. – […] **ces** saucisses, Paulin **s'est** brûlé […]. – […] **ses** boucles […] **c'est** plus discret […]. – Hélène **s'est** équipée […] **ses** messages.

42 **On** a […] ceux qui **ont** […]. – **On** entend […] qu'**on n'**aperçoit pas […]. – **On** arrivera […] si **on n'**est pas […]. – […] **on n'**emportera […] – Les ingénieurs **ont** étudié […]. – Lorsqu'**on** achète […] **on n'**est pas certain […]. – […] **on n'**allume qu'un lampadaire […]. – Si **on** voulait […] **on n'**en finirait pas […]. – […] les grues **ont** soulevé […] les **ont** placés […]. – Ces musiciens […] **ont** enregistré […] **on** leur prédit […] s'ils **ont** le souci […].

43 […] chez **soi**. – […] **soi**-même. – […] **soi**-même […]. – […] pour **soi**. – […] **soit** comme arrière, **soit** comme demi de mêlée. – Bien qu'il **soit** […]. – […] **soit** 1 000 litres. – […] le satellite ne **soit** pas […]. – […] je **sois** épuisée. – […] le seul qui **soit** […]. – **Soit** tu es […], **soit** tu es […] quel que **soit** ton signe […].

44 […] **si** haut qu'un homme **s'y** tient […]. – […] on **s'y** habitue. – Le tracteur […] **s'y** embourbe. – […] un animal **si** cruel ? – […] elle **s'y** met […]. – **Si** le douanier […]. – Il **n'y** a eu **ni** joueur blessé **ni** arrêt […] il **n'y** aura […]. – Comme il **n'y** a **ni** panneaux indicateurs **ni** feux tricolores […]. – […] **ni** famille **ni** domicile […].

45 **C'en** est fait […] mais elle **s'en** remettra […]. – **Sans** une réaction […], **c'en** sera fini […]. – […] à **s'en** barbouiller […]. – Les spectateurs **s'en** vont […]. – Je **sens** […]. – […] un VTT **sans** garde-boue. – **Sans** paix et **sans** justice […]. – […] **sans** utiliser de calculatrice […] ? – Lucien **s'en** défend […] **sans** croquer […]. – […] il **s'en** porte mieux […] **sans** cigarettes.

46 **Quelles que** soient les émissions […]. – […] **quelque** piège […]. – […] **quelque** affectation […]. – **Quelques** alpinistes […]. – **Quelle que** soit l'heure du départ […]. – […] **quelque** animosité […]. – **Quel que** soit l'endroit […]. – […] **quelques** regrets. – […] **quelques** euros. – **Quel que** soit l'état […].

47 […] **là**-dessus […]. – **Là** où il y a de **la** gêne […]. – […] tu **l'as** avalé […] **là**, tu nous étonnes ! – […] **la** vedette […] personne ne **l'a** remarquée ! – […] **çà** et **là** […]. – **Ça** fait […] comment […] expliquent-ils **ça** ? – […] **ça** ne s'invente pas ! – […] **sa** formation […]. – […] **sa** réputation.

48 ▶ […] « À vos marques, **prêts**, partez ! » – […] pas **prêts** à […]. – […] le **prêt** de livres […]. – […] des **prêts** […]. – […] de très **près** ; ils sont **prêts** à […]. – […] **prêts** pour […]. – À deux minutes **près** […]. – […] de trop **près**.

49 ▶ Cette berline ne **peut** pas […] **peu** d'essence […]. – Tu **peux** […] tu as **peu** de chance […], tu es encore un **peu** jeune. – Il se **peut** que […]. – […] **peu** à **peu** […] un tout petit **peu** de liqueur […]. – **Peux**-tu écrire un **peu** mieux ? Je ne **peux** pas te lire. – J'ai **peu** de temps et je ne **peux** pas […]. – […]. – L'eau est **peu** […], tu **peux** […] tu ne **peux** pas […].

50 ▶ […] je ne sais **qu'en** faire […] ! – **Quand** on n'a pas […]. – […] **qu'en** Italie. – […] **quant** à l'actrice […]. – […] **quand** l'eau […]. – […] deux **ou** trois […] ! – […] **où** se trouve […] ? – […] là **où** il veut […]. – […] d'un serval **ou** d'un guépard ? – Dans l'état **où** […].

51 ▶ […] **quoique** avec moins […]. – **Quoi que** vous plantiez […]. – […] **quoiqu'il** y ait […]. – **Quoi que** M. Marmier […]. – **Quoique** […] outillé, […]. – **Quoiqu'**il soit […]. – **Quoi qu'**elle espère […].

52 ▶ […] **des hommes parlant** le chinois et le japonais ? – **Perçant** le dallage, **les plombiers préparent** […] **leurs** tuyaux. – […] **des messages alarmants** […]. – **Observant** l'éclipse […] **les astronomes sont enthousiasmés**. – **Affamés et terrifiants, les lions se sont jetés** sur **leur** proie. – **Les bénéfices** de ce mois **sont encourageants** […]. – **Ces enfants imprudents se sont brûlés** en **jouant** […]. – En **les invitant** […], vous avez fait plaisir à **vos amis**.

53 ▶ un intérêt – un piéton – un chêne – un ancêtre – véhiculer – un évêque – la grêle – l'aéroport – la trêve – l'extrémité – parallèle – le grésil – la fenêtre – la déesse – la tête – réciter – la planète – l'arène – inquiéter – téter – rêver – enquêter – prêter – honnête – pédaler

54 ▶ […] contre-espionnage, […] passe-temps […]. – Le contre-la-montre […] Aix-les-Bains. – Participerez-vous […] vous abstiendrez-vous ? – Renseigne-toi […] d'aide-soignante. – […] vingt-cinq […] au-dessus […]. – C'est en mille neuf cent quatre-vingt-dix-huit […] en Extrême-Orient. – C'est à cette époque-là […].

55 ▶ confédération générale du travail, manifestation, salaire minimum interprofessionnel de croissance, sécurité sociale, contrats à durée déterminée, contrats à durée indéterminée – compacts disques, compilation, quarante-cinq minutes, électronique – réduction du temps de travail, compagnie, quinze heures – pneumatiques, automobile, soixante litres, supercarburant – Trois euros, décaféiné, taxe à la valeur ajoutée, dix-sept pour cent – écologistes, trois hectares, organismes génétiquement modifiés

56 ▶ […] de discernement […] une décision. – Les adolescents sont […] des cibles […] des publicitaires. – […] certains référendums […] se transforment en plébiscites. – […] il faut avancer avec […] précautions. – Si l'ascenseur […] l'escalier. – […] les citoyens français sont […]. – La discussion […] chacun pense avoir raison. – Certaines lotions […] favorisent la pousse […]. – La péniche se présente […] l'écluse.

57 ▶ […] les antiquités grecques […]. – Le catholicisme […] chrétiennes. – Le verdict du chronomètre […] quatrième […] contre-la-montre. – […] des sarcophages […] décorés. – Ce judoka tchèque […] olympique. – […] les archéologues […] ces chaos de blocs […] ? – Le chlorure […] scientifique […] cuisine. – La Nouvelle-Calédonie […] de nickel. – Victoria […] l'élastique […] car, à son époque, […] les écoles.

58 ▶ […] votre tente sur l'emplacement […] aux dépens des autres campeurs. – Cet artisan pense embaucher un apprenti […]. – Ce charlatan prétend […] un carburant […] ! – […] le président est absent, c'est son assistant […]. – La tante d'Alexandre prend le temps […]. – Ce dépliant met l'accent […] de sang. – Muni d'un scaphandre […] d'amphores. –

[…] au centre […] attention car cet endroit est dangereux. – L'enquête diligentée […] d'un brigand qui hantait les environs […]. – Cette ancienne antenne […] les différentes chaînes étrangères.

59 Certains linguistes […]. – […] le chimpanzé est un singe doté d'une intelligence bien supérieure […]. – […] important ; […] maintenant. – […] limpide, […] sans crainte. – […] l'examen, pour vaincre […], Sylvain […]. – Le parrain de ton cousin revient du Bénin […] vingt mois. – […] de grains dans ce moulin […]. – Les Jeux olympiques […]. – […] peint […] demain, il sera célèbre.

60 Le dauphin est un mammifère […] affectueux. – À la surface […] magnifiques nénuphars. – Avant d'affirmer […] il faut réfléchir […]. – Afin […], les spectateurs s'engouffrent […]. – […] a effectué un saut fantastique ; […] fut parfaite. – Le chauffeur […] ses phares […] brefs délais. – Pour effrayer […] en fantôme avec de vieux chiffons. – […] trente-neuf, […] de chiffres ? – En français, l'alphabet […]. – […] l'Épiphanie, […]. – Dans cette phrase, […] adjectif démonstratif. – […] les fenêtres, […] on étouffe ici. – Nous profitons d'une rediffusion de ce feuilleton […].

61 outiller – relayer – griller – éveiller – essayer – balayer – ondoyer – monnayer – employer – crier – rouiller – détailler – fusiller – sourciller – payer

62 […] le courageux […] le dragon ? – […] rectangle, la longueur est plus longue que la largeur. – […] une angine […] la gorge […]. – Pour maigrir, ces jeunes […] un régime sans pain ni graisse. – […] la digue, […] ravageaient […]. – En mangeant, Georgina […] la langue. – Les bagages de Marguerite […]. – Lorsque je regarde […], j'ai le vertige. – On charge une cargaison de cageots de légumes […]. – Les wagons […] en gare de Dijon.

63 La leucémie […] heureusement […]. – […] l'eucalyptus […]. – Une meute […]. – Les musulmans jeûnent […]. – Le démineur a neutralisé […]. – […] neuvième […]. – Le neutron […]. – […] à l'émeute. – Le fœhn […]. – […] de meunier […]. – […] les pneus […]. – […] la queue […].

64 un rongeur – une bombe – combler – une bonbonnière – un dompteur – somptueux – un tombeau – une trompe – la bonté – le fondateur – pondre – profond – sombre – un songe – une ombre – un grondement – un bourgeon – rompre – un démon – un prénom – le continent – nombreux – consistant – le rayon

65 […] la **patte** […]. – […] une **cane**. – Les côtes de **bettes** […]. – « La **Ballade** des Pendus » […]. – […] le **ballet** […]. – La chasse à **courre** […]. – Le palefrenier **attelle** […]. – […] des **cottes** de mailles. – La **terre** […]. – Mon voisin de **palier** […]. – […] sous **serre(s)** […].

66 illisible – immature – indifférent – irréversible – illogique – immobile – irréfléchi – insoluble – immatériel – inobservable – irrégulier – illicite – illégitime – illettré – immoral – indéfini – irrationnel – immortel – irresponsable – impartial – incorrect – irréaliste – irrévocable – inusité – imbuvable – inutile – irréel – immaculé – impopulaire – inavoué

67 L'auditoire […]. – […] un répertoire […]. – […] le territoire […]. – […] un peignoir […]. – […] son devoir. – […] de valeur […] acquéreur. – […] une erreur […]. – […] à vingt heures. – La sœur […] en pleurs […]. – Le trappeur […] un leurre […]. – […] la demeure […]. – […] à contrecœur […]. – Le directeur […] des collaborateurs […].

68 […] le landau du bébé. – […] un véritable fléau […]. – […] un étroit boyau. – […] un accroc […]. – […] l'escargot […]. – […] le poteau. – Le roseau […]. – […] l'artichaut […]. – […] la poudre de crapaud. – Le cacao […]. – […] les crocs.

69 ▶ un fouet – un relais – un rivet – un reflet – un sifflet – un balai – un essai – la paie – l'arrêt – le souhait – la pagaie – le remblai – le décès – l'engrais – le rabais – le progrès – le fait – le piquet

70 ▶ […] chimpanzé […]. – […] des Sorciers, la spécialité […]. – L'année […] le 1er janvier ; l'année […]. – La chaussée […] la matinée. – […] pelletées de gravier, le cantonnier […] le fossé. – L'entrée du chantier […] ouvriers. – Avec une pincée […], ce velouté […]. – […] ses équipiers, […] de mêlée […] une percée. – […] une bouchée […] de pâté. – D'une enjambée, […] la tranchée.

71 ▶ […] des encyclopédies […]. – […] un tamis […]. – […] la roupie […] ? – […] une avarie […]. – […] un véritable sosie. – […] un solide alibi. – Le riz […]. – […] la tribu […]. – […] un lourd tribut […]. – […] la rue […]. – […] un petit ru […]. – […] un cru […]. – […] en crue […] ? – […] à l'affût […]. – […] le flux des clients […]. – La laitue […].

72 ▶ la roue – un verrou – un tout – un burnous – un rendez-vous – un époux – un garde-boue – un tabou – le saindoux – un avant-goût – un marabout – le dégoût – un égout – le mou – le loup – une lamproie – un casse-noix – à mi-voix – un détroit – le désarroi – un avant-toit – l'envoi – un passe-droit – un choix – un porte-voix – le droit – l'oie – un siamois – un sans-emploi – un bourgeois

73 ▶ un bal – une stalle – un châle – un dédale – le hall – une cigale – un pétale – un râle – une filiale – un signal – un appel – une ruelle – une semelle – la moelle – une bielle – un modèle – la grêle – un asile – les sourcils – un vaudeville – une console – le pôle Sud – le rossignol – une girolle – le protocole – la pilule – le recul – le cumul – un somnambule – la bascule

74 ▶ un foulard – un avare – une barre – un départ – un bar – un calamar – un char – un jars – un émissaire – un repère ou un repaire – une molaire – l'envers – le concert – un cerf-volant – l'estuaire – le faussaire – un empire – le martyre ou le martyr – un mirador – un record – une amphore – le décor – le folklore – un apport – un quatuor – le délire – l'aurore – le confort – le mercure – le futur – une aventure – un mur

75 ▶ Le réservoir d'essence […]. – […] la conscience […]. – […] la conséquence de votre imprudence. – […] la chance […] une résidence […]. – L'ambulance fait diligence […] il y a urgence. – Une conférence […] la présidence du ministre des Finances. – […] une assurance contre les nuisances […]. – La séance de voyance […] une ambiance […]. – […] une anse […].

76 ▶ le secours – le compas – du tabac – un buvard – un artichaut – un éclat – du lilas – une perdrix – du sirop – un réchaud – un repas – un étang – du verglas – du caoutchouc – un crapaud – un rallye – la souris – un talus – le velours – le cambouis – le cervelas – le nœud – un foulard – un radis – le syndicat

77 ▶ une oreille – hurler – hausser – un hôpital – un horaire – haleter – austère – héberger – une honte – arpenter – une élite – un aristocrate – un hangar – une harmonie – un anchois – hideux – hagard – une anguille – une amende – une hypothèse

78 ▶ […] une cahute […]. – La trahison […]. – […] le compte est exact. – Le comte […]. – […] théâtre […] enthousiasmé. – […] appréhendé un suspect. – […] une théorie cohérente […]. – Le rhume […]. – […] scieries […] la forêt vosgienne. – Avec le feu d'artifice […] apothéose. – […] de techniciens. – […] la cathédrale […].

79 ▶ un excédent – exhumer – une excursion – vacciner – la succession – exubérant – un examen – exempter – accéder – l'exception – intoxiquer – l'accélérateur – le paradoxe – la fixation – l'asphyxie – l'occiput – l'expulsion – l'exil – la coccinelle – accéder

80 inopportun – inexprimable – désaccordé – désarmer – immoral – inoccupé – inhospitalier – illégal – désorienté – déshabillé – déshydraté – illogique – inattendu – impalpable – inflexible – desserrer – déshonorer – inhabité

81 coût – lys – vaut – étang – pris – mer – rênes – teint – repaire – sensée

82 des pull-overs – des boy-scouts – des music-halls – des pipe-lines – des camping-cars – des tee-shirts – des blue-jeans – des chewing-gums – des hot-dogs – des fox-terriers – des hit-parades – des self-services – des night-clubs – des fast-foods – des best-sellers – des drop-goals

83 [...] le plus complet **dénuement**. – Le **dénouement** [...]. – Cet **astrologue** [...]. – L'**astronome** [...]. – [...] preuve d'**aveuglement** [...]. – [...] **aveuglément** [...]. – [...] gare à l'**indigestion** ! – [...] l'**indignation**. – [...] en **infraction**. – [...] par **effraction** [...]. – La **réfection** [...]. – [...] après mûre **réflexion**.

84 partie – contrarié – écorché – un diplomate – l'insularité – manuel – respecter – l'opportunité – un démocrate – rénal – la popularité – minéral – la sérénité – balnéaire – la vanité

85 [...] **chez** le dentiste. – [...] **dans** la serrure. – [...] **contre** le mur. – [...] **à** cheval [...]. – [...] **dans** le journal. – [...] assis **sur** les chaises [...] **à** leur disposition. – [...] **à** Paris. – [...] **par** mois [...]. – [...] **de** son cousin. – [...] se coiffe **avec** [...]. – **Durant** son service [...].

86 Tous les véhicules sont à bord [...] **et** les marins larguent [...]. – Pierrick a bien reçu les messages [...], **mais** il ne peut pas [...]. – Karen a tenu son pari, **en effet** il a plongé [...]. – Les députés siègent [...], **aussi** devraient-ils avoir terminé [...]. – César bat les cartes, **puis** Marc les distribue. – Sarah m'a envoyé un SMS, **donc** elle est bien arrivée. – Le terrain est impraticable, **donc** le match a été annulé. – Deux hommes ont été soupçonnés de vol, **pourtant** ils sont innocents.

87 [...] la soirée à **laquelle** [...]. – Les tisanes **dont** [...]. – Les personnes **qui** [...]. – Le Vietnam est le pays **où** [...]. – Les délégués **que** [...]. – Le parking dans **lequel** [...]. – Les arbres sur **lesquels** [...]. – Les abeilles **qui** [...]. – Les factures **dont** [...].

88 [...] pour que leur fille **entreprenne** [...]. – Bien que le skieur **connaisse** [...]. – [...] afin que nous **puissions** [...] ? – Toutes les fois que nous **franchissons** un col, [...]. – Après que le cyclone **a** ravagé [...]. – Ce commerçant affirme qu'il **atteindra** [...].

89 Personne n'est **d'accord** [...]. – Laurette a **mal** [...]. – Il y a **trop** [...] je ne resterai pas **davantage** [...]. – [...] jouer du piano **debout** ! – Le parasol est **assez** bien fixé [...]. – **Désormais**, les pays [...]. – **À peine** écloses [...]. – [...] **maintenant** transformé [...]. – [...] pas **beaucoup**.

90 brusquement – hebdomadairement – clairement – luxueusement – prudemment – abondamment – négligemment – mystérieusement

91 [...] **le sien** est en panne. – [...] **celle** de la rue Pasteur. – [...] pour que tu y inscrives aussi **la tienne**. – [...] nous plierons **les nôtres**. – [...] **celui** de 17 heures. – [...] **ceux** du boulevard Mermoz fonctionnent. – [...] **cela** n'arrive pas souvent.

92 Le repas a été apprécié par les convives. – L'imprimerie a été inventée par Gutenberg. – Nous avons été invités à déjeuner par Blandine. – Les billets ont été vérifiés par le contrôleur. – L'essai est transformé par le demi de mêlée. – La pénicilline a été découverte par Ian Fleming. – Les prix sont fixés par une réglementation stricte. – Les tuyaux étaient soudés par le plombier. – Le Soleil était peu à peu éclipsé par la Lune. – La contrefaçon des vêtements de luxe est interdite par la loi. – Le dompteur est surpris par la réaction du fauve. – Ces couleurs seront confondues par le daltonien. – Les relevés de consommation sont périodiquement envoyés à ses abonnés par la compagnie des eaux. – Dans le métro, les journaux sont lus par des milliers de personnes.

93 ▶ **Personne ne** réagit aux propos [...]. – **Aucun** bateau **n'**appareillera [...]. – Les musiciens **ne** reprennent **pas** le dernier mouvement [...]. – Ces prédictions **ne** convainquent **que** ceux qui ont une confiance illimitée [...]. – La machine à vapeur **n'a point** survécu [...]. – [...] le vendeur **ne** garantit **ni** le remplacement des pièces **ni** la main-d'œuvre. – [...] ces personnes **ne** maigrissent **guère**. – Ce nouvel outil **ne** sert à **rien**. – [...] les avions **n'**atterrissent **plus** à Marignane. – Martin **ne** s'endort **jamais** sans avoir lu un article [...].

94 ▶ Il lui **vient** [...]. – Il me **prend** [...]. – Il **convient** [...]. – Il **est** des propos qu'il **vaut** mieux ne jamais prononcer. – [...] il **gèle** [...]. – Il **fait** [...]. – [...] il **sort** [...]. – [...] il **revient** [...]. – Il se **peut** [...]. – Il **court** [...].

95 ▶ [...] ils **sont comme chien et chat**. – [...] il **bâtit des châteaux en Espagne**. – [...] elle **est à cheval sur les principes**. – [...] elle **prend la mouche**. – [...] un combat **sans merci**. – Cet escroc cherche **un homme de paille** [...]. – [...] il a découvert **le pot aux roses**. – [...] il **veille au grain**. – [...] ce journaliste **coupe l'herbe sous le pied** de ses concurrents.

96 ▶ Ce jeune [...] est insolent **envers (à l'égard)** des personnes [...]. – [...] il parle **trop**. – [...] il reviendra **tout de suite**. – [...] je suis **stupéfait(e)**. – [...] des dépenses **somptueuses**. – [...] ce navigateur **a des chances de gagner** la course [...]. – Julien en a assez d'avoir les oreilles **rebattues** [...]. – Le livre **dont** vous parlez [...]. – [...] une rue **passante** [...].

97 ▶ **1er groupe** : trébucher – barbouiller – annuler – triompher – souligner – préconiser – gesticuler – espionner / **2e groupe** : subir – aboutir – resplendir – atterrir – réfléchir – approfondir – garantir – avertir / **3e groupe** : traduire – pleuvoir – plaire – apparaître – intervenir – parcourir – entendre – enfreindre

98 ▶ ont éteint (passé) – avais mordu (passé) – écoutez (présent) – prédira (futur) – pondent (présent) – amortira (futur) – enchantèrent (passé) – avons envoyé (passé) – vaccine (présent)

99 ▶ [...] les ordinateurs **sont** [...]. – Ce dessinateur **a** [...]. – Nous **cherchons** [...]. – Tu **tournes** [...]. – Vous me **coupez** [...]. – Je **lave** [...]. – Ces jeunes garçons **fréquentent** [...]. – Ces baigneurs n'**échappent** pas [...]. – [...] le client **compare** [...]. – Nous **rentrons** [...].

100 ▶ Les vendeurs nous **garantissent** [...]. – Une panne d'électricité **interrompt** [...]. – [...] tu **prends** [...] j'en **déduis** que le ciel **s'assombrit**. – [...] **vivez-vous** [...] ? – Nous **admettons** [...]. – Ces hommes généreux **combattent** [...]. – Tu **sens** [...]. – Ces deux pays **concluent** [...]. – Le cosmonaute **revêt** [...]. – Je **confonds** [...]. – [...] le chiot **accourt**. – Tu **subis** [...]. – Le soleil **luit**.

101 ▶ Vous **fuyez** [...]. – [...] Joris **vainc** [...]. – Nous nous **asseyons (assoyons)** [...]. – Les marins **maudissent** [...]. – [...] tu **acquiers** [...]. – Les génies ne **meurent** jamais [...] ils **survivent** [...]. – Ces meubles anciens **valent** [...]. – Je ne **dois** pas [...]. – Vous vous **satisfaites** [...]. – La température **se maintient** [...]. – [...] nous **apprenons** [...]. – [...] j'**enduis** [...]. – Quelques brins [...] **suffisent** [...].

102 ▶ L'éleveur ne **nourrissait** [...]. – Tu **éblouissais** [...]. – **J'enfouissais** [...]. – [...] vous vous **concentriez** [...]. – Cette personne **intervenait** [...] le présentateur ne lui **donnait** pas [...]. – [...] tu **vivais** [...] tu **mettais** [...]. – **J'évitais** [...]. – [...] les rivières **envahissaient** [...]. – [...] il **jouait** [...] M. Blanc **perdait**. – Les Égyptiens **bâtissaient** [...].

103 [...] on **résolvait** [...]. – Tu **décrivais** [...]. – [...] seuls les gens riches **élisaient** [...]. – [...] nous **proscrivions** [...]. – L'analyse [...] **contredisait** [...]. – Les précepteurs **instruisaient** [...]. – Vous **redisiez** [...] vous l'**aviez** entendue. – [...] les paysans **maudissaient** [...]. – [...] on **prédisait** [...]. – Les médecins de Molière lui **prescrivaient** [...]. – Aucune émotion ne **transparaissait** [...].

104 [...] vous **louerez** [...]. – [...] tu **accentueras** [...]. – Tant que je ne l'**aurai** pas vu, je **continuerai** [...]. – L'assurance **allouera** [...]. – Nous **plierons** [...]. – Les derniers ours blancs **se réfugieront** [...]. – [...] vous **négocierez** [...]. – [...] l'adjoint **suppléera** [...]. – [...] cette honnête proposition vous **agréera**. – Nous **unirons** [...]. – Tu **recueilleras** [...].

105 Tu ne **confondras pas** [...]. – Je **m'assoirai (assiérai)** [...]. – Ce jeune couple **acquerra** [...]. – [...] nous **préviendrons** [...]. – Mon cousin Farid **s'inscrira** [...]. – Vous **prendrez** [...]. – [...] les cosmonautes **vivront** [...]. – Cette imprimante **reproduira** [...]. – [...] tu me **surprendras** [...].

106 L'accusé **proclama** [...]. – [...] tu **sautas** [...]. – **J'achevai** [...]. – Nous **dévorâmes** [...]. – Vous nous **proposâtes** [...]. – Les employés **désignèrent** [...]. – Tu **agrafas** [...]. – [...] nous **totalisâmes** [...]. – [...] vous **trébuchâtes**. – Tu **consolidas** [...]. – Roméo **aima** [...]. – Le prince charmant **réveilla** [...]. – Tu **quittas** [...].

107 Je **fis** [...]. – [...] tu **appris** [...] tu t'**assis** [...]. – La récolte de colza **pâtit** [...]. – [...] les prix du pétrole **repartirent** [...]. – Je ne **mis** [...]. – [...] les riverains **entreprirent** [...]. – [...] le public **rit** [...]. – Cet éboulement [...] **contraignit** [...]. – [...] **j'éteignis** [...]. – [...] je **pris** [...].

108 Les vulcanologues **prévinrent** [...]. – [...] le chauffard **comparut** [...]. – Les sauveteurs **secoururent** [...]. – Je **dus** [...]. – Tu **relus** [...]. – Des barrières **continrent** [...]. – Ce disque **promut** [...]. – Les meilleures places **échurent** à ceux qui **eurent** [...]. – La sagesse **prévalut** et les protagonistes [...] **finirent** [...]. – Nous **vînmes** [...].

109 Je **balaie** [...]. – Tu **furètes** [...]. – Nous **empaquetons** [...]. – La frêle embarcation **louvoie** [...]. – Tu **amoncelles** [...]. – La vaisselle d'argent **flamboie** [...]. – Vous vous **apitoyez** [...]. – Mme Sarda **congèle** [...]. – Le vendeur **interpelle** [...].

110 [...] nous **vaquons** [...]. – Vous **devancez** [...]. – Nous **partageons** [...]. – [...] nous **grimaçons**. – La vue du requin blanc **glace** [...]. – Nous **envisageons** [...]. – Je **pratique** [...]. – Nous **naviguons** [...]. – [...] nous **voyageons** [...]. – Tu m'**intrigues** [...]. – Le service d'ordre **endigue** [...].

111 Vous **pénètrerez** [...]. – Nous **créerons** [...]. – Cette femme **lèguera** [...]. – Les ravisseurs **libèreront** [...]. – **J'opèrerai** [...] et je **relèverai** [...]. – Tu **gèreras** [...]. – Cet achat inconsidéré **grèvera** [...]. – Les jurés **diffèreront** [...]. – La montgolfière **s'élèvera** [...]. – Le prix de cette moto n'**excèdera** [...]. – **J'intercèderai** [...].

112 Christophe Colomb **est parti** [...] il **est arrivé** [...]. – Le pharmacien **a prévenu** [...]. – [...] tu **as diverti** [...]. – [...] tu **as téléphoné** [...]. – La station spatiale **a émis** [...] et **a disparu** [...]. – Les portes **ont coulissé** [...]. – On dit que l'ennui **est né** [...]. – **J'ai refusé** [...]. – Nous **sommes resté(e)s** [...] il ne **s'est** pas **ouvert**. – Vous **vous êtes installé(e)s** [...] vous **avez pris** [...].

113 [...] le printemps **était** de retour, les jardiniers **avaient sorti** [...] ils **avaient commencé** [...]. – Les fauves **dévoraient** [...] qu'ils **avaient poursuivies** [...]. – **J'imprimais** les documents que j'**avais complétés** [...]. – Vous **aviez laissé** [...] parce qu'elle **refusait** [...]. – La pintade que le cuisinier **avait préparée faisait** [...] : elle **était** [...]. – Nous **étions parvenues** [...] et nous **récupérions** [...].

114 Quand j'**aurai retenu** [...]. – Lorsque tu **eus maîtrisé** [...]. – Dès que l'ingénieur **eut perfectionné** [...]. – Lorsque le soleil **aura réchauffé** [...]. – Sitôt que les mannequins **se furent maquillés** [...]. – Quand je **me fus hissé(e)** [...]. – [...] la nuit **sera tombée** [...].

115 Si tu **utilisais** [...], tu **porterais** [...]. – Si l'historien **consultait** [...], il **rédigerait** [...]. – Si j'**étais** [...], je ne **bougerais** pas [...]. – Le comédien **briserait** [...], s'il **refusait** [...]. – Si un malfaiteur **se glissait** [...], l'alarme **retentirait**. – Nous **supporterions** [...], si nous **portions** [...]. – L'arbitre **interromprait** [...], si le brouillard **s'épaississait**. – Si vous **vouliez** [...], vous les **placeriez** [...].

116 Pourquoi **jetteriez**-vous [...] ? – [...] je l'**achèterais** [...]. – [...] nous **recevrions** [...]. – Les habitants du lotissement **verraient-ils** [...] ? – [...] tu **emploierais** [...] ! – [...] le conducteur **règlerait** [...]. – Qu'**adviendrait**-il [...] ? – [...] il **encourrait** [...]. – [...] il **faudrait** [...] !

117 [...] je ne **craindrais** pas [...]. – [...] j'**enregistrerai** [...]. – [...] je **connaîtrais** [...]. – [...] je ne m'**endormirai** pas. – [...] je **prendrais** [...]. – [...] elles **seraient** [...]. – [...] le pilote **s'éjectera**. – [...] je l'**accompagnerai**.

118 Si j'en **avais eu** [...], j'**aurais effectué** [...]. – Si tu **avais réfléchi** [...], tu n'**aurais** pas **répondu** [...]. – S'il n'**avait** pas **fait** [...], ce cheval **aurait devancé** [...]. – Si mes parents **étaient restés** [...], je **serais né(e)** [...]. – Nous **aurions reporté** [...], si les circonstances l'**avaient exigé**. – Si le plombier **était intervenu** [...], la fuite d'eau n'**aurait** pas **eu** [...]. – Si le modèle n'**avait** pas **bougé**, le peintre **aurait saisi** [...]. – Si les riverains **avaient débroussaillé** [...], le feu ne se **serait** pas **propagé**. – Si Barbara n'**avait** pas **teint** [...], nous l'**aurions reconnue**. – Si les barrières **avaient été** mieux fixées, le bétail ne **se serait** pas **échappé**.

119 Les fenêtres étaient fermées. – Les performances seront améliorées. – Les coupables ont été châtiés. – Un document est photocopié. – Les expériences étaient multipliées. – La pelouse fut piétinée. – Des vêtements sont fabriqués dans cette usine. – Les joueurs seront acclamés à la sortie du terrain. – Dimanche prochain, une manifestation est organisée. – Le ciel a été scruté à la recherche d'étoiles nouvelles. – Le questionnaire fut complété. – Des perturbations sont prévues dans les transports.

120 Il arrive que l'on **cueille** [...]. – Il faut que j'**appuie** [...]. – Il me tarde que l'avion **atterrisse** [...]. – Ses parents sont d'avis que Victoria **poursuive** [...]. – Quelle que **soit** l'amplitude [...]. – Il convient que Joris **pèle** [...]. – Rien ne s'oppose à ce que vous **utilisiez** [...]. – Nos amis nous écrivent pour que nous **partagions** [...]. – Il est rare que le portier **sourie** !

121 Il est rare qu'un arbre [...] **meure**. – Je m'étonne que tu ne **saches** pas [...]. – Il est vital que le caravanier **boive** [...]. – Où que j'**aille** [...]. – Il est dommage que ce spectacle ne **tienne** pas [...]. – Le maire est d'accord pour que M. Porta **construise** [...]. – La distance empêche que Valérie **rejoigne** le groupe [...]. – [...] il n'est pas certain que la même cause **produise** le même effet.

122 Il faut que le cosmonaute **revête** [...]. – Dans la mesure où le condamné **se pourvoit** en appel, [...]. – Il faut que le service de la voirie **pourvoie** [...]. – Nul ne souhaite que la lave se **répande** [...]. – Il est surprenant que l'on **extraie** [...]. – Tu n'oublies pas que ton train **repart** [...]. – L'expert affirme que cette collection [...] **vaut** [...]. – [...] le lièvre **s'enfuit**. – Il n'est pas étonnant que la gazelle **s'enfuie** [...].

123 Il conviendrait que Théo **fît** tamponner [...]. – Samuel était le seul qui **réussît** à chasser [...]. – Il serait fâcheux que le touriste **s'égarât** [...]. – Avant qu'il **composât** son code [...], il faudrait que Farid **introduisît** sa carte [...]. – Ce mélomane aimerait que ses amis **partageassent** sa passion [...]. – Il n'y avait que Maria qui **lût** [...]. – Il faudrait que ce boxeur **évitât** [...].

124 Il marchait avec tant de précaution qu'on ne l'**entendit** pas [...]. – Nous étions très étonnées que la neige **tombât** [...]. – Lors de son séjour [...], Mme Testa **découvrit** [...]. – La sentinelle gardait le dépôt [...] sans que l'on **devinât** [...]. – Comme la fête avait duré [...], Charles **dormit** [...]. – Tu ignorais qu'un tel costume **pût** être porté [...]. – L'éclusier refusa que la péniche **quittât** le bassin [...].

125 Tu veux que j'**aie repeint** [...]. – [...] il faut que tu **aies desserré** [...]. – Avant que nous **ayons réalisé** [...]. – Bien que l'incendie **se soit propagé** [...]. – Nous étions heureux que vous **ayez pu** [...]. – J'ai eu peur qu'il **se soit trompé** [...]. – Il vaudrait mieux que l'espion n'**ait** pas **percé** [...]. – Attends que la colle **ait séché** [...]. – Que je **sois allé(e)** [...].

126 Évite les obstacles, évitons, évitez. – Prédis l'avenir, prédisons, prédisez. – Ne parle pas trop fort, ne parlons pas, ne parlez pas. – Réclame ton dû, réclamons, réclamez. – Ne triche pas au jeu, ne trichons pas, ne trichez pas. – Ne claque pas la porte, ne claquons pas, ne claquez pas.

127 **Renforce** les charnières [...]. – **Confirme** ta réservation [...]. – Pour sauvegarder tes documents, **enregistre**-les [...] puis **copie**-les [...]. – Ne **fume** pas [...], la loi l'**interdit** et cela **nuit** à ta santé. – **Assure-toi** que la profondeur est suffisante [...]. – Tu **envisages** [...] ; **examine** bien les avantages [...].

128 L'entrée [...] était **payante**. – Les moteurs [...] **bruyants**. – [...] des langoustes **vivantes**. – Les chiens s'approchent [...] **en remuant** la queue. – **En cherchant** bien [...]. – [...] des câbles **isolants** [...]. – **En multipliant** les recherches [...]. – [...] une émission **intéressante**.

129 Dès qu'elle **eut** [...]. – L'électricien tenait à ce que le courant **fût** [...]. – M. Pujol a **eu** [...]. – Il **eût** fallu [...] pour qu'il **fût** [...]. – Il serait inexact de dire que ce trajet **fût** [...]. – Philippe a **eu** [...]. – Bien qu'on **fût** [...]. – Lorsque l'alerte **fut** [...].

TABLEAUX DE CONJUGAISON TYPES

Tableaux de conjugaison types

Comment trouver la conjugaison d'un verbe ?

Grâce à l'**index des verbes** et aux **tableaux de conjugaison types**, vous pouvez conjuguer tous les verbes de la langue française.

• Pour cela, il vous suffit de rechercher par ordre alphabétique, dans l'index (pages 269 à 312), le verbe que vous souhaitez conjuguer.

• Le numéro qui figure en face de ce verbe vous donnera le numéro du modèle de conjugaison type. Vous trouverez ce modèle de conjugaison dans les pages qui suivent (pages 186 à 268), les tableaux étant classés par numéro.

• Vous appliquerez au verbe que vous voulez conjuguer les variations du radical et les terminaisons du verbe modèle.

• Les difficultés particulières de chaque conjugaison sont indiquées par les lettres en couleur.

• L'auxiliaire à utiliser pour la conjugaison des temps composés d'un verbe n'est pas systématiquement le même que celui du verbe modèle (voir page 127, remarque 1).

Exemples :

1. Comment s'écrit le verbe *sortir* à la 2e personne du singulier du présent de l'impératif ?
Sortir a pour numéro de conjugaison **22** (il se conjugue comme *dormir*).
À la 2e personne du singulier du présent de l'impératif, le verbe modèle s'écrit *dors* ; *sortir* s'écrira donc *sors*.

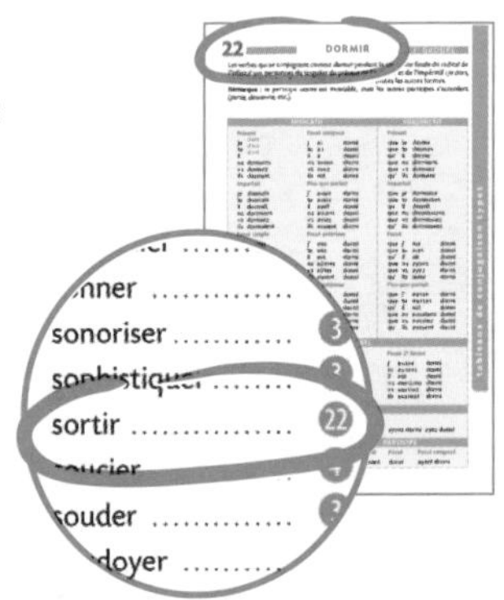

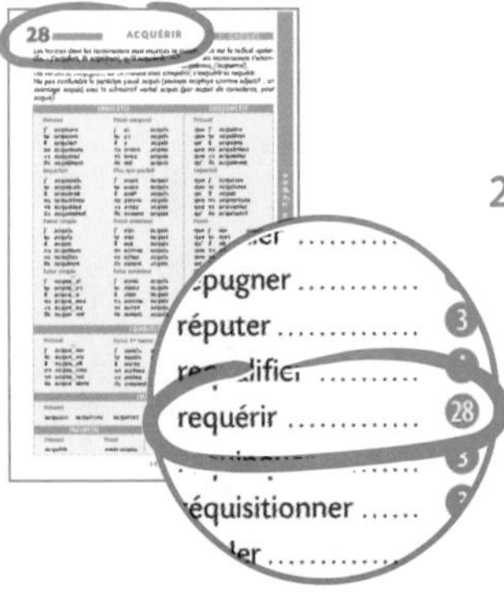

2. Quelle est la 3e personne du singulier du présent du subjonctif du verbe *requérir* ?
Requérir a pour numéro de conjugaison **28** (il se conjugue comme *acquérir*).
Acquérir fait *qu'il acquière* à la 3e personne du singulier du présent du subjonctif ; *requérir* fera donc *qu'il requière*.

Liste des 83 verbes types

1 Avoir
2 Être
3 Chanter
4 Crier
5 Créer
6 Placer
7 Manger
8 Naviguer
9 Céder
10 Assiéger
11 Lever
12 Appeler
13 Geler
14 Jeter
15 Acheter
16 Payer
17 Essuyer
18 Employer
19 Envoyer
20 Finir
21 Haïr
22 Dormir
23 Vêtir
24 Bouillir
25 Courir
26 Mourir
27 Venir
28 Acquérir
29 Offrir
30 Cueillir
31 Assaillir
32 Faillir
33 Fuir
34 Gésir
35 Ouïr
36 Recevoir
37 Voir
38 Prévoir
39 Pourvoir
40 Asseoir
41 Surseoir
42 Savoir
43 Devoir
44 Pouvoir
45 Vouloir
46 Valoir
47 Prévaloir
48 Mouvoir
49 Falloir
50 Pleuvoir
51 Déchoir
52 Rendre
53 Prendre
54 Craindre
55 Peindre
56 Joindre
57 Résoudre
58 Coudre
59 Moudre
60 Rompre
61 Vaincre
62 Battre
63 Mettre
64 Connaître
65 Naître
66 Croître
67 Croire
68 Plaire
69 Traire
70 Suivre
71 Vivre
72 Suffire
73 Dire
74 Maudire
75 Lire
76 Écrire
77 Rire
78 Conduire
79 Boire
80 Conclure
81 Clore
82 Faire
83 Aller

1 AVOIR

Avoir est soit un verbe transitif *(ils ont quatre enfants)*, soit un auxiliaire utilisé dans la conjugaison des temps composés (*ils ont donné leur avis* : verbe *donner* au passé composé).
L'auxiliaire *avoir* sert à la conjugaison de la plupart des verbes à la voix active. C'est l'auxiliaire utilisé pour les temps composés de *avoir (j'ai eu)* et de *être (j'ai été)*.
Ravoir ne s'utilise qu'à l'infinitif.

INDICATIF

Présent	Passé composé
j' ai	j' ai eu
tu as	tu as eu
il a	il a eu
ns avons	ns avons eu
vs avez	vs avez eu
ils ont	ils ont eu
Imparfait	**Plus-que parfait**
j' avais	j' avais eu
tu avais	tu avais eu
il avait	il avait eu
ns avions	ns avions eu
vs aviez	vs aviez eu
ils avaient	ils avaient eu
Passé simple	**Passé antérieur**
j' eus	j' eus eu
tu eus	tu eus eu
il eut	il eut eu
ns eûmes	ns eûmes eu
vs eûtes	vs eûtes eu
ils eurent	ils eurent eu
Futur simple	**Futur antérieur**
j' aurai	j' aurai eu
tu auras	tu auras eu
il aura	il aura eu
ns aurons	ns aurons eu
vs aurez	vs aurez eu
ils auront	ils auront eu

SUBJONCTIF

Présent	Imparfait	Passé	Plus-que-parfait
que j' aie	que j' eusse	que j' aie eu	que j' eusse eu
que tu aies	que tu eusses	que tu aies eu	que tu eusses eu
qu' il ait	qu' il eût	qu' il ait eu	qu' il eût eu
que ns ayons	que ns eussions	que ns ayons eu	que ns eussions eu
que vs ayez	que vs eussiez	que vs ayez eu	que vs eussiez eu
qu' ils aient	qu' ils eussent	qu' ils aient eu	qu' ils eussent eu

CONDITIONNEL

Présent	Passé 1re forme	Passé 2e forme
j' aurais	j' aurais eu	j' eusse eu
tu aurais	tu aurais eu	tu eusses eu
il aurait	il aurait eu	il eût eu
ns aurions	ns aurions eu	ns eussions eu
vs auriez	vs auriez eu	vs eussiez eu
ils auraient	ils auraient eu	ils eussent eu

IMPÉRATIF

Présent			Passé		
aie	ayons	ayez	aie eu	ayons eu	ayez eu

INFINITIF

Présent	Passé
avoir	avoir eu

PARTICIPE

Présent	Passé	Passé composé
ayant	eu, eue	ayant eu

2 ÊTRE

Être est soit un verbe d'état *(ils sont frères)*, soit un auxiliaire utilisé dans la conjugaison des temps composés de certains verbes intransitifs (*ils sont arrivés* : verbe *arriver* au passé composé).

L'auxiliaire *être* sert à la conjugaison de quelques verbes à la voix active *(arriver, rester, partir...)*, de tous les verbes pronominaux *(ils se sont donné la main)* et de tous les verbes à la voix passive *(ils sont suivis par un inconnu)*.

Le participe passé *été* est toujours invariable.

INDICATIF

Présent	Passé composé
je suis	j' ai été
tu es	tu as été
il est	il a été
ns sommes	ns avons été
vs êtes	vs avez été
ils sont	ils ont été

Imparfait	Plus-que-parfait
j' étais	j' avais été
tu étais	tu avais été
il était	il avait été
ns étions	ns avions été
vs étiez	vs aviez été
ils étaient	ils avaient été

Passé simple	Passé antérieur
je fus	j' eus été
tu fus	tu eus été
il fut	il eut été
ns fûmes	ns eûmes été
vs fûtes	vs eûtes été
ils furent	ils eurent été

Futur simple	Futur antérieur
je serai	j' aurai été
tu seras	tu auras été
il sera	il aura été
ns serons	ns aurons été
vs serez	vs aurez été
ils seront	ils auront été

SUBJONCTIF

Présent	Imparfait	Passé	Plus-que-parfait
que je sois	que je fusse	que j' aie été	que j' eusse été
que tu sois	que tu fusses	que tu aies été	que tu eusses été
qu' il soit	qu' il fût	qu' il ait été	qu' il eût été
que ns soyons	que ns fussions	que ns ayons été	que ns eussions été
que vs soyez	que vs fussiez	que vs ayez été	que vs eussiez été
qu' ils soient	qu' ils fussent	qu' ils aient été	qu' ils eussent été

CONDITIONNEL

Présent	Passé 1re forme	Passé 2e forme
je serais	j' aurais été	j' eusse été
tu serais	tu aurais été	tu eusses été
il serait	il aurait été	il eût été
ns serions	ns aurions été	ns eussions été
vs seriez	vs auriez été	vs eussiez été
ils seraient	ils auraient été	ils eussent été

IMPÉRATIF

Présent			Passé		
sois	soyons	soyez	aie été	ayons été	ayez été

INFINITIF

Présent	Passé
être	avoir été

PARTICIPE

Présent	Passé	Passé composé
étant	été	ayant été

3 CHANTER 1er GROUPE

Tous les verbes du 1er groupe ont les terminaisons du verbe modèle *chanter*.
Le radical *chant-* est utilisé pour tous les temps simples, sauf au futur simple et au présent du conditionnel, temps pour lesquels les formes se construisent sur le radical *chanter-*.
Remarque : la plupart des nouveaux verbes appartiennent au 1er groupe et se conjuguent sur le modèle de *chanter* (Ex. : *zapper, sponsoriser*).

INDICATIF

Présent	Passé composé
je chante	j' ai chanté
tu chantes	tu as chanté
il chante	il a chanté
ns chantons	ns avons chanté
vs chantez	vs avez chanté
ils chantent	ils ont chanté
Imparfait	**Plus-que-parfait**
je chantais	j' avais chanté
tu chantais	tu avais chanté
il chantait	il avait chanté
ns chantions	ns avions chanté
vs chantiez	vs aviez chanté
ils chantaient	ils avaient chanté
Passé simple	**Passé antérieur**
je chantai	j' eus chanté
tu chantas	tu eus chanté
il chanta	il eut chanté
ns chantâmes	ns eûmes chanté
vs chantâtes	vs eûtes chanté
ils chantèrent	ils eurent chanté
Futur simple	**Futur antérieur**
je chanterai	j' aurai chanté
tu chanteras	tu auras chanté
il chantera	il aura chanté
ns chanterons	ns aurons chanté
vs chanterez	vs aurez chanté
ils chanteront	ils auront chanté

SUBJONCTIF

Présent	Imparfait
que je chante	que je chantasse
que tu chantes	que tu chantasses
qu' il chante	qu' il chantât
que ns chantions	que ns chantassions
que vs chantiez	que vs chantassiez
qu' ils chantent	qu' ils chantassent
Passé	**Plus-que-parfait**
que j' aie chanté	que j' eusse chanté
que tu aies chanté	que tu eusses chanté
qu' il ait chanté	qu' il eût chanté
que ns ayons chanté	que ns eussions chanté
que vs ayez chanté	que vs eussiez chanté
qu' ils aient chanté	qu' ils eussent chanté

CONDITIONNEL

Présent	Passé 1re forme	Passé 2e forme
je chanterais	j' aurais chanté	j' eusse chanté
tu chanterais	tu aurais chanté	tu eusses chanté
il chanterait	il aurait chanté	il eût chanté
ns chanterions	ns aurions chanté	ns eussions chanté
vs chanteriez	vs auriez chanté	vs eussiez chanté
ils chanteraient	ils auraient chanté	ils eussent chanté

IMPÉRATIF

Présent			Passé		
chante	chantons	chantez	aie chanté	ayons chanté	ayez chanté

INFINITIF

Présent	Passé
chanter	avoir chanté

PARTICIPE

Présent	Passé	Passé composé
chantant	chanté, e	ayant chanté

4 CRIER 1er GROUPE

Les verbes en *-ier* sont tout à fait réguliers. Ils s'écrivent avec deux *i* consécutifs aux deux premières personnes du pluriel de l'imparfait de l'indicatif et du présent du subjonctif *(nous criions, vous criiez)* : le premier pour le radical *(cri-)*, le deuxième pour la terminaison *(-ions, -iez)*.
On veillera à ne pas oublier le *e* muet du radical au futur simple et au présent du conditionnel (Ex. : *je lierai*, du verbe *lier*, 1er groupe, à bien distinguer de *je lirai*, du verbe *lire*, 3e groupe).

INDICATIF		SUBJONCTIF
Présent	**Passé composé**	**Présent**
je crie	j' ai crié	que je crie
tu cries	tu as crié	que tu cries
il crie	il a crié	qu' il crie
ns crions	ns avons crié	que ns criions
vs criez	vs avez crié	que vs criiez
ils crient	ils ont crié	qu' ils crient
Imparfait	**Plus-que-parfait**	**Imparfait**
je criais	j' avais crié	que je criasse
tu criais	tu avais crié	que tu criasses
il criait	il avait crié	qu' il criât
ns criions	ns avions crié	que ns criassions
vs criiez	vs aviez crié	que vs criassiez
ils criaient	ils avaient crié	qu' ils criassent
Passé simple	**Passé antérieur**	**Passé**
je criai	j' eus crié	que j' aie crié
tu crias	tu eus crié	que tu aies crié
il cria	il eut crié	qu' il ait crié
ns criâmes	ns eûmes crié	que ns ayons crié
vs criâtes	vs eûtes crié	que vs ayez crié
ils crièrent	ils eurent crié	qu' ils aient crié
Futur simple	**Futur antérieur**	**Plus-que-parfait**
je crierai	j' aurai crié	que j' eusse crié
tu crieras	tu auras crié	que tu eusses crié
il criera	il aura crié	qu' il eût crié
ns crierons	ns aurons crié	que ns eussions crié
vs crierez	vs aurez crié	que vs eussiez crié
ils crieront	ils auront crié	qu' ils eussent crié

CONDITIONNEL		
Présent	**Passé 1re forme**	**Passé 2e forme**
je crierais	j' aurais crié	j' eusse crié
tu crierais	tu aurais crié	tu eusses crié
il crierait	il aurait crié	il eût crié
ns crierions	ns aurions crié	ns eussions crié
vs crieriez	vs auriez crié	vs eussiez crié
ils crieraient	ils auraient crié	ils eussent crié

IMPÉRATIF					
Présent			**Passé**		
crie	crions	criez	aie crié	ayons crié	ayez crié

INFINITIF		PARTICIPE		
Présent	**Passé**	**Présent**	**Passé**	**Passé composé**
crier	avoir crié	criant	crié, e	ayant crié

5 CRÉER 1er GROUPE

Les verbes en *-éer* sont tout à fait réguliers. Ainsi, certaines formes s'écrivent avec le *é* qui termine le radical *(cré-)* immédiatement suivi d'un *e* de la terminaison (Ex. : *je crée, ils créent*).
Le participe passé masculin s'écrit avec deux *é* : ***créé*** ; le participe féminin avec deux *é* suivis d'un *e* : ***créée***.
Béer s'écrit avec un seul *é* au participe passé : *bouche bée*.

INDICATIF

Présent	Passé composé
je crée	j' ai créé
tu crées	tu as créé
il crée	il a créé
ns créons	ns avons créé
vs créez	vs avez créé
ils créent	ils ont créé
Imparfait	**Plus-que-parfait**
je créais	j' avais créé
tu créais	tu avais créé
il créait	il avait créé
ns créions	ns avions créé
vs créiez	vs aviez créé
ils créaient	ils avaient créé
Passé simple	**Passé antérieur**
je créai	j' eus créé
tu créas	tu eus créé
il créa	il eut créé
ns créâmes	ns eûmes créé
vs créâtes	vs eûtes créé
ils créèrent	ils eurent créé
Futur simple	**Futur antérieur**
je créerai	j' aurai créé
tu créeras	tu auras créé
il créera	il aura créé
ns créerons	ns aurons créé
vs créerez	vs aurez créé
ils créeront	ils auront créé

SUBJONCTIF

Présent	Passé
que je crée	que j' aie créé
que tu crées	que tu aies créé
qu' il crée	qu' il ait créé
que ns créions	que ns ayons créé
que vs créiez	que vs ayez créé
qu' ils créent	qu' ils aient créé
Imparfait	**Plus-que-parfait**
que je créasse	que j' eusse créé
que tu créasses	que tu eusses créé
qu' il créât	qu' il eût créé
que ns créassions	que ns eussions créé
que vs créassiez	que vs eussiez créé
qu' ils créassent	qu' ils eussent créé

CONDITIONNEL

Présent	Passé 1re forme	Passé 2e forme
je créerais	j' aurais créé	j' eusse créé
tu créerais	tu aurais créé	tu eusses créé
il créerait	il aurait créé	il eût créé
ns créerions	ns aurions créé	ns eussions créé
vs créeriez	vs auriez créé	vs eussiez créé
ils créeraient	ils auraient créé	ils eussent créé

IMPÉRATIF

Présent			Passé		
crée	créons	créez	aie créé	ayons créé	ayez créé

INFINITIF

Présent	Passé
créer	avoir créé

PARTICIPE

Présent	Passé	Passé composé
créant	créé, créée	ayant créé

6 PLACER — 1er GROUPE

Les verbes en *-cer* sont tout à fait réguliers. Mais pour que le *c* garde le son [s] de l'infinitif, on met une cédille devant le *a* et le *o* des terminaisons (Ex. : *nous plaçons, je plaçais, vous plaçâtes, plaçant*).

INDICATIF

Présent	Passé composé
je place	j' ai placé
tu places	tu as placé
il place	il a placé
ns plaçons	ns avons placé
vs placez	vs avez placé
ils placent	ils ont placé
Imparfait	**Plus-que-parfait**
je plaçais	j' avais placé
tu plaçais	tu avais placé
il plaçait	il avait placé
ns placions	ns avions placé
vs placiez	vs aviez placé
ils plaçaient	ils avaient placé
Passé simple	**Passé antérieur**
je plaçai	j' eus placé
tu plaças	tu eus placé
il plaça	il eut placé
ns plaçâmes	ns eûmes placé
vs plaçâtes	vs eûtes placé
ils placèrent	ils eurent placé
Futur simple	**Futur antérieur**
je placerai	j' aurai placé
tu placeras	tu auras placé
il placera	il aura placé
ns placerons	ns aurons placé
vs placerez	vs aurez placé
ils placeront	ils auront placé

SUBJONCTIF

Présent	Imparfait
que je place	que je plaçasse
que tu places	que tu plaçasses
qu' il place	qu' il plaçât
que ns placions	que ns plaçassions
que vs placiez	que vs plaçassiez
qu' ils placent	qu' ils plaçassent
Passé	**Plus-que-parfait**
que j' aie placé	que j' eusse placé
que tu aies placé	que tu eusses placé
qu' il ait placé	qu' il eût placé
que ns ayons placé	que ns eussions placé
que vs ayez placé	que vs eussiez placé
qu' ils aient placé	qu' ils eussent placé

CONDITIONNEL

Présent	Passé 1re forme	Passé 2e forme
je placerais	j' aurais placé	j' eusse placé
tu placerais	tu aurais placé	tu eusses placé
il placerait	il aurait placé	il eût placé
ns placerions	ns aurions placé	ns eussions placé
vs placeriez	vs auriez placé	vs eussiez placé
ils placeraient	ils auraient placé	ils eussent placé

IMPÉRATIF

Présent	Passé
place plaçons placez	aie placé ayons placé ayez placé

INFINITIF

Présent	Passé
placer	avoir placé

PARTICIPE

Présent	Passé	Passé composé
plaçant	placé, e	ayant placé

7 MANGER 1er GROUPE

Les verbes en *-ger* sont tout à fait réguliers. Mais pour que le *g* garde le son [ʒ] de l'infinitif, on met un *e* muet devant le *a* et le *o* des terminaisons (Ex. : *nous mang**e**ons, je mang**e**ais, mang**e**ant*).
Remarque : pour les verbes en *-éger*, voir modèle **10**.

INDICATIF

Présent	Passé composé
je mange	j' ai mangé
tu manges	tu as mangé
il mange	il a mangé
ns mangeons	ns avons mangé
vs mangez	vs avez mangé
ils mangent	ils ont mangé
Imparfait	**Plus-que-parfait**
je mangeais	j' avais mangé
tu mangeais	tu avais mangé
il mangeait	il avait mangé
ns mangions	ns avions mangé
vs mangiez	vs aviez mangé
ils mangeaient	ils avaient mangé
Passé simple	**Passé antérieur**
je mangeai	j' eus mangé
tu mangeas	tu eus mangé
il mangea	il eut mangé
ns mangeâmes	ns eûmes mangé
vs mangeâtes	vs eûtes mangé
ils mangèrent	ils eurent mangé
Futur simple	**Futur antérieur**
je mangerai	j' aurai mangé
tu mangeras	tu auras mangé
il mangera	il aura mangé
ns mangerons	ns aurons mangé
vs mangerez	vs aurez mangé
ils mangeront	ils auront mangé

SUBJONCTIF

Présent	Imparfait	Passé	Plus-que-parfait
que je mange	que je mangeasse	que j' aie mangé	que j' eusse mangé
que tu manges	que tu mangeasses	que tu aies mangé	que tu eusses mangé
qu' il mange	qu' il mangeât	qu' il ait mangé	qu' il eût mangé
que ns mangions	que ns mangeassions	que ns ayons mangé	que ns eussions mangé
que vs mangiez	que vs mangeassiez	que vs ayez mangé	que vs eussiez mangé
qu' ils mangent	qu' ils mangeassent	qu' ils aient mangé	qu' ils eussent mangé

CONDITIONNEL

Présent	Passé 1re forme	Passé 2e forme
je mangerais	j' aurais mangé	j' eusse mangé
tu mangerais	tu aurais mangé	tu eusses mangé
il mangerait	il aurait mangé	il eût mangé
ns mangerions	ns aurions mangé	ns eussions mangé
vs mangeriez	vs auriez mangé	vs eussiez mangé
ils mangeraient	ils auraient mangé	ils eussent mangé

IMPÉRATIF

Présent			Passé		
mange	mangeons	mangez	aie mangé	ayons mangé	ayez mangé

INFINITIF

Présent	Passé
manger	avoir mangé

PARTICIPE

Présent	Passé	Passé composé
mangeant	mangé, e	ayant mangé

8 NAVIGUER 1er GROUPE

Les verbes en *-guer* gardent le *u* qui suit le *g* dans toute la conjugaison, même devant *a* et *o*, car il appartient au radical (Ex. : *nous navig**u**ons, il navig**u**a*).

INDICATIF		SUBJONCTIF
Présent	**Passé composé**	**Présent**
je navigue	j' ai navigué	que je navigue
tu navigues	tu as navigué	que tu navigues
il navigue	il a navigué	qu' il navigue
ns naviguons	ns avons navigué	que ns naviguions
vs naviguez	vs avez navigué	que vs naviguiez
ils naviguent	ils ont navigué	qu' ils naviguent
Imparfait	**Plus-que-parfait**	**Imparfait**
je naviguais	j' avais navigué	que je naviguasse
tu naviguais	tu avais navigué	que tu naviguasses
il naviguait	il avait navigué	qu' il naviguât
ns naviguions	ns avions navigué	que ns naviguassions
vs naviguiez	vs aviez navigué	que vs naviguassiez
ils naviguaient	ils avaient navigué	qu' ils naviguassent
Passé simple	**Passé antérieur**	**Passé**
je naviguai	j' eus navigué	que j' aie navigué
tu naviguas	tu eus navigué	que tu aies navigué
il navigua	il eut navigué	qu' il ait navigué
ns naviguâmes	ns eûmes navigué	que ns ayons navigué
vs naviguâtes	vs eûtes navigué	que vs ayez navigué
ils naviguèrent	ils eurent navigué	qu' ils aient navigué
Futur simple	**Futur antérieur**	**Plus-que-parfait**
je naviguerai	j' aurai navigué	que j' eusse navigué
tu navigueras	tu auras navigué	que tu eusses navigué
il naviguera	il aura navigué	qu' il eût navigué
ns naviguerons	ns aurons navigué	que ns eussions navigué
vs naviguerez	vs aurez navigué	que vs eussiez navigué
ils navigueront	ils auront navigué	qu' ils eussent navigué

CONDITIONNEL		
Présent	**Passé 1re forme**	**Passé 2e forme**
je naviguerais	j' aurais navigué	j' eusse navigué
tu naviguerais	tu aurais navigué	tu eusses navigué
il naviguerait	il aurait navigué	il eût navigué
ns naviguerions	ns aurions navigué	ns eussions navigué
vs navigueriez	vs auriez navigué	vs eussiez navigué
ils navigueraient	ils auraient navigué	ils eussent navigué

IMPÉRATIF					
Présent			**Passé**		
navigue	naviguons	naviguez	aie navigué	ayons navigué	ayez navigué

INFINITIF		PARTICIPE		
Présent	**Passé**	**Présent**	**Passé**	**Passé composé**
naviguer	avoir navigué	naviguant	navigué, e	ayant navigué

9 CÉDER 1er GROUPE

Les verbes qui ont un *é* en avant-dernière syllabe changent ce *é* fermé [e] en *è* ouvert [ɛ] lorsque la terminaison contient un *e* muet (Ex. : *je cède, ils cèdent*). Mais au futur simple et au présent du conditionnel, le *é* de l'infinitif se maintient à toutes les personnes (Ex. : *je céderai, nous céderions*).

Remarque : par souci de cohérence, les rectifications orthographiques de 1990 préconisent toutefois les graphies en *è* au lieu de *é* à toutes les personnes du futur simple et du conditionnel présent (Ex. : *je cèderai* comme on écrit *je lèverai*).

INDICATIF

Présent	Passé composé
je cède	j' ai cédé
tu cèdes	tu as cédé
il cède	il a cédé
ns cédons	ns avons cédé
vs cédez	vs avez cédé
ils cèdent	ils ont cédé

Imparfait	Plus-que-parfait
je cédais	j' avais cédé
tu cédais	tu avais cédé
il cédait	il avait cédé
ns cédions	ns avions cédé
vs cédiez	vs aviez cédé
ils cédaient	ils avaient cédé

Passé simple	Passé antérieur
je cédai	j' eus cédé
tu cédas	tu eus cédé
il céda	il eut cédé
ns cédâmes	ns eûmes cédé
vs cédâtes	vs eûtes cédé
ils cédèrent	ils eurent cédé

Futur simple	Futur antérieur
je céderai (cèderai)	j' aurai cédé
tu céderas (cèderas)	tu auras cédé
il cédera (cèdera)	il aura cédé
ns céderons (cèderons)	ns aurons cédé
vs céderez (cèderez)	vs aurez cédé
ils céderont (cèderont)	ils auront cédé

SUBJONCTIF

Présent	Imparfait
que je cède	que je cédasse
que tu cèdes	que tu cédasses
qu' il cède	qu' il cédât
que ns cédions	que ns cédassions
que vs cédiez	que vs cédassiez
qu' ils cèdent	qu' ils cédassent

Passé	Plus-que-parfait
que j' aie cédé	que j' eusse cédé
que tu aies cédé	que tu eusses cédé
qu' il ait cédé	qu' il eût cédé
que ns ayons cédé	que ns eussions cédé
que vs ayez cédé	que vs eussiez cédé
qu' ils aient cédé	qu' ils eussent cédé

CONDITIONNEL

Présent	Passé 1re forme	Passé 2e forme
je céderais (cèderais)	j' aurais cédé	j' eusse cédé
tu céderais (cèderais)	tu aurais cédé	tu eusses cédé
il céderait (cèderait)	il aurait cédé	il eût cédé
ns céderions (cèderions)	ns aurions cédé	ns eussions cédé
vs céderiez (cèderiez)	vs auriez cédé	vs eussiez cédé
ils céderaient (cèderaient)	ils auraient cédé	ils eussent cédé

IMPÉRATIF

Présent			Passé		
cède	cédons	cédez	aie cédé	ayons cédé	ayez cédé

INFINITIF

Présent	Passé
céder	avoir cédé

PARTICIPE

Présent	Passé	Passé composé
cédant	cédé, e	ayant cédé

10 ASSIÉGER 1er GROUPE

Les verbes en *-éger* se conjuguent comme le verbe *manger* (voir modèle **7**) pour l'alternance *g/ge* et comme le verbe *céder* (voir modèle **9**) pour l'alternance *é/è*.

INDICATIF

Présent		Passé composé		
j'	assiège	j'	ai	assiégé
tu	assièges	tu	as	assiégé
il	assiège	il	a	assiégé
ns	assiégeons	ns	avons	assiégé
vs	assiégez	vs	avez	assiégé
ils	assiègent	ils	ont	assiégé

Imparfait		Plus-que-parfait		
j'	assiégeais	j'	avais	assiégé
tu	assiégeais	tu	avais	assiégé
il	assiégeait	il	avait	assiégé
ns	assiégions	ns	avions	assiégé
vs	assiégiez	vs	aviez	assiégé
ils	assiégeaient	ils	avaient	assiégé

Passé simple		Passé antérieur		
j'	assiégeai	j'	eus	assiégé
tu	assiégeas	tu	eus	assiégé
il	assiégea	il	eut	assiégé
ns	assiégeâmes	ns	eûmes	assiégé
vs	assiégeâtes	vs	eûtes	assiégé
ils	assiégèrent	ils	eurent	assiégé

Futur simple			Futur antérieur		
j'	assiégerai	(assiègerai)	j'	aurai	assiégé
tu	assiégeras	(assiègeras)	tu	auras	assiégé
il	assiégera	(assiègera)	il	aura	assiégé
ns	assiégerons	(assiègerons)	ns	aurons	assiégé
vs	assiégerez	(assiègerez)	vs	aurez	assiégé
ils	assiégeront	(assiègeront)	ils	auront	assiégé

SUBJONCTIF

Présent		
que	j'	assiège
que	tu	assièges
qu'	il	assiège
que	ns	assiégions
que	vs	assiégiez
qu'	ils	assiègent

Imparfait		
que	j'	assiégeasse
que	tu	assiégeasses
qu'	il	assiégeât
que	ns	assiégeassions
que	vs	assiégeassiez
qu'	ils	assiégeassent

Passé			
que	j'	aie	assiégé
que	tu	aies	assiégé
qu'	il	ait	assiégé
que	ns	ayons	assiégé
que	vs	ayez	assiégé
qu'	ils	aient	assiégé

Plus-que-parfait			
que	j'	eusse	assiégé
que	tu	eusses	assiégé
qu'	il	eût	assiégé
que	ns	eussions	assiégé
que	vs	eussiez	assiégé
qu'	ils	eussent	assiégé

CONDITIONNEL

Présent			Passé 1re forme			Passé 2e forme		
j'	assiégerais	(assiègerais)	j'	aurais	assiégé	j'	eusse	assiégé
tu	assiégerais	(assiègerais)	tu	aurais	assiégé	tu	eusses	assiégé
il	assiégerait	(assiègerait)	il	aurait	assiégé	il	eût	assiégé
ns	assiégerions	(assiègerions)	ns	aurions	assiégé	ns	eussions	assiégé
vs	assiégeriez	(assiègeriez)	vs	auriez	assiégé	vs	eussiez	assiégé
ils	assiégeraient	(assiègeraient)	ils	auraient	assiégé	ils	eussent	assiégé

IMPÉRATIF

Présent			Passé		
assiège	assiégeons	assiégez	aie assiégé	ayons assiégé	ayez assiégé

INFINITIF

Présent	Passé
assiéger	avoir assiégé

PARTICIPE

Présent	Passé	Passé composé
assiégeant	assiégé, e	ayant assiégé

tableaux de conjugaison types

11 LEVER 1er GROUPE

Les verbes qui ont un *e* muet dans l'avant-dernière syllabe de l'infinitif changent ce *e* en *è* ouvert [ɛ] lorsque la syllabe qui suit contient un *e* muet (Ex. : *je l**è**ve, ils l**è**vent, nous l**è**verons*).

INDICATIF		SUBJONCTIF
Présent	**Passé composé**	**Présent**
je lève	j' ai levé	que je lève
tu lèves	tu as levé	que tu lèves
il lève	il a levé	qu' il lève
ns levons	ns avons levé	que ns levions
vs levez	vs avez levé	que vs leviez
ils lèvent	ils ont levé	qu' ils lèvent
Imparfait	**Plus-que-parfait**	**Imparfait**
je levais	j' avais levé	que je levasse
tu levais	tu avais levé	que tu levasses
il levait	il avait levé	qu' il levât
ns levions	ns avions levé	que ns levassions
vs leviez	vs aviez levé	que vs levassiez
ils levaient	ils avaient levé	qu' ils levassent
Passé simple	**Passé antérieur**	**Passé**
je levai	j' eus levé	que j' aie levé
tu levas	tu eus levé	que tu aies levé
il leva	il eut levé	qu' il ait levé
ns levâmes	ns eûmes levé	que ns ayons levé
vs levâtes	vs eûtes levé	que vs ayez levé
ils levèrent	ils eurent levé	qu' ils aient levé
Futur simple	**Futur antérieur**	**Plus-que-parfait**
je lèverai	j' aurai levé	que j' eusse levé
tu lèveras	tu auras levé	que tu eusses levé
il lèvera	il aura levé	qu' il eût levé
ns lèverons	ns aurons levé	que ns eussions levé
vs lèverez	vs aurez levé	que vs eussiez levé
ils lèveront	ils auront levé	qu' ils eussent levé

CONDITIONNEL		
Présent	**Passé 1re forme**	**Passé 2e forme**
je lèverais	j' aurais levé	j' eusse levé
tu lèverais	tu aurais levé	tu eusses levé
il lèverait	il aurait levé	il eût levé
ns lèverions	ns aurions levé	ns eussions levé
vs lèveriez	vs auriez levé	vs eussiez levé
ils lèveraient	ils auraient levé	ils eussent levé

IMPÉRATIF					
Présent			**Passé**		
lève	levons	levez	aie levé	ayons levé	ayez levé

INFINITIF		PARTICIPE		
Présent	**Passé**	**Présent**	**Passé**	**Passé composé**
lever	avoir levé	levant	levé, e	ayant levé

12 APPELER 1er GROUPE

La plupart des verbes en *-eler* doublent le *l* devant un *e* muet (Ex. : *j'appelle, vous appellerez, ils appelleraient*).

Remarque : quelques verbes en *-eler* ne doublent pas le *l*, mais prennent un accent grave. Voir modèle **13**.

INDICATIF

Présent	Passé composé
j' appelle	j' ai appelé
tu appelles	tu as appelé
il appelle	il a appelé
ns appelons	ns avons appelé
vs appelez	vs avez appelé
ils appellent	ils ont appelé
Imparfait	**Plus-que-parfait**
j' appelais	j' avais appelé
tu appelais	tu avais appelé
il appelait	il avait appelé
ns appelions	ns avions appelé
vs appeliez	vs aviez appelé
ils appelaient	ils avaient appelé
Passé simple	**Passé antérieur**
j' appelai	j' eus appelé
tu appelas	tu eus appelé
il appela	il eut appelé
ns appelâmes	ns eûmes appelé
vs appelâtes	vs eûtes appelé
ils appelèrent	ils eurent appelé
Futur simple	**Futur antérieur**
j' appellerai	j' aurai appelé
tu appelleras	tu auras appelé
il appellera	il aura appelé
ns appellerons	ns aurons appelé
vs appellerez	vs aurez appelé
ils appelleront	ils auront appelé

SUBJONCTIF

Présent
que j' appelle
que tu appelles
qu' il appelle
que ns appelions
que vs appeliez
qu' ils appellent
Imparfait
que j' appelasse
que tu appelasses
qu' il appelât
que ns appelassions
que vs appelassiez
qu' ils appelassent
Passé
que j' aie appelé
que tu aies appelé
qu' il ait appelé
que ns ayons appelé
que vs ayez appelé
qu' ils aient appelé
Plus-que-parfait
que j' eusse appelé
que tu eusses appelé
qu' il eût appelé
que ns eussions appelé
que vs eussiez appelé
qu' ils eussent appelé

CONDITIONNEL

Présent	Passé 1re forme	Passé 2e forme
j' appellerais	j' aurais appelé	j' eusse appelé
tu appellerais	tu aurais appelé	tu eusses appelé
il appellerait	il aurait appelé	il eût appelé
ns appellerions	ns aurions appelé	ns eussions appelé
vs appelleriez	vs auriez appelé	vs eussiez appelé
ils appelleraient	ils auraient appelé	ils eussent appelé

IMPÉRATIF

Présent			Passé		
appelle	appelons	appelez	aie appelé	ayons appelé	ayez appelé

INFINITIF

Présent	Passé
appeler	avoir appelé

PARTICIPE

Présent	Passé	Passé composé
appelant	appelé, e	ayant appelé

13 GELER 1er GROUPE

Quelques verbes en *-eler* ne doublent pas le *l* devant un *e* muet ; on change simplement le *e* qui précède le *l* en *è*.
Ainsi se conjuguent *celer, ciseler, démanteler, écarteler, geler, marteler, modeler, peler* et les verbes de leur famille.

INDICATIF		SUBJONCTIF
Présent	**Passé composé**	**Présent**
je gèle	j' ai gelé	que je gèle
tu gèles	tu as gelé	que tu gèles
il gèle	il a gelé	qu' il gèle
ns gelons	ns avons gelé	que ns gelions
vs gelez	vs avez gelé	que vs geliez
ils gèlent	ils ont gelé	qu' ils gèlent
Imparfait	**Plus-que-parfait**	**Imparfait**
je gelais	j' avais gelé	que je gelasse
tu gelais	tu avais gelé	que tu gelasses
il gelait	il avait gelé	qu' il gelât
ns gelions	ns avions gelé	que ns gelassions
vs geliez	vs aviez gelé	que vs gelassiez
ils gelaient	ils avaient gelé	qu' ils gelassent
Passé simple	**Passé antérieur**	**Passé**
je gelai	j' eus gelé	que j' aie gelé
tu gelas	tu eus gelé	que tu aies gelé
il gela	il eut gelé	qu' il ait gelé
ns gelâmes	ns eûmes gelé	que ns ayons gelé
vs gelâtes	vs eûtes gelé	que vs ayez gelé
ils gelèrent	ils eurent gelé	qu' ils aient gelé
Futur simple	**Futur antérieur**	**Plus-que-parfait**
je gèlerai	j' aurai gelé	que j' eusse gelé
tu gèleras	tu auras gelé	que tu eusses gelé
il gèlera	il aura gelé	qu' il eût gelé
ns gèlerons	ns aurons gelé	que ns eussions gelé
vs gèlerez	vs aurez gelé	que vs eussiez gelé
ils gèleront	ils auront gelé	qu' ils eussent gelé

CONDITIONNEL		
Présent	**Passé 1re forme**	**Passé 2e forme**
je gèlerais	j' aurais gelé	j' eusse gelé
tu gèlerais	tu aurais gelé	tu eusses gelé
il gèlerait	il aurait gelé	il eût gelé
ns gèlerions	ns aurions gelé	ns eussions gelé
vs gèleriez	vs auriez gelé	vs eussiez gelé
ils gèleraient	ils auraient gelé	ils eussent gelé

IMPÉRATIF					
Présent			**Passé**		
gèle	gelons	gelez	aie gelé	ayons gelé	ayez gelé

INFINITIF		PARTICIPE		
Présent	**Passé**	**Présent**	**Passé**	**Passé composé**
geler	avoir gelé	gelant	gelé, e	ayant gelé

14 JETER 1er GROUPE

La plupart des verbes en *-eter* doublent le *t* devant un *e* muet (Ex. : *je jette, vous jetterez, tu jetterais*).

Remarque : quelques verbes en *-eter* ne doublent pas le *t*, mais prennent un accent grave. Voir modèle **15**.

INDICATIF

Présent	Passé composé
je jette	j' ai jeté
tu jettes	tu as jeté
il jette	il a jeté
ns jetons	ns avons jeté
vs jetez	vs avez jeté
ils jettent	ils ont jeté

Imparfait	Plus-que-parfait
je jetais	j' avais jeté
tu jetais	tu avais jeté
il jetait	il avait jeté
ns jetions	ns avions jeté
vs jetiez	vs aviez jeté
ils jetaient	ils avaient jeté

Passé simple	Passé antérieur
je jetai	j' eus jeté
tu jetas	tu eus jeté
il jeta	il eut jeté
ns jetâmes	ns eûmes jeté
vs jetâtes	vs eûtes jeté
ils jetèrent	ils eurent jeté

Futur simple	Futur antérieur
je jetterai	j' aurai jeté
tu jetteras	tu auras jeté
il jettera	il aura jeté
ns jetterons	ns aurons jeté
vs jetterez	vs aurez jeté
ils jetteront	ils auront jeté

SUBJONCTIF

Présent	Imparfait
que je jette	que je jetasse
que tu jettes	que tu jetasses
qu' il jette	qu' il jetât
que ns jetions	que ns jetassions
que vs jetiez	que vs jetassiez
qu' ils jettent	qu' ils jetassent

Passé	Plus-que-parfait
que j' aie jeté	que j' eusse jeté
que tu aies jeté	que tu eusses jeté
qu' il ait jeté	qu' il eût jeté
que ns ayons jeté	que ns eussions jeté
que vs ayez jeté	que vs eussiez jeté
qu' ils aient jeté	qu' ils eussent jeté

CONDITIONNEL

Présent	Passé 1re forme	Passé 2e forme
je jetterais	j' aurais jeté	j' eusse jeté
tu jetterais	tu aurais jeté	tu eusses jeté
il jetterait	il aurait jeté	il eût jeté
ns jetterions	ns aurions jeté	ns eussions jeté
vs jetteriez	vs auriez jeté	vs eussiez jeté
ils jetteraient	ils auraient jeté	ils eussent jeté

IMPÉRATIF

Présent			Passé		
jette	jetons	jetez	aie jeté	ayons jeté	ayez jeté

INFINITIF

Présent	Passé
jeter	avoir jeté

PARTICIPE

Présent	Passé	Passé composé
jetant	jeté, e	ayant jeté

15 ACHETER 1er GROUPE

Quelques verbes en *-eter* ne doublent pas le *t* devant un *e* muet ; on change simplement le *e* qui précède le *t* en *è*.
Ainsi se conjuguent *acheter, corseter, crocheter, fileter, fureter, haleter* et les verbes de leur famille.

INDICATIF		SUBJONCTIF
Présent	**Passé composé**	**Présent**
j' achète	j' ai acheté	que j' achète
tu achètes	tu as acheté	que tu achètes
il achète	il a acheté	qu' il achète
ns achetons	ns avons acheté	que ns achetions
vs achetez	vs avez acheté	que vs achetiez
ils achètent	ils ont acheté	qu' ils achètent
Imparfait	**Plus-que-parfait**	**Imparfait**
j' achetais	j' avais acheté	que j' achetasse
tu achetais	tu avais acheté	que tu achetasses
il achetait	il avait acheté	qu' il achetât
ns achetions	ns avions acheté	que ns achetassions
vs achetiez	vs aviez acheté	que vs achetassiez
ils achetaient	ils avaient acheté	qu' ils achetassent
Passé simple	**Passé antérieur**	**Passé**
j' achetai	j' eus acheté	que j' aie acheté
tu achetas	tu eus acheté	que tu aies acheté
il acheta	il eut acheté	qu' il ait acheté
ns achetâmes	ns eûmes acheté	que ns ayons acheté
vs achetâtes	vs eûtes acheté	que vs ayez acheté
ils achetèrent	ils eurent acheté	qu' ils aient acheté
Futur simple	**Futur antérieur**	**Plus-que-parfait**
j' achèterai	j' aurai acheté	que j' eusse acheté
tu achèteras	tu auras acheté	que tu eusses acheté
il achètera	il aura acheté	qu' il eût acheté
ns achèterons	ns aurons acheté	que ns eussions acheté
vs achèterez	vs aurez acheté	que vs eussiez acheté
ils achèteront	ils auront acheté	qu' ils eussent acheté

CONDITIONNEL		
Présent	**Passé 1re forme**	**Passé 2e forme**
j' achèterais	j' aurais acheté	j' eusse acheté
tu achèterais	tu aurais acheté	tu eusses acheté
il achèterait	il aurait acheté	il eût acheté
ns achèterions	ns aurions acheté	ns eussions acheté
vs achèteriez	vs auriez acheté	vs eussiez acheté
ils achèteraient	ils auraient acheté	ils eussent acheté

IMPÉRATIF	
Présent	**Passé**
achète achetons achetez	aie acheté ayons acheté ayez acheté

INFINITIF		PARTICIPE		
Présent	**Passé**	**Présent**	**Passé**	**Passé composé**
acheter	avoir acheté	achetant	acheté, e	ayant acheté

16 PAYER — 1er GROUPE

Les verbes en *-ayer* changent le *y* de l'infinitif en *i* devant un *e* muet. Dans ce cas, le son [j] ne se fait pas entendre (Ex. : *je paie, ils paient, tu paieras*).

Remarques : 1. Les verbes en *-ayer* peuvent conserver le *y* dans toute la conjugaison, même devant un *e* muet (Ex. : *je paye*) ; mais il est préférable d'aligner la conjugaison de tous les verbes en *-yer* sur le même modèle. **2.** Ne pas oublier le *i* de la terminaison qui suit le *y* du radical aux deux premières personnes du pluriel à l'imparfait de l'indicatif et au présent du subjonctif (Ex. : *nous payions*).

INDICATIF

Présent	Passé composé
je paie	j' ai payé
tu paies	tu as payé
il paie	il a payé
ns payons	ns avons payé
vs payez	vs avez payé
ils paient	ils ont payé
Imparfait	**Plus-que-parfait**
je payais	j' avais payé
tu payais	tu avais payé
il payait	il avait payé
ns payions	ns avions payé
vs payiez	vs aviez payé
ils payaient	ils avaient payé
Passé simple	**Passé antérieur**
je payai	j' eus payé
tu payas	tu eus payé
il paya	il eut payé
ns payâmes	ns eûmes payé
vs payâtes	vs eûtes payé
ils payèrent	ils eurent payé
Futur simple	**Futur antérieur**
je paierai	j' aurai payé
tu paieras	tu auras payé
il paiera	il aura payé
ns paierons	ns aurons payé
vs paierez	vs aurez payé
ils paieront	ils auront payé

SUBJONCTIF

Présent	Imparfait
que je paie	que je payasse
que tu paies	que tu payasses
qu' il paie	qu' il payât
que ns payions	que ns payassions
que vs payiez	que vs payassiez
qu' ils paient	qu' ils payassent
Passé	**Plus-que-parfait**
que j' aie payé	que j' eusse payé
que tu aies payé	que tu eusses payé
qu' il ait payé	qu' il eût payé
que ns ayons payé	que ns eussions payé
que vs ayez payé	que vs eussiez payé
qu' ils aient payé	qu' ils eussent payé

CONDITIONNEL

Présent	Passé 1re forme	Passé 2e forme
je paierais	j' aurais payé	j' eusse payé
tu paierais	tu aurais payé	tu eusses payé
il paierait	il aurait payé	il eût payé
ns paierions	ns aurions payé	ns eussions payé
vs paieriez	vs auriez payé	vs eussiez payé
ils paieraient	ils auraient payé	ils eussent payé

IMPÉRATIF

Présent			Passé		
paie	payons	payez	aie payé	ayons payé	ayez payé

INFINITIF

Présent	Passé
payer	avoir payé

PARTICIPE

Présent	Passé	Passé composé
payant	payé, e	ayant payé

17 ESSUYER 1er GROUPE

Les verbes en *-uyer* changent le *y* de l'infinitif en *i* devant un *e* muet. Dans ce cas, le son [j] ne se fait pas entendre (Ex. : *j'essuie, tu essuieras*).

Remarque : ne pas oublier le *i* de la terminaison qui suit le *y* du radical aux deux premières personnes du pluriel à l'imparfait de l'indicatif et au présent du subjonctif (Ex. : *nous essuyions, vous essuyiez*).

INDICATIF

Présent	Passé composé
j' essuie	j' ai essuyé
tu essuies	tu as essuyé
il essuie	il a essuyé
ns essuyons	ns avons essuyé
vs essuyez	vs avez essuyé
ils essuient	ils ont essuyé
Imparfait	**Plus-que-parfait**
j' essuyais	j' avais essuyé
tu essuyais	tu avais essuyé
il essuyait	il avait essuyé
ns essuyions	ns avions essuyé
vs essuyiez	vs aviez essuyé
ils essuyaient	ils avaient essuyé
Passé simple	**Passé antérieur**
j' essuyai	j' eus essuyé
tu essuyas	tu eus essuyé
il essuya	il eut essuyé
ns essuyâmes	ns eûmes essuyé
vs essuyâtes	vs eûtes essuyé
ils essuyèrent	ils eurent essuyé
Futur simple	**Futur antérieur**
j' essuierai	j' aurai essuyé
tu essuieras	tu auras essuyé
il essuiera	il aura essuyé
ns essuierons	ns aurons essuyé
vs essuierez	vs aurez essuyé
ils essuieront	ils auront essuyé

SUBJONCTIF

Présent	Passé
que j' essuie	que j' aie essuyé
que tu essuies	que tu aies essuyé
qu' il essuie	qu' il ait essuyé
que ns essuyions	que ns ayons essuyé
que vs essuyiez	que vs ayez essuyé
qu' ils essuient	qu' ils aient essuyé
Imparfait	**Plus-que-parfait**
que j' essuyasse	que j' eusse essuyé
que tu essuyasses	que tu eusses essuyé
qu' il essuyât	qu' il eût essuyé
que ns essuyassions	que ns eussions essuyé
que vs essuyassiez	que vs eussiez essuyé
qu' ils essuyassent	qu' ils eussent essuyé

CONDITIONNEL

Présent	Passé 1re forme	Passé 2e forme
j' essuierais	j' aurais essuyé	j' eusse essuyé
tu essuierais	tu aurais essuyé	tu eusses essuyé
il essuierait	il aurait essuyé	il eût essuyé
ns essuierions	ns aurions essuyé	ns eussions essuyé
vs essuieriez	vs auriez essuyé	vs eussiez essuyé
ils essuieraient	ils auraient essuyé	ils eussent essuyé

IMPÉRATIF

Présent			Passé		
essuie	essuyons	essuyez	aie essuyé	ayons essuyé	ayez essuyé

INFINITIF

Présent	Passé
essuyer	avoir essuyé

PARTICIPE

Présent	Passé	Passé composé
essuyant	essuyé, e	ayant essuyé

18 EMPLOYER 1er GROUPE

Les verbes en *-oyer* changent le *y* de l'infinitif en *i* devant un *e* muet. Dans ce cas, le son [j] ne se fait pas entendre (Ex. : *j'emploierais, ils emploient*).
Remarques : 1. Ne pas oublier le *i* de la terminaison qui suit le *y* du radical aux deux premières personnes du pluriel à l'imparfait de l'indicatif et au présent du subjonctif (Ex. : *nous employions, vous employiez.*) **2.** *Envoyer* est irrégulier. Voir modèle **19**.

INDICATIF

Présent	Passé composé
j' emploie	j' ai employé
tu emploies	tu as employé
il emploie	il a employé
ns employons	ns avons employé
vs employez	vs avez employé
ils emploient	ils ont employé
Imparfait	**Plus-que-parfait**
j' employais	j' avais employé
tu employais	tu avais employé
il employait	il avait employé
ns employions	ns avions employé
vs employiez	vs aviez employé
ils employaient	ils avaient employé
Passé simple	**Passé antérieur**
j' employai	j' eus employé
tu employas	tu eus employé
il employa	il eut employé
ns employâmes	ns eûmes employé
vs employâtes	vs eûtes employé
ils employèrent	ils eurent employé
Futur simple	**Futur antérieur**
j' emploierai	j' aurai employé
tu emploieras	tu auras employé
il emploiera	il aura employé
ns emploierons	ns aurons employé
vs emploierez	vs aurez employé
ils emploieront	ils auront employé

SUBJONCTIF

Présent	Imparfait
que j' emploie	que j' employasse
que tu emploies	que tu employasses
qu' il emploie	qu' il employât
que ns employions	que ns employassions
que vs employiez	que vs employassiez
qu' ils emploient	qu' ils employassent
Passé	**Plus-que-parfait**
que j' aie employé	que j' eusse employé
que tu aies employé	que tu eusses employé
qu' il ait employé	qu' il eût employé
que ns ayons employé	que ns eussions employé
que vs ayez employé	que vs eussiez employé
qu' ils aient employé	qu' ils eussent employé

CONDITIONNEL

Présent	Passé 1re forme	Passé 2e forme
j' emploierais	j' aurais employé	j' eusse employé
tu emploierais	tu aurais employé	tu eusses employé
il emploierait	il aurait employé	il eût employé
ns emploierions	ns aurions employé	ns eussions employé
vs emploieriez	vs auriez employé	vs eussiez employé
ils emploieraient	ils auraient employé	ils eussent employé

IMPÉRATIF

Présent			Passé		
emploie	employons	employez	aie employé	ayons employé	ayez employé

INFINITIF

Présent	Passé
employer	avoir employé

PARTICIPE

Présent	Passé	Passé composé
employant	employé, e	ayant employé

19 ENVOYER 1er GROUPE

Envoyer et *renvoyer* sont irréguliers au futur simple et au présent du conditionnel. Les terminaisons s'ajoutent non pas au radical de l'infinitif, mais à un autre radical : *enverr-* (et *renverr-*). Pour les autres temps, ils se conjuguent comme *employer* (voir modèle **18**).
Remarque : ne pas oublier le *i* de la terminaison qui suit le *y* du radical aux deux premières personnes du pluriel à l'imparfait de l'indicatif et au présent du subjonctif (Ex. : *nous envoyions, vous envoyiez*).

INDICATIF

Présent	Passé composé
j' envoie	j' ai envoyé
tu envoies	tu as envoyé
il envoie	il a envoyé
ns envoyons	ns avons envoyé
vs envoyez	vs avez envoyé
ils envoient	ils ont envoyé

Imparfait	Plus-que-parfait
j' envoyais	j' avais envoyé
tu envoyais	tu avais envoyé
il envoyait	il avait envoyé
ns envoyions	ns avions envoyé
vs envoyiez	vs aviez envoyé
ils envoyaient	ils avaient envoyé

Passé simple	Passé antérieur
j' envoyai	j' eus envoyé
tu envoyas	tu eus envoyé
il envoya	il eut envoyé
ns envoyâmes	ns eûmes envoyé
vs envoyâtes	vs eûtes envoyé
ils envoyèrent	ils eurent envoyé

Futur simple	Futur antérieur
j' **enverrai**	j' aurai envoyé
tu **enverras**	tu auras envoyé
il **enverra**	il aura envoyé
ns **enverrons**	ns aurons envoyé
vs **enverrez**	vs aurez envoyé
ils **enverront**	ils auront envoyé

SUBJONCTIF

Présent	Imparfait
que j' envoie	que j' envoyasse
que tu envoies	que tu envoyasses
qu' il envoie	qu' il envoyât
que ns envoyions	que ns envoyassions
que vs envoyiez	que vs envoyassiez
qu' ils envoient	qu' ils envoyassent

Passé	Plus-que-parfait
que j' aie envoyé	que j' eusse envoyé
que tu aies envoyé	que tu eusses envoyé
qu' il ait envoyé	qu' il eût envoyé
que ns ayons envoyé	que ns eussions envoyé
que vs ayez envoyé	que vs eussiez envoyé
qu' ils aient envoyé	qu' ils eussent envoyé

CONDITIONNEL

Présent	Passé 1re forme	Passé 2e forme
j' **enverrais**	j' aurais envoyé	j' eusse envoyé
tu **enverrais**	tu aurais envoyé	tu eusses envoyé
il **enverrait**	il aurait envoyé	il eût envoyé
ns **enverrions**	ns aurions envoyé	ns eussions envoyé
vs **enverriez**	vs auriez envoyé	vs eussiez envoyé
ils **enverraient**	ils auraient envoyé	ils eussent envoyé

IMPÉRATIF

Présent			Passé		
envoie	envoyons	envoyez	aie envoyé	ayons envoyé	ayez envoyé

INFINITIF

Présent	Passé
envoyer	avoir envoyé

PARTICIPE

Présent	Passé	Passé composé
envoyant	envoyé, e	ayant envoyé

20 FINIR 2e GROUPE

Tous les verbes du 2e groupe ont les mêmes terminaisons que le verbe modèle *finir*. On intercale *-iss-* entre le radical et la terminaison pour certaines formes (Ex. : *nous finissons, je finissais, finissant*).

Remarque : bien qu'ayant un infinitif en *-re*, *bruire* et *maudire* se conjuguent comme *finir*. *Bruire* ne s'emploie qu'à la 3e personne *(il bruit, elles bruissent)*. Le participe passé de *maudire* s'écrit avec un *t* : *maudit*.

INDICATIF

Présent	Passé composé	Imparfait	Plus-que-parfait
je finis	j' ai fini	je finissais	j' avais fini
tu finis	tu as fini	tu finissais	tu avais fini
il finit	il a fini	il finissait	il avait fini
ns finissons	ns avons fini	ns finissions	ns avions fini
vs finissez	vs avez fini	vs finissiez	vs aviez fini
ils finissent	ils ont fini	ils finissaient	ils avaient fini

Passé simple	Passé antérieur	Futur simple	Futur antérieur
je finis	j' eus fini	je finirai	j' aurai fini
tu finis	tu eus fini	tu finiras	tu auras fini
il finit	il eut fini	il finira	il aura fini
ns finîmes	ns eûmes fini	ns finirons	ns aurons fini
vs finîtes	vs eûtes fini	vs finirez	vs aurez fini
ils finirent	ils eurent fini	ils finiront	ils auront fini

SUBJONCTIF

Présent	Imparfait	Passé	Plus-que-parfait
que je finisse	que je finisse	que j' aie fini	que j' eusse fini
que tu finisses	que tu finisses	que tu aies fini	que tu eusses fini
qu' il finisse	qu' il finît	qu' il ait fini	qu' il eût fini
que ns finissions	que ns finissions	que ns ayons fini	que ns eussions fini
que vs finissiez	que vs finissiez	que vs ayez fini	que vs eussiez fini
qu' ils finissent	qu' ils finissent	qu' ils aient fini	qu' ils eussent fini

CONDITIONNEL

Présent	Passé 1re forme	Passé 2e forme
je finirais	j' aurais fini	j' eusse fini
tu finirais	tu aurais fini	tu eusses fini
il finirait	il aurait fini	il eût fini
ns finirions	ns aurions fini	ns eussions fini
vs finiriez	vs auriez fini	vs eussiez fini
ils finiraient	ils auraient fini	ils eussent fini

IMPÉRATIF

Présent			Passé		
finis	finissons	finissez	aie fini	ayons fini	ayez fini

INFINITIF

Présent	Passé
finir	avoir fini

PARTICIPE

Présent	Passé	Passé composé
finissant	fini, e	ayant fini

21 HAÏR — 2e GROUPE

Haïr garde le tréma dans toute sa conjugaison, sauf aux personnes du singulier du présent de l'indicatif et de l'impératif : *je hais, tu hais, il hait, hais.* C'est le seul verbe du 2e groupe dont le passé simple singulier se distingue du présent de l'indicatif singulier, à la fois par la graphie – présence d'un tréma au passé simple – et la prononciation. La présence du tréma étant incompatible avec celle de l'accent circonflexe, on écrit *nous haïmes, vous haïtes* aux deux premières personnes du pluriel du passé simple et *qu'il haït* à la 3e personne du singulier de l'imparfait du subjonctif.

INDICATIF

Présent	Passé composé
je hais	j' ai haï
tu hais	tu as haï
il hait	il a haï
ns haïssons	ns avons haï
vs haïssez	vs avez haï
ils haïssent	ils ont haï

Imparfait	Plus-que-parfait
je haïssais	j' avais haï
tu haïssais	tu avais haï
il haïssait	il avait haï
ns haïssions	ns avions haï
vs haïssiez	vs aviez haï
ils haïssaient	ils avaient haï

Passé simple	Passé antérieur
je haïs	j' eus haï
tu haïs	tu eus haï
il haït	il eut haï
ns haïmes	ns eûmes haï
vs haïtes	vs eûtes haï
ils haïrent	ils eurent haï

Futur simple	Futur antérieur
je haïrai	j' aurai haï
tu haïras	tu auras haï
il haïra	il aura haï
ns haïrons	ns aurons haï
vs haïrez	vs aurez haï
ils haïront	ils auront haï

SUBJONCTIF

Présent	Imparfait
que je haïsse	que je haïsse
que tu haïsses	que tu haïsses
qu' il haïsse	qu' il haït
que ns haïssions	que ns haïssions
que vs haïssiez	que vs haïssiez
qu' ils haïssent	qu' ils haïssent

Passé	Plus-que-parfait
que j' aie haï	que j' eusse haï
que tu aies haï	que tu eusses haï
qu' il ait haï	qu' il eût haï
que ns ayons haï	que ns eussions haï
que vs ayez haï	que vs eussiez haï
qu' ils aient haï	qu' ils eussent haï

CONDITIONNEL

Présent	Passé 1re forme	Passé 2e forme
je haïrais	j' aurais haï	j' eusse haï
tu haïrais	tu aurais haï	tu eusses haï
il haïrait	il aurait haï	il eût haï
ns haïrions	ns aurions haï	ns eussions haï
vs haïriez	vs auriez haï	vs eussiez haï
ils haïraient	ils auraient haï	ils eussent haï

IMPÉRATIF

Présent			Passé		
hais	haïssons	haïssez	aie haï	ayons haï	ayez haï

INFINITIF

Présent	Passé
haïr	avoir haï

PARTICIPE

Présent	Passé	Passé composé
haïssant	haï, haïe	ayant haï

22 DORMIR 3e GROUPE

Les verbes qui se conjuguent comme *dormir* perdent la consonne finale du radical de l'infinitif aux personnes du singulier du présent de l'indicatif et de l'impératif : *je dors, tu dors, il dort, dors*. Cette consonne est présente à toutes les autres formes.
Remarque : le participe *dormi* est invariable, mais les autres participes s'accordent (*parti**s**, desservi**e***, etc.).

INDICATIF

Présent	Passé composé
je dors	j' ai dormi
tu dors	tu as dormi
il dort	il a dormi
ns dormons	ns avons dormi
vs dormez	vs avez dormi
ils dorment	ils ont dormi
Imparfait	**Plus-que-parfait**
je dormais	j' avais dormi
tu dormais	tu avais dormi
il dormait	il avait dormi
ns dormions	ns avions dormi
vs dormiez	vs aviez dormi
ils dormaient	ils avaient dormi
Passé simple	**Passé antérieur**
je dormis	j' eus dormi
tu dormis	tu eus dormi
il dormit	il eut dormi
ns dormîmes	ns eûmes dormi
vs dormîtes	vs eûtes dormi
ils dormirent	ils eurent dormi
Futur simple	**Futur antérieur**
je dormirai	j' aurai dormi
tu dormiras	tu auras dormi
il dormira	il aura dormi
ns dormirons	ns aurons dormi
vs dormirez	vs aurez dormi
ils dormiront	ils auront dormi

SUBJONCTIF

Présent	Imparfait
que je dorme	que je dormisse
que tu dormes	que tu dormisses
qu' il dorme	qu' il dormît
que ns dormions	que ns dormissions
que vs dormiez	que vs dormissiez
qu' ils dorment	qu' ils dormissent
Passé	**Plus-que-parfait**
que j' aie dormi	que j' eusse dormi
que tu aies dormi	que tu eusses dormi
qu' il ait dormi	qu' il eût dormi
que ns ayons dormi	que ns eussions dormi
que vs ayez dormi	que vs eussiez dormi
qu' ils aient dormi	qu' ils eussent dormi

CONDITIONNEL

Présent	Passé 1re forme	Passé 2e forme
je dormirais	j' aurais dormi	j' eusse dormi
tu dormirais	tu aurais dormi	tu eusses dormi
il dormirait	il aurait dormi	il eût dormi
ns dormirions	ns aurions dormi	ns eussions dormi
vs dormiriez	vs auriez dormi	vs eussiez dormi
ils dormiraient	ils auraient dormi	ils eussent dormi

IMPÉRATIF

Présent			Passé		
dors	dormons	dormez	aie dormi	ayons dormi	ayez dormi

INFINITIF

Présent	Passé
dormir	avoir dormi

PARTICIPE

Présent	Passé	Passé composé
dormant	dormi	ayant dormi

23 VÊTIR 3e GROUPE

Il est recommandé d'appliquer à *vêtir* (*dévêtir* et *revêtir*) ce modèle de conjugaison, même si on le rencontre chez certains auteurs conjugué comme un verbe du 2e groupe.

INDICATIF

Présent	Passé composé
je vêts	j' ai vêtu
tu vêts	tu as vêtu
il vêt	il a vêtu
ns vêtons	ns avons vêtu
vs vêtez	vs avez vêtu
ils vêtent	ils ont vêtu
Imparfait	**Plus-que-parfait**
je vêtais	j' avais vêtu
tu vêtais	tu avais vêtu
il vêtait	il avait vêtu
ns vêtions	ns avions vêtu
vs vêtiez	vs aviez vêtu
ils vêtaient	ils avaient vêtu
Passé simple	**Passé antérieur**
je vêtis	j' eus vêtu
tu vêtis	tu eus vêtu
il vêtit	il eut vêtu
ns vêtîmes	ns eûmes vêtu
vs vêtîtes	vs eûtes vêtu
ils vêtirent	ils eurent vêtu
Futur simple	**Futur antérieur**
je vêtirai	j' aurai vêtu
tu vêtiras	tu auras vêtu
il vêtira	il aura vêtu
ns vêtirons	ns aurons vêtu
vs vêtirez	vs aurez vêtu
ils vêtiront	ils auront vêtu

SUBJONCTIF

Présent	Imparfait
que je vête	que je vêtisse
que tu vêtes	que tu vêtisses
qu' il vête	qu' il vêtît
que ns vêtions	que ns vêtissions
que vs vêtiez	que vs vêtissiez
qu' ils vêtent	qu' ils vêtissent
Passé	**Plus-que-parfait**
que j' aie vêtu	que j' eusse vêtu
que tu aies vêtu	que tu eusses vêtu
qu' il ait vêtu	qu' il eût vêtu
que ns ayons vêtu	que ns eussions vêtu
que vs ayez vêtu	que vs eussiez vêtu
qu' ils aient vêtu	qu' ils eussent vêtu

CONDITIONNEL

Présent	Passé 1re forme	Passé 2e forme
je vêtirais	j' aurais vêtu	j' eusse vêtu
tu vêtirais	tu aurais vêtu	tu eusses vêtu
il vêtirait	il aurait vêtu	il eût vêtu
ns vêtirions	ns aurions vêtu	ns eussions vêtu
vs vêtiriez	vs auriez vêtu	vs eussiez vêtu
ils vêtiraient	ils auraient vêtu	ils eussent vêtu

IMPÉRATIF

Présent			Passé		
vêts	vêtons	vêtez	aie vêtu	ayons vêtu	ayez vêtu

INFINITIF

Présent	Passé
vêtir	avoir vêtu

PARTICIPE

Présent	Passé	Passé composé
vêtant	vêtu, e	ayant vêtu

24 BOUILLIR 3e GROUPE

Le verbe *bouillir* perd *-ill* [j] aux personnes du singulier du présent de l'indicatif et de l'impératif : *je bous, tu bous, il bout, bous.* On retrouve *-ill* à toutes les autres formes.

INDICATIF

Présent	Passé composé
je bous	j' ai bouilli
tu bous	tu as bouilli
il bout	il a bouilli
ns bouillons	ns avons bouilli
vs bouillez	vs avez bouilli
ils bouillent	ils ont bouilli

Imparfait	Plus-que-parfait
je bouillais	j' avais bouilli
tu bouillais	tu avais bouilli
il bouillait	il avait bouilli
ns bouillions	ns avions bouilli
vs bouilliez	vs aviez bouilli
ils bouillaient	ils avaient bouilli

Passé simple	Passé antérieur
je bouillis	j' eus bouilli
tu bouillis	tu eus bouilli
il bouillit	il eut bouilli
ns bouillîmes	ns eûmes bouilli
vs bouillîtes	vs eûtes bouilli
ils bouillirent	ils eurent bouilli

Futur simple	Futur antérieur
je bouillirai	j' aurai bouilli
tu bouilliras	tu auras bouilli
il bouillira	il aura bouilli
ns bouillirons	ns aurons bouilli
vs bouillirez	vs aurez bouilli
ils bouilliront	ils auront bouilli

SUBJONCTIF

Présent	Imparfait
que je bouille	que je bouillisse
que tu bouilles	que tu bouillisses
qu' il bouille	qu' il bouillît
que ns bouillions	que ns bouillissions
que vs bouilliez	que vs bouillissiez
qu' ils bouillent	qu' ils bouillissent

Passé	Plus-que-parfait
que j' aie bouilli	que j' eusse bouilli
que tu aies bouilli	que tu eusses bouilli
qu' il ait bouilli	qu' il eût bouilli
que ns ayons bouilli	que ns eussions bouilli
que vs ayez bouilli	que vs eussiez bouilli
qu' ils aient bouilli	qu' ils eussent bouilli

CONDITIONNEL

Présent	Passé 1re forme	Passé 2e forme
je bouillirais	j' aurais bouilli	j' eusse bouilli
tu bouillirais	tu aurais bouilli	tu eusses bouilli
il bouillirait	il aurait bouilli	il eût bouilli
ns bouillirions	ns aurions bouilli	ns eussions bouilli
vs bouilliriez	vs auriez bouilli	vs eussiez bouilli
ils bouilliraient	ils auraient bouilli	ils eussent bouilli

IMPÉRATIF

Présent			Passé		
bous	bouillons	bouillez	aie bouilli	ayons bouilli	ayez bouilli

INFINITIF

Présent	Passé
bouillir	avoir bouilli

PARTICIPE

Présent	Passé	Passé composé
bouillant	bouilli, e	ayant bouilli

25 COURIR 3e GROUPE

Les verbes qui se conjuguent sur ce modèle ont la particularité de former leur futur simple et leur présent du conditionnel sur le radical *courr-*, et non sur celui de l'infinitif (Ex. *je **courrai**, vous **courriez***).
Tous les verbes de la famille de *courir* (*parcourir, encourir*, etc.) se conjuguent sur ce modèle.
Attention aux formes du singulier du présent de l'indicatif et du présent du subjonctif qui sont homophones, mais avec des terminaisons différentes.

INDICATIF

Présent	Passé composé
je cours	j' ai couru
tu cours	tu as couru
il court	il a couru
ns courons	ns avons couru
vs courez	vs avez couru
ils courent	ils ont couru

Imparfait	Plus-que-parfait
je courais	j' avais couru
tu courais	tu avais couru
il courait	il avait couru
ns courions	ns avions couru
vs couriez	vs aviez couru
ils couraient	ils avaient couru

Passé simple	Passé antérieur
je courus	j' eus couru
tu courus	tu eus couru
il courut	il eut couru
ns courûmes	ns eûmes couru
vs courûtes	vs eûtes couru
ils coururent	ils eurent couru

Futur simple	Futur antérieur
je courrai	j' aurai couru
tu courras	tu auras couru
il courra	il aura couru
ns courrons	ns aurons couru
vs courrez	vs aurez couru
ils courront	ils auront couru

SUBJONCTIF

Présent	Imparfait
que je coure	que je courusse
que tu coures	que tu courusses
qu' il coure	qu' il courût
que ns courions	que ns courussions
que vs couriez	que vs courussiez
qu' ils courent	qu' ils courussent

Passé	Plus-que-parfait
que j' aie couru	que j' eusse couru
que tu aies couru	que tu eusses couru
qu' il ait couru	qu' il eût couru
que ns ayons couru	que ns eussions couru
que vs ayez couru	que vs eussiez couru
qu' ils aient couru	qu' ils eussent couru

CONDITIONNEL

Présent	Passé 1re forme	Passé 2e forme
je courrais	j' aurais couru	j' eusse couru
tu courrais	tu aurais couru	tu eusses couru
il courrait	il aurait couru	il eût couru
ns courrions	ns aurions couru	ns eussions couru
vs courriez	vs auriez couru	vs eussiez couru
ils courraient	ils auraient couru	ils eussent couru

IMPÉRATIF

Présent			Passé		
cours	courons	courez	aie couru	ayons couru	ayez couru

INFINITIF

Présent	Passé
courir	avoir couru

PARTICIPE

Présent	Passé	Passé composé
courant	couru, e	ayant couru

26 MOURIR 3e GROUPE

Le verbe *mourir* a la particularité de former son futur simple et son présent du conditionnel sur le radical *mourr-*, et non sur celui de l'infinitif (Ex. *je* ***mourr****ais, ils* ***mourr****ont*). Au présent de l'indicatif, du subjonctif et de l'impératif, l'alternance des sons *eu/ou* [œ/u] se fait selon que la terminaison est muette ou non (Ex. : *je meur****s****, nous mour****ons***).
Remarques : 1. *mourir* est le seul verbe à se conjuguer ainsi. **2.** Aux formes composées, il s'emploie toujours avec l'auxiliaire *être* ; participe passé : *mort.*

INDICATIF

Présent	Passé composé
je meurs	je suis mort
tu meurs	tu es mort
il meurt	il est mort
ns mourons	ns sommes morts
vs mourez	vs êtes morts
ils meurent	ils sont morts

Imparfait	Plus-que-parfait
je mourais	j' étais mort
tu mourais	tu étais mort
il mourait	il était mort
ns mourions	ns étions morts
vs mouriez	vs étiez morts
ils mouraient	ils étaient morts

Passé simple	Passé antérieur
je mourus	je fus mort
tu mourus	tu fus mort
il mourut	il fut mort
ns mourûmes	ns fûmes morts
vs mourûtes	vs fûtes morts
ils moururent	ils furent morts

Futur simple	Futur antérieur
je mourrai	je serai mort
tu mourras	tu seras mort
il mourra	il sera mort
ns mourrons	ns serons morts
vs mourrez	vs serez morts
ils mourront	ils seront morts

SUBJONCTIF

Présent	Imparfait
que je meure	que je mourusse
que tu meures	que tu mourusses
qu' il meure	qu' il mourût
que ns mourions	que ns mourussions
que vs mouriez	que vs mourussiez
qu' ils meurent	qu' ils mourussent

Passé	Plus-que-parfait
que je sois mort	que je fusse mort
que tu sois mort	que tu fusses mort
qu' il soit mort	qu' il fût mort
que ns soyons morts	que ns fussions morts
que vs soyez morts	que vs fussiez morts
qu' ils soient morts	qu' ils fussent morts

CONDITIONNEL

Présent	Passé 1re forme	Passé 2e forme
je mourrais	je serais mort	je fusse mort
tu mourrais	tu serais mort	tu fusses mort
il mourrait	il serait mort	il fût mort
ns mourrions	ns serions morts	ns fussions morts
vs mourriez	vs seriez morts	vs fussiez morts
ils mourraient	ils seraient morts	ils fussent morts

IMPÉRATIF

Présent			Passé		
meurs	mourons	mourez	sois mort	soyons morts	soyez morts

INFINITIF

Présent	Passé
mourir	être mort

PARTICIPE

Présent	Passé	Passé composé
mourant	mort, te	étant mort

tableaux de conjugaison types

27 VENIR — 3e GROUPE

Tous les verbes en *-enir* sont de la famille de *venir* ou de *tenir* et se conjuguent sur ce modèle.
Aux deux premières personnes du pluriel du passé simple, ne pas oublier l'accent circonflexe sur le *i* bien qu'il soit placé devant deux consonnes.
Remarque : *advenir* ne s'emploie qu'à la 3e personne du singulier et du pluriel.

INDICATIF

Présent	Passé composé
je viens	je suis venu
tu viens	tu es venu
il vient	il est venu
ns venons	ns sommes venus
vs venez	vs êtes venus
ils viennent	ils sont venus

Imparfait	Plus-que-parfait
je venais	j' étais venu
tu venais	tu étais venu
il venait	il était venu
ns venions	ns étions venus
vs veniez	vs étiez venus
ils venaient	ils étaient venus

Passé simple	Passé antérieur
je vins	je fus venu
tu vins	tu fus venu
il vint	il fut venu
ns vînmes	ns fûmes venus
vs vîntes	vs fûtes venus
ils vinrent	ils furent venus

Futur simple	Futur antérieur
je viendrai	je serai venu
tu viendras	tu seras venu
il viendra	il sera venu
ns viendrons	ns serons venus
vs viendrez	vs serez venus
ils viendront	ils seront venus

SUBJONCTIF

Présent	Imparfait
que je vienne	que je vinsse
que tu viennes	que tu vinsses
qu' il vienne	qu' il vînt
que ns venions	que ns vinssions
que vs veniez	que vs vinssiez
qu' ils viennent	qu' ils vinssent

Passé	Plus-que-parfait
que je sois venu	que je fusse venu
que tu sois venu	que tu fusses venu
qu' il soit venu	qu' il fût venu
que ns soyons venus	que ns fussions venus
que vs soyez venus	que vs fussiez venus
qu' ils soient venus	qu' ils fussent venus

CONDITIONNEL

Présent	Passé 1re forme	Passé 2e forme
je viendrais	je serais venu	je fusse venu
tu viendrais	tu serais venu	tu fusses venu
il viendrait	il serait venu	il fût venu
ns viendrions	ns serions venus	ns fussions venus
vs viendriez	vs seriez venus	vs fussiez venus
ils viendraient	ils seraient venus	ils fussent venus

IMPÉRATIF

Présent	Passé
viens venons venez	sois venu soyons venus soyez venus

INFINITIF

Présent	Passé
venir	être venu

PARTICIPE

Présent	Passé	Passé composé
venant	venu, e	étant venu

28 ACQUÉRIR 3e GROUPE

Les formes dont les terminaisons sont muettes se construisent sur le radical *-quier-* (Ex. : *j'ac**quiers**, ils ac**quièr**ent, qu'il ac**quière***) ; celles dont les terminaisons s'entendent se construisent sur le radical *-quér-* (Ex. : *nous ac**quér**ons, j'ac**querr**ai*).
Les verbes se conjuguant sur ce modèle sont *conquérir, s'enquérir* et *requérir.*
Ne pas confondre le participe passé *acquis* (souvent employé comme adjectif : *un avantage acquis*) avec le substantif verbal *acquit (par acquit de conscience, pour acquit).*

INDICATIF

Présent	Passé composé
j' acquiers	j' ai acquis
tu acquiers	tu as acquis
il acquiert	il a acquis
ns acquérons	ns avons acquis
vs acquérez	vs avez acquis
ils acquièrent	ils ont acquis

Imparfait	Plus-que-parfait
j' acquérais	j' avais acquis
tu acquérais	tu avais acquis
il acquérait	il avait acquis
ns acquérions	ns avions acquis
vs acquériez	vs aviez acquis
ils acquéraient	ils avaient acquis

Passé simple	Passé antérieur
j' acquis	j' eus acquis
tu acquis	tu eus acquis
il acquit	il eut acquis
ns acquîmes	ns eûmes acquis
vs acquîtes	vs eûtes acquis
ils acquirent	ils eurent acquis

Futur simple	Futur antérieur
j' acquerrai	j' aurai acquis
tu acquerras	tu auras acquis
il acquerra	il aura acquis
ns acquerrons	ns aurons acquis
vs acquerrez	vs aurez acquis
ils acquerront	ils auront acquis

SUBJONCTIF

Présent	Imparfait
que j' acquière	que j' acquisse
que tu acquières	que tu acquisses
qu' il acquière	qu' il acquît
que ns acquérions	que ns acquissions
que vs acquériez	que vs acquissiez
qu' ils acquièrent	qu' ils acquissent

Passé	Plus-que-parfait
que j' aie acquis	que j' eusse acquis
que tu aies acquis	que tu eusses acquis
qu' il ait acquis	qu' il eût acquis
que ns ayons acquis	que ns eussions acquis
que vs ayez acquis	que vs eussiez acquis
qu' ils aient acquis	qu' ils eussent acquis

CONDITIONNEL

Présent	Passé 1re forme	Passé 2e forme
j' acquerrais	j' aurais acquis	j' eusse acquis
tu acquerrais	tu aurais acquis	tu eusses acquis
il acquerrait	il aurait acquis	il eût acquis
ns acquerrions	ns aurions acquis	ns eussions acquis
vs acquerriez	vs auriez acquis	vs eussiez acquis
ils acquerraient	ils auraient acquis	ils eussent acquis

IMPÉRATIF

Présent	Passé
acquiers acquérons acquérez	aie acquis ayons acquis ayez acquis

INFINITIF

Présent	Passé
acquérir	avoir acquis

PARTICIPE

Présent	Passé	Passé composé
acquérant	acquis, se	ayant acquis

29 OFFRIR 3e GROUPE

Les verbes qui se conjuguent sur ce modèle ont des terminaisons en *-e* au singulier du présent de l'indicatif et du présent de l'impératif, comme les verbes du 1er groupe. Se conjuguent sur ce modèle *ouvrir, entrouvrir, rouvrir, couvrir, recouvrir, découvrir, redécouvrir* et *souffrir.*
À noter la forme particulière du participe passé : *offert.*

INDICATIF

Présent	Passé composé
j' offre	j' ai offert
tu offres	tu as offert
il offre	il a offert
ns offrons	ns avons offert
vs offrez	vs avez offert
ils offrent	ils ont offert

Imparfait	Plus-que-parfait
j' offrais	j' avais offert
tu offrais	tu avais offert
il offrait	il avait offert
ns offrions	ns avions offert
vs offriez	vs aviez offert
ils offraient	ils avaient offert

Passé simple	Passé antérieur
j' offris	j' eus offert
tu offris	tu eus offert
il offrit	il eut offert
ns offrîmes	ns eûmes offert
vs offrîtes	vs eûtes offert
ils offrirent	ils eurent offert

Futur simple	Futur antérieur
j' offrirai	j' aurai offert
tu offriras	tu auras offert
il offrira	il aura offert
ns offrirons	ns aurons offert
vs offrirez	vs aurez offert
ils offriront	ils auront offert

SUBJONCTIF

Présent	Imparfait
que j' offre	que j' offrisse
que tu offres	que tu offrisses
qu' il offre	qu' il offrît
que ns offrions	que ns offrissions
que vs offriez	que vs offrissiez
qu' ils offrent	qu' ils offrissent

Passé	Plus-que-parfait
que j' aie offert	que j' eusse offert
que tu aies offert	que tu eusses offert
qu' il ait offert	qu' il eût offert
que ns ayons offert	que ns eussions offert
que vs ayez offert	que vs eussiez offert
qu' ils aient offert	qu' ils eussent offert

CONDITIONNEL

Présent	Passé 1re forme	Passé 2e forme
j' offrirais	j' aurais offert	j' eusse offert
tu offrirais	tu aurais offert	tu eusses offert
il offrirait	il aurait offert	il eût offert
ns offririons	ns aurions offert	ns eussions offert
vs offririez	vs auriez offert	vs eussiez offert
ils offriraient	ils auraient offert	ils eussent offert

IMPÉRATIF

Présent			Passé		
offre	offrons	offrez	aie offert	ayons offert	ayez offert

INFINITIF

Présent	Passé
offrir	avoir offert

PARTICIPE

Présent	Passé	Passé composé
offrant	offert, te	ayant offert

30 CUEILLIR — 3e GROUPE

Se conjuguent sur ce modèle *accueillir*, *recueillir* et *saillir*.
Ces verbes ont des terminaisons en *-e* au singulier du présent de l'indicatif et du présent de l'impératif, comme les verbes du 1er groupe.
Le futur simple et le présent du conditionnel sont formés sur un radical en *-e (je cueillerai)* et non sur la forme de l'infinitif.

INDICATIF

Présent	Passé composé
je cueille	j' ai cueilli
tu cueilles	tu as cueilli
il cueille	il a cueilli
ns cueillons	ns avons cueilli
vs cueillez	vs avez cueilli
ils cueillent	ils ont cueilli
Imparfait	**Plus-que-parfait**
je cueillais	j' avais cueilli
tu cueillais	tu avais cueilli
il cueillait	il avait cueilli
ns cueillions	ns avions cueilli
vs cueilliez	vs aviez cueilli
ils cueillaient	ils avaient cueilli
Passé simple	**Passé antérieur**
je cueillis	j' eus cueilli
tu cueillis	tu eus cueilli
il cueillit	il eut cueilli
ns cueillîmes	ns eûmes cueilli
vs cueillîtes	vs eûtes cueilli
ils cueillirent	ils eurent cueilli
Futur simple	**Futur antérieur**
je cueillerai	j' aurai cueilli
tu cueilleras	tu auras cueilli
il cueillera	il aura cueilli
ns cueillerons	ns aurons cueilli
vs cueillerez	vs aurez cueilli
ils cueilleront	ils auront cueilli

SUBJONCTIF

Présent	Imparfait
que je cueille	que je cueillisse
que tu cueilles	que tu cueillisses
qu' il cueille	qu' il cueillît
que ns cueillions	que ns cueillissions
que vs cueilliez	que vs cueillissiez
qu' ils cueillent	qu' ils cueillissent
Passé	**Plus-que-parfait**
que j' aie cueilli	que j' eusse cueilli
que tu aies cueilli	que tu eusses cueilli
qu' il ait cueilli	qu' il eût cueilli
que ns ayons cueilli	que ns eussions cueilli
que vs ayez cueilli	que vs eussiez cueilli
qu' ils aient cueilli	qu' ils eussent cueilli

CONDITIONNEL

Présent	Passé 1re forme	Passé 2e forme
je cueillerais	j' aurais cueilli	j' eusse cueilli
tu cueillerais	tu aurais cueilli	tu eusses cueilli
il cueillerait	il aurait cueilli	il eût cueilli
ns cueillerions	ns aurions cueilli	ns eussions cueilli
vs cueilleriez	vs auriez cueilli	vs eussiez cueilli
ils cueilleraient	ils auraient cueilli	ils eussent cueilli

IMPÉRATIF

Présent			Passé		
cueille	cueillons	cueillez	aie cueilli	ayons cueilli	ayez cueilli

INFINITIF

Présent	Passé
cueillir	avoir cueilli

PARTICIPE

Présent	Passé	Passé composé
cueillant	cueilli, e	ayant cueilli

31 ASSAILLIR 3e GROUPE

Se conjuguent sur ce modèle *tressaillir*, *saillir* (au sens de « dépasser ») et *défaillir*. Ces verbes ont la même conjugaison que *cueillir* (voir modèle **30**) sauf au futur simple et au présent du conditionnel qui sont en *-i* (Ex. : *j'assaillirai, je tressaillirai*).

INDICATIF

Présent	Passé composé
j' assaille	j' ai assailli
tu assailles	tu as assailli
il assaille	il a assailli
ns assaillons	ns avons assailli
vs assaillez	vs avez assailli
ils assaillent	ils ont assailli
Imparfait	**Plus-que-parfait**
j' assaillais	j' avais assailli
tu assaillais	tu avais assailli
il assaillait	il avait assailli
ns assaillions	ns avions assailli
vs assailliez	vs aviez assailli
ils assaillaient	ils avaient assailli
Passé simple	**Passé antérieur**
j' assaillis	j' eus assailli
tu assaillis	tu eus assailli
il assaillit	il eut assailli
ns assaillîmes	ns eûmes assailli
vs assaillîtes	vs eûtes assailli
ils assaillirent	ils eurent assailli
Futur simple	**Futur antérieur**
j' assaillirai	j' aurai assailli
tu assailliras	tu auras assailli
il assaillira	il aura assailli
ns assaillirons	ns aurons assailli
vs assaillirez	vs aurez assailli
ils assailliront	ils auront assailli

SUBJONCTIF

Présent	Imparfait
que j' assaille	que j' assaillisse
que tu assailles	que tu assaillisses
qu' il assaille	qu' il assaillît
que ns assaillions	que ns assaillissions
que vs assailliez	que vs assaillissiez
qu' ils assaillent	qu' ils assaillissent
Passé	**Plus-que-parfait**
que j' aie assailli	que j' eusse assailli
que tu aies assailli	que tu eusses assailli
qu' il ait assailli	qu' il eût assailli
que ns ayons assailli	que ns eussions assailli
que vs ayez assailli	que vs eussiez assailli
qu' ils aient assailli	qu' ils eussent assailli

CONDITIONNEL

Présent	Passé 1re forme	Passé 2e forme
j' assaillirais	j' aurais assailli	j' eusse assailli
tu assaillirais	tu aurais assailli	tu eusses assailli
il assaillirait	il aurait assailli	il eût assailli
ns assaillirions	ns aurions assailli	ns eussions assailli
vs assailliriez	vs auriez assailli	vs eussiez assailli
ils assailliraient	ils auraient assailli	ils eussent assailli

IMPÉRATIF

Présent			Passé		
assaille	assaillons	assaillez	aie assailli	ayons assailli	ayez assailli

INFINITIF

Présent	Passé
assaillir	avoir assailli

PARTICIPE

Présent	Passé	Passé composé
assaillant	assailli, e	ayant assailli

32 FAILLIR 3e GROUPE

La conjugaison d'origine du 3e groupe *(je faux, tu faux, nous faillons, vous faillez...)* n'est plus employée aujourd'hui. Ce verbe se conjugue désormais comme un verbe du 2e groupe.
Le présent et l'imparfait de l'indicatif, le présent du subjonctif et l'impératif ne sont guère utilisés.
Le participe passé *failli* est invariable.

INDICATIF

Présent	Passé composé
je faillis	j' ai failli
tu faillis	tu as failli
il faillit	il a failli
ns faillissons	ns avons failli
vs faillissez	vs avez failli
ils faillissent	ils ont failli
Imparfait	**Plus-que-parfait**
je faillissais	j' avais failli
tu faillissais	tu avais failli
il faillissait	il avait failli
ns faillissions	ns avions failli
vs faillissiez	vs aviez failli
ils faillissaient	ils avaient failli
Passé simple	**Passé antérieur**
je faillis	j' eus failli
tu faillis	tu eus failli
il faillit	il eut failli
ns faillîmes	ns eûmes failli
vs faillîtes	vs eûtes failli
ils faillirent	ils eurent failli
Futur simple	**Futur antérieur**
je faillirai	j' aurai failli
tu failliras	tu auras failli
il faillira	il aura failli
ns faillirons	ns aurons failli
vs faillirez	vs aurez failli
ils failliront	ils auront failli

SUBJONCTIF

Présent	Imparfait
que je faillisse	que je faillisse
que tu faillisses	que tu faillisses
qu' il faillisse	qu' il faillît
que ns faillissions	que ns faillissions
que vs faillissiez	que vs faillissiez
qu' ils faillissent	qu' ils faillissent
Passé	**Plus-que-parfait**
que j' aie failli	que j' eusse failli
que tu aies failli	que tu eusses failli
qu' il ait failli	qu' il eût failli
que ns ayons failli	que ns eussions failli
que vs ayez failli	que vs eussiez failli
qu' ils aient failli	qu' ils eussent failli

CONDITIONNEL

Présent	Passé 1re forme	Passé 2e forme
je faillirais	j' aurais failli	j' eusse failli
tu faillirais	tu aurais failli	tu eusses failli
il faillirait	il aurait failli	il eût failli
ns faillirions	ns aurions failli	ns eussions failli
vs failliriez	vs auriez failli	vs eussiez failli
ils failliraient	ils auraient failli	ils eussent failli

IMPÉRATIF

Présent			Passé		
faillis	faillissons	faillissez	aie failli	ayons failli	ayez failli

INFINITIF

Présent	Passé
faillir	avoir failli

PARTICIPE

Présent	Passé	Passé composé
faillissant	failli	ayant failli

33 FUIR 3e GROUPE

Seul le verbe *s'enfuir* se conjugue sur ce modèle.
Attention à la 3e personne du passé simple qui a bien une terminaison en *-it* comme les verbes du 3e groupe et non en *-a* comme ceux du 1er groupe.
Aux deux premières personnes du pluriel de l'imparfait de l'indicatif et du présent du subjonctif, ne pas oublier le *i* après le *y*.

INDICATIF

Présent	Passé composé
je fuis	j' ai fui
tu fuis	tu as fui
il fuit	il a fui
ns fuyons	ns avons fui
vs fuyez	vs avez fui
ils fuient	ils ont fui
Imparfait	**Plus-que-parfait**
je fuyais	j' avais fui
tu fuyais	tu avais fui
il fuyait	il avait fui
ns fuyions	ns avions fui
vs fuyiez	vs aviez fui
ils fuyaient	ils avaient fui
Passé simple	**Passé antérieur**
je fuis	j' eus fui
tu fuis	tu eus fui
il fuit	il eut fui
ns fuîmes	ns eûmes fui
vs fuîtes	vs eûtes fui
ils fuirent	ils eurent fui
Futur simple	**Futur antérieur**
je fuirai	j' aurai fui
tu fuiras	tu auras fui
il fuira	il aura fui
ns fuirons	ns aurons fui
vs fuirez	vs aurez fui
ils fuiront	ils auront fui

SUBJONCTIF

Présent	Imparfait
que je fuie	que je fuisse
que tu fuies	que tu fuisses
qu' il fuie	qu' il fuît
que ns fuyions	que ns fuissions
que vs fuyiez	que vs fuissiez
qu' ils fuient	qu' ils fuissent
Passé	**Plus-que-parfait**
que j' aie fui	que j' eusse fui
que tu aies fui	que tu eusses fui
qu' il ait fui	qu' il eût fui
que ns ayons fui	que ns eussions fui
que vs ayez fui	que vs eussiez fui
qu' ils aient fui	qu' ils eussent fui

CONDITIONNEL

Présent	Passé 1re forme	Passé 2e forme
je fuirais	j' aurais fui	j' eusse fui
tu fuirais	tu aurais fui	tu eusses fui
il fuirait	il aurait fui	il eût fui
ns fuirions	ns aurions fui	ns eussions fui
vs fuiriez	vs auriez fui	vs eussiez fui
ils fuiraient	ils auraient fui	ils eussent fui

IMPÉRATIF

Présent			Passé		
fuis	fuyons	fuyez	aie fui	ayons fui	ayez fui

INFINITIF

Présent	Passé
fuir	avoir fui

PARTICIPE

Présent	Passé	Passé composé
fuyant	fui, e	ayant fui

34 GÉSIR 3e GROUPE

Le verbe *gésir* ne se conjugue qu'au présent et à l'imparfait de l'indicatif. On trouve également le participe présent et l'infinitif. L'emploi le plus connu du verbe est dans l'expression *ci-gît.*

Remarque : afin d'harmoniser l'usage de l'accent circonflexe dans la conjugaison, les rectifications de l'orthographe de 1990 proposent de supprimer l'accent circonflexe sur le *i* à la 3e personne du singulier de l'indicatif.

INDICATIF

Présent
je gis
tu gis
il gît
ns gisons
vs gisez
ils gisent

Passé composé
inusité

Imparfait
je gisais
tu gisais
il gisait
ns gisions
vs gisiez
ils gisaient

Plus-que-parfait
inusité

Passé simple
inusité

Passé antérieur
inusité

Futur simple
inusité

Futur antérieur
inusité

SUBJONCTIF

inusité

CONDITIONNEL

inusité

IMPÉRATIF

inusité

INFINITIF

Présent	Passé
gésir	*inusité*

PARTICIPE

Présent	Passé	Passé composé
gisant	*inusité*	*inusité*

35 OUÏR 3ᵉ GROUPE

Le verbe *ouïr* n'est plus en usage (sauf dans un registre quelque peu affecté...) ; il est désormais remplacé par le verbe *entendre*.
Seuls subsistent parfois les temps composés utilisés avec l'infinitif *dire* : *j'ai ouï dire*.
À noter l'expression *par ouï-dire*.

INDICATIF

Présent	**Passé composé**
j' ois	j' ai ouï
tu ois	tu as ouï
il oit	il a ouï
ns oyons	ns avons ouï
vs oyez	vs avez ouï
ils oient	ils ont ouï
Imparfait	**Plus-que-parfait**
j' oyais	j' avais ouï
tu oyais	tu avais ouï
il oyait	il avait ouï
ns oyions	ns avions ouï
vs oyiez	vs aviez ouï
ils oyaient	ils avaient ouï
Passé simple	**Passé antérieur**
j' ouïs	j' eus ouï
tu ouïs	tu eus ouï
il ouït	il eut ouï
ns ouïmes	ns eûmes ouï
vs ouïtes	vs eûtes ouï
ils ouïrent	ils eurent ouï
Futur simple	**Futur antérieur**
j' ouïrai	j' aurai ouï
tu ouïras	tu auras ouï
il ouïra	il aura ouï
ns ouïrons	ns aurons ouï
vs ouïrez	vs aurez ouï
ils ouïront	ils auront ouï

SUBJONCTIF

Présent	**Imparfait**	**Passé**	**Plus-que-parfait**
que j' oie	que j' ouïsse	que j' aie ouï	que j' eusse ouï
que tu oies	que tu ouïsses	que tu aies ouï	que tu eusses ouï
qu' il oie	qu' il ouït	qu' il ait ouï	qu' il eût ouï
que ns oyions	que ns ouïssions	que ns ayons ouï	que ns eussions ouï
que vs oyiez	que vs ouïssiez	que vs ayez ouï	que vs eussiez ouï
qu' ils oient	qu' ils ouïssent	qu' ils aient ouï	qu' ils eussent ouï

CONDITIONNEL

Présent	**Passé 1ʳᵉ forme**	**Passé 2ᵉ forme**
j' ouïrais	j' aurais ouï	j' eusse ouï
tu ouïrais	tu aurais ouï	tu eusses ouï
il ouïrait	il aurait ouï	il eût ouï
ns ouïrions	ns aurions ouï	ns eussions ouï
vs ouïriez	vs auriez ouï	vs eussiez ouï
ils ouïraient	ils auraient ouï	ils eussent ouï

IMPÉRATIF

Présent			**Passé**		
ois	oyons	oyez	aie ouï	ayons ouï	ayez ouï

INFINITIF

Présent	**Passé**
ouïr	avoir ouï

PARTICIPE

Présent	**Passé**	**Passé composé**
oyant	ouï, ouïe	ayant ouï

36 RECEVOIR 3e GROUPE

Ainsi se conjuguent tous les verbes dont l'infinitif se termine par *-cevoir.* Ils prennent une cédille devant *u* et *o* pour que le *c* garde sa valeur de [s]. (Ex. : *je reçois, je reçus*).

INDICATIF

Présent	Passé composé	Imparfait	Plus-que-parfait
je reçois	j' ai reçu	je recevais	j' avais reçu
tu reçois	tu as reçu	tu recevais	tu avais reçu
il reçoit	il a reçu	il recevait	il avait reçu
ns recevons	ns avons reçu	ns recevions	ns avions reçu
vs recevez	vs avez reçu	vs receviez	vs aviez reçu
ils reçoivent	ils ont reçu	ils recevaient	ils avaient reçu

Passé simple	Passé antérieur	Futur simple	Futur antérieur
je reçus	j' eus reçu	je recevrai	j' aurai reçu
tu reçus	tu eus reçu	tu recevras	tu auras reçu
il reçut	il eut reçu	il recevra	il aura reçu
ns reçûmes	ns eûmes reçu	ns recevrons	ns aurons reçu
vs reçûtes	vs eûtes reçu	vs recevrez	vs aurez reçu
ils reçurent	ils eurent reçu	ils recevront	ils auront reçu

SUBJONCTIF

Présent	Imparfait	Passé	Plus-que-parfait
que je reçoive	que je reçusse	que j' aie reçu	que j' eusse reçu
que tu reçoives	que tu reçusses	que tu aies reçu	que tu eusses reçu
qu' il reçoive	qu' il reçût	qu' il ait reçu	qu' il eût reçu
que ns recevions	que ns reçussions	que ns ayons reçu	que ns eussions reçu
que vs receviez	que vs reçussiez	que vs ayez reçu	que vs eussiez reçu
qu' ils reçoivent	qu' ils reçussent	qu' ils aient reçu	qu' ils eussent reçu

CONDITIONNEL

Présent	Passé 1re forme	Passé 2e forme
je recevrais	j' aurais reçu	j' eusse reçu
tu recevrais	tu aurais reçu	tu eusses reçu
il recevrait	il aurait reçu	il eût reçu
ns recevrions	ns aurions reçu	ns eussions reçu
vs recevriez	vs auriez reçu	vs eussiez reçu
ils recevraient	ils auraient reçu	ils eussent reçu

IMPÉRATIF

Présent			Passé		
reçois	recevons	recevez	aie reçu	ayons reçu	ayez reçu

INFINITIF

Présent	Passé
recevoir	avoir reçu

PARTICIPE

Présent	Passé	Passé composé
recevant	reçu, e	ayant reçu

37 VOIR 3e GROUPE

Ainsi se conjuguent *entrevoir* et *revoir.*

Remarques : 1. *Prévoir* a une conjugaison différente de *voir* au futur simple et au présent du conditionnel (voir modèle **38**). **2.** Ne pas oublier le *i* de la terminaison qui suit le *y* du radical aux deux premières personnes du pluriel de l'imparfait de l'indicatif et du présent du subjonctif *(nous voyions, vous voyiez).* **3.** À la 3e personne du pluriel du présent de l'indicatif et du présent du subjonctif, on doit placer un *i* et non un *y* ; erreur très fréquente, surtout à l'oral.

INDICATIF

Présent	Passé composé
je vois	j' ai vu
tu vois	tu as vu
il voit	il a vu
ns voyons	ns avons vu
vs voyez	vs avez vu
ils voient	ils ont vu

Imparfait	Plus-que-parfait
je voyais	j' avais vu
tu voyais	tu avais vu
il voyait	il avait vu
ns voyions	ns avions vu
vs voyiez	vs aviez vu
ils voyaient	ils avaient vu

Passé simple	Passé antérieur
je vis	j' eus vu
tu vis	tu eus vu
il vit	il eut vu
ns vîmes	ns eûmes vu
vs vîtes	vs eûtes vu
ils virent	ils eurent vu

Futur simple	Futur antérieur
je **verrai**	j' aurai vu
tu **verras**	tu auras vu
il **verra**	il aura vu
ns **verrons**	ns aurons vu
vs **verrez**	vs aurez vu
ils **verront**	ils auront vu

SUBJONCTIF

Présent	Imparfait	Passé	Plus-que-parfait
que je voie	que je visse	que j' aie vu	que j' eusse vu
que tu voies	que tu visses	que tu aies vu	que tu eusses vu
qu' il voie	qu' il vît	qu' il ait vu	qu' il eût vu
que ns voyions	que ns vissions	que ns ayons vu	que ns eussions vu
que vs voyiez	que vs vissiez	que vs ayez vu	que vs eussiez vu
qu' ils voient	qu' ils vissent	qu' ils aient vu	qu' ils eussent vu

CONDITIONNEL

Présent	Passé 1re forme	Passé 2e forme
je **verrais**	j' aurais vu	j' eusse vu
tu **verrais**	tu aurais vu	tu eusses vu
il **verrait**	il aurait vu	il eût vu
ns **verrions**	ns aurions vu	ns eussions vu
vs **verriez**	vs auriez vu	vs eussiez vu
ils **verraient**	ils auraient vu	ils eussent vu

IMPÉRATIF

Présent			Passé		
vois	voyons	voyez	aie vu	ayons vu	ayez vu

INFINITIF

Présent	Passé
voir	avoir vu

PARTICIPE

Présent	Passé	Passé composé
voyant	vu, e	ayant vu

38 PRÉVOIR — 3e GROUPE

Prévoir a la même conjugaison que *voir* (voir modèle **37**) sauf au futur simple et au présent du conditionnel.
Aux deux premières personnes du pluriel de l'imparfait de l'indicatif et du présent du subjonctif, ne pas oublier le *i* après le *y*.

INDICATIF

Présent	Passé composé
je prévois	j' ai prévu
tu prévois	tu as prévu
il prévoit	il a prévu
ns prévoyons	ns avons prévu
vs prévoyez	vs avez prévu
ils prévoient	ils ont prévu
Imparfait	**Plus-que-parfait**
je prévoyais	j' avais prévu
tu prévoyais	tu avais prévu
il prévoyait	il avait prévu
ns prévoyions	ns avions prévu
vs prévoyiez	vs aviez prévu
ils prévoyaient	ils avaient prévu
Passé simple	**Passé antérieur**
je prévis	j' eus prévu
tu prévis	tu eus prévu
il prévit	il eut prévu
ns prévîmes	ns eûmes prévu
vs prévîtes	vs eûtes prévu
ils prévirent	ils eurent prévu
Futur simple	**Futur antérieur**
je prévoirai	j' aurai prévu
tu prévoiras	tu auras prévu
il prévoira	il aura prévu
ns prévoirons	ns aurons prévu
vs prévoirez	vs aurez prévu
ils prévoiront	ils auront prévu

SUBJONCTIF

Présent	Passé
que je prévoie	que j' aie prévu
que tu prévoies	que tu aies prévu
qu' il prévoie	qu' il ait prévu
que ns prévoyions	que ns ayons prévu
que vs prévoyiez	que vs ayez prévu
qu' ils prévoient	qu' ils aient prévu
Imparfait	**Plus-que-parfait**
que je prévisse	que j' eusse prévu
que tu prévisses	que tu eusses prévu
qu' il prévît	qu' il eût prévu
que ns prévissions	que ns eussions prévu
que vs prévissiez	que vs eussiez prévu
qu' ils prévissent	qu' ils eussent prévu

CONDITIONNEL

Présent	Passé 1re forme	Passé 2e forme
je prévoirais	j' aurais prévu	j' eusse prévu
tu prévoirais	tu aurais prévu	tu eusses prévu
il prévoirait	il aurait prévu	il eût prévu
ns prévoirions	ns aurions prévu	ns eussions prévu
vs prévoiriez	vs auriez prévu	vs eussiez prévu
ils prévoiraient	ils auraient prévu	ils eussent prévu

IMPÉRATIF

Présent			Passé		
prévois	prévoyons	prévoyez	aie prévu	ayons prévu	ayez prévu

INFINITIF / PARTICIPE

Infinitif Présent	Infinitif Passé	Participe Présent	Participe Passé	Participe Passé composé
prévoir	avoir prévu	prévoyant	prévu, e	ayant prévu

39 POURVOIR 3e GROUPE

Pourvoir a la même conjugaison que *prévoir* (voir modèle **38**) sauf au passé simple et à l'imparfait du subjonctif qui sont en *-u-* et non en *-i-*.
Même si des grammaires et des dictionnaires mentionnent le verbe *dépourvoir* (se conjuguant sur le modèle de *pourvoir*), il est désormais inusité ; seul le participe passé *dépourvu* est attesté.

INDICATIF

Présent	Passé composé
je pourvois	j' ai pourvu
tu pourvois	tu as pourvu
il pourvoit	il a pourvu
ns pourvoyons	ns avons pourvu
vs pourvoyez	vs avez pourvu
ils pourvoient	ils ont pourvu
Imparfait	**Plus-que-parfait**
je pourvoyais	j' avais pourvu
tu pourvoyais	tu avais pourvu
il pourvoyait	il avait pourvu
ns pourvoyions	ns avions pourvu
vs pourvoyiez	vs aviez pourvu
ils pourvoyaient	ils avaient pourvu
Passé simple	**Passé antérieur**
je pourvus	j' eus pourvu
tu pourvus	tu eus pourvu
il pourvut	il eut pourvu
ns pourvûmes	ns eûmes pourvu
vs pourvûtes	vs eûtes pourvu
ils pourvurent	ils eurent pourvu
Futur simple	**Futur antérieur**
je pourvoirai	j' aurai pourvu
tu pourvoiras	tu auras pourvu
il pourvoira	il aura pourvu
ns pourvoirons	ns aurons pourvu
vs pourvoirez	vs aurez pourvu
ils pourvoiront	ils auront pourvu

SUBJONCTIF

Présent	Imparfait
que je pourvoie	que je pourvusse
que tu pourvoies	que tu pourvusses
qu' il pourvoie	qu' il pourvût
que ns pourvoyions	que ns pourvussions
que vs pourvoyiez	que vs pourvussiez
qu' ils pourvoient	qu' ils pourvussent
Passé	**Plus-que-parfait**
que j' aie pourvu	que j' eusse pourvu
que tu aies pourvu	que tu eusses pourvu
qu' il ait pourvu	qu' il eût pourvu
que ns ayons pourvu	que ns eussions pourvu
que vs ayez pourvu	que vs eussiez pourvu
qu' ils aient pourvu	qu' ils eussent pourvu

CONDITIONNEL

Présent	Passé 1re forme	Passé 2e forme
je pourvoirais	j' aurais pourvu	j' eusse pourvu
tu pourvoirais	tu aurais pourvu	tu eusses pourvu
il pourvoirait	il aurait pourvu	il eût pourvu
ns pourvoirions	ns aurions pourvu	ns eussions pourvu
vs pourvoiriez	vs auriez pourvu	vs eussiez pourvu
ils pourvoiraient	ils auraient pourvu	ils eussent pourvu

IMPÉRATIF

Présent			Passé		
pourvois	pourvoyons	pourvoyez	aie pourvu	ayons pourvu	ayez pourvu

INFINITIF / PARTICIPE

Infinitif présent	Infinitif passé	Participe présent	Participe passé	Participe passé composé
pourvoir	avoir pourvu	pourvoyant	pourvu, e	ayant pourvu

40 ASSEOIR 3e GROUPE

La conjugaison en *-oi-/-oy-* est moins fréquente à l'écrit que la conjugaison en *-ie-/-ey-*.
Remarques : 1. L'infinitif est la seule forme présentant le *e* muet. Aussi les rectifications de l'orthographe de 1990 préconisent-elles la graphie *assoir.* **2.** Le verbe *surseoir* n'a qu'une seule conjugaison en *-oi-/-oy-* (voir modèle **41**). **3.** *Seoir* au sens de « convenir » et *messeoir* n'ont qu'une conjugaison en *-ie-/-ey-* mais seulement à la 3e personne du présent de l'indicatif, du subjonctif et du conditionnel ainsi qu'à l'imparfait de l'indicatif et au futur simple.

INDICATIF

Présent	*ou*	**Passé composé**	
j' assieds	assois	j' ai	assis
tu assieds	assois	tu as	assis
il assied	assoit	il a	assis
ns asseyons	assoyons	ns avons	assis
vs asseyez	assoyez	vs avez	assis
ils asseyent	assoient	ils ont	assis
Imparfait	*ou*	**Plus-que-parfait**	
j' asseyais	assoyais	j' avais	assis
tu asseyais	assoyais	tu avais	assis
il asseyait	assoyait	il avait	assis
ns asseyions	assoyions	ns avions	assis
vs asseyiez	assoyiez	vs aviez	assis
ils asseyaient	assoyaient	ils avaient	assis
Passé simple		**Passé antérieur**	
j' assis		j' eus	assis
tu assis		tu eus	assis
il assit		il eut	assis
ns assîmes		ns eûmes	assis
vs assîtes		vs eûtes	assis
ils assirent		ils eurent	assis
Futur simple	*ou*	**Futur antérieur**	
j' assiérai	assoirai	j' aurai	assis
tu assiéras	assoiras	tu auras	assis
il assiéra	assoira	il aura	assis
ns assiérons	assoirons	ns aurons	assis
vs assiérez	assoirez	vs aurez	assis
ils assiéront	assoiront	ils auront	assis

SUBJONCTIF

Présent	*ou*
que j' asseye	assoie
que tu asseyes	assoies
qu' il asseye	assoie
que ns asseyions	assoyions
que vs asseyiez	assoyiez
qu' ils asseyent	assoient
Imparfait	
que j' assisse	
que tu assisses	
qu' il assît	
que ns assissions	
que vs assissiez	
qu' ils assissent	
Passé	
que j' aie	assis
que tu aies	assis
qu' il ait	assis
que ns ayons	assis
que vs ayez	assis
qu' ils aient	assis
Plus-que-parfait	
que j' eusse	assis
que tu eusses	assis
qu' il eût	assis
que ns eussions	assis
que vs eussiez	assis
qu' ils eussent	assis

CONDITIONNEL

Présent	*ou*	**Passé 1re forme**		**Passé 2e forme**	
j' assiérais	assoirais	j' aurais	assis	j' eusse	assis
tu assiérais	assoirais	tu aurais	assis	tu eusses	assis
il assiérait	assoirait	il aurait	assis	il eût	assis
ns assiérions	assoirions	ns aurions	assis	ns eussions	assis
vs assiériez	assoiriez	vs auriez	assis	vs eussiez	assis
ils assiéraient	assoiraient	ils auraient	assis	ils eussent	assis

IMPÉRATIF

Présent			**Passé**		
assieds	asseyons	asseyez	aie assis	ayons assis	ayez assis
ou assois	*ou* assoyons	*ou* assoyez			

INFINITIF

Présent	**Passé**
asseoir	avoir assis

PARTICIPE

Présent	**Passé**	**Passé composé**
asseyant *ou* assoyant	assis, se	ayant assis

41 SURSEOIR 3e GROUPE

Le *e* de l'infinitif disparaît dans la conjugaison sauf au futur simple et au présent du conditionnel.

Remarque : les rectifications de l'orthographe de 1990 conseillent l'emploi des graphies sans *e* (Ex. *je sursoirai, sursoir*).

INDICATIF

Présent	Passé composé
je sursois	j' ai sursis
tu sursois	tu as sursis
il sursoit	il a sursis
ns sursoyons	ns avons sursis
vs sursoyez	vs avez sursis
ils sursoient	ils ont sursis
Imparfait	**Plus-que-parfait**
je sursoyais	j' avais sursis
tu sursoyais	tu avais sursis
il sursoyait	il avait sursis
ns sursoyions	ns avions sursis
vs sursoyiez	vs aviez sursis
ils sursoyaient	ils avaient sursis
Passé simple	**Passé antérieur**
je sursis	j' eus sursis
tu sursis	tu eus sursis
il sursit	il eut sursis
ns sursîmes	ns eûmes sursis
vs sursîtes	vs eûtes sursis
ils sursirent	ils eurent sursis
Futur simple	**Futur antérieur**
je surseoirai	j' aurai sursis
tu surseoiras	tu auras sursis
il surseoira	il aura sursis
ns surseoirons	ns aurons sursis
vs surseoirez	vs aurez sursis
ils surseoiront	ils auront sursis

SUBJONCTIF

Présent	Imparfait
que je sursoie	que je sursisse
que tu sursoies	que tu sursisses
qu' il sursoie	qu' il sursît
que ns sursoyions	que ns sursissions
que vs sursoyiez	que vs sursissiez
qu' ils sursoient	qu' ils sursissent
Passé	**Plus-que-parfait**
que j' aie sursis	que j' eusse sursis
que tu aies sursis	que tu eusses sursis
qu' il ait sursis	qu' il eût sursis
que ns ayons sursis	que ns eussions sursis
que vs ayez sursis	que vs eussiez sursis
qu' ils aient sursis	qu' ils eussent sursis

CONDITIONNEL

Présent	Passé 1re forme	Passé 2e forme
je surseoirais	j' aurais sursis	j' eusse sursis
tu surseoirais	tu aurais sursis	tu eusses sursis
il surseoirait	il aurait sursis	il eût sursis
ns surseoirions	ns aurions sursis	ns eussions sursis
vs surseoiriez	vs auriez sursis	vs eussiez sursis
ils surseoiraient	ils auraient sursis	ils eussent sursis

IMPÉRATIF

Présent			Passé		
sursois	sursoyons	sursoyez	aie sursis	ayons sursis	ayez sursis

INFINITIF

Présent	Passé
surseoir	avoir sursis

PARTICIPE

Présent	Passé	Passé composé
sursoyant	sursis, se	ayant sursis

42 SAVOIR 3e GROUPE

Savoir est le seul verbe à se conjuguer ainsi.

Remarque : 1. L'emploi de l'expression *je ne sache pas* où le subjonctif est employé sans *que* est en recul devant *que je sache.* **2.** Ne pas confondre les formes du futur simple et du présent du conditionnel avec celles, presque homophones, du verbe *être (je serai, tu serais).*

INDICATIF

Présent	Passé composé
je sais	j' ai su
tu sais	tu as su
il sait	il a su
ns savons	ns avons su
vs savez	vs avez su
ils savent	ils ont su
Imparfait	**Plus-que-parfait**
je savais	j' avais su
tu savais	tu avais su
il savait	il avait su
ns savions	ns avions su
vs saviez	vs aviez su
ils savaient	ils avaient su
Passé simple	**Passé antérieur**
je sus	j' eus su
tu sus	tu eus su
il sut	il eut su
ns sûmes	ns eûmes su
vs sûtes	vs eûtes su
ils surent	ils eurent su
Futur simple	**Futur antérieur**
je saurai	j' aurai su
tu sauras	tu auras su
il saura	il aura su
ns saurons	ns aurons su
vs saurez	vs aurez su
ils sauront	ils auront su

SUBJONCTIF

Présent	Imparfait
que je sache	que je susse
que tu saches	que tu susses
qu' il sache	qu' il sût
que ns sachions	que ns sussions
que vs sachiez	que vs sussiez
qu' ils sachent	qu' ils sussent
Passé	**Plus-que-parfait**
que j' aie su	que j' eusse su
que tu aies su	que tu eusses su
qu' il ait su	qu' il eût su
que ns ayons su	que ns eussions su
que vs ayez su	que vs eussiez su
qu' ils aient su	qu' ils eussent su

CONDITIONNEL

Présent	Passé 1re forme	Passé 2e forme
je saurais	j' aurais su	j' eusse su
tu saurais	tu aurais su	tu eusses su
il saurait	il aurait su	il eût su
ns saurions	ns aurions su	ns eussions su
vs sauriez	vs auriez su	vs eussiez su
ils sauraient	ils auraient su	ils eussent su

IMPÉRATIF

Présent			Passé		
sache	sachons	sachez	aie su	ayons su	ayez su

INFINITIF / PARTICIPE

INFINITIF Présent	INFINITIF Passé	PARTICIPE Présent	PARTICIPE Passé	PARTICIPE Passé composé
savoir	avoir su	sachant	su, e	ayant su

43 DEVOIR 3e GROUPE

L'accent circonflexe sur le *u* du participe passé disparaît au féminin et au pluriel : *dû, due, dus, dues.*

Seul le verbe *redevoir* se conjugue sur ce modèle.

Remarque : le participe passé *redû* n'ayant pas d'homonyme, les rectifications de l'orthographe de 1990 proposent la suppression de l'accent circonflexe : *redu.*

INDICATIF

Présent	Passé composé
je dois	j' ai dû
tu dois	tu as dû
il doit	il a dû
ns devons	ns avons dû
vs devez	vs avez dû
ils doivent	ils ont dû
Imparfait	**Plus-que-parfait**
je devais	j' avais dû
tu devais	tu avais dû
il devait	il avait dû
ns devions	ns avions dû
vs deviez	vs aviez dû
ils devaient	ils avaient dû
Passé simple	**Passé antérieur**
je dus	j' eus dû
tu dus	tu eus dû
il dut	il eut dû
ns dûmes	ns eûmes dû
vs dûtes	vs eûtes dû
ils durent	ils eurent dû
Futur simple	**Futur antérieur**
je devrai	j' aurai dû
tu devras	tu auras dû
il devra	il aura dû
ns devrons	ns aurons dû
vs devrez	vs aurez dû
ils devront	ils auront dû

SUBJONCTIF

Présent
que je doive
que tu doives
qu' il doive
que ns devions
que vs deviez
qu' ils doivent
Imparfait
que je dusse
que tu dusses
qu' il dût
que ns dussions
que vs dussiez
qu' ils dussent
Passé
que j' aie dû
que tu aies dû
qu' il ait dû
que ns ayons dû
que vs ayez dû
qu' ils aient dû
Plus-que-parfait
que j' eusse dû
que tu eusses dû
qu' il eût dû
que ns eussions dû
que vs eussiez dû
qu' ils eussent dû

CONDITIONNEL

Présent	Passé 1re forme	Passé 2e forme
je devrais	j' aurais dû	j' eusse dû
tu devrais	tu aurais dû	tu eusses dû
il devrait	il aurait dû	il eût dû
ns devrions	ns aurions dû	ns eussions dû
vs devriez	vs auriez dû	vs eussiez dû
ils devraient	ils auraient dû	ils eussent dû

IMPÉRATIF

inusité

INFINITIF

Présent	Passé
devoir	avoir dû

PARTICIPE

Présent	Passé	Passé composé
devant	dû, due	ayant dû

44 POUVOIR 3e GROUPE

Au présent de l'indicatif, *je peux* est plus courant, *je puis* plus littéraire. Lorsque le pronom sujet est inversé, seul *puis-je* est possible.
Au présent du subjonctif, lorsque le pronom sujet est inversé, on a *puissé-je*.
Le participe passé *pu* est toujours invariable et ne prend pas d'accent circonflexe.
Remarque : noter les terminaisons du présent de l'indicatif en *x* et non en *s* comme les verbes du 3e groupe.

INDICATIF

Présent	*ou*	Passé composé
je peux	je puis	j' ai pu
tu peux		tu as pu
il peut		il a pu
ns pouvons		ns avons pu
vs pouvez		vs avez pu
ils peuvent		ils ont pu

Imparfait	Plus-que-parfait
je pouvais	j' avais pu
tu pouvais	tu avais pu
il pouvait	il avait pu
ns pouvions	ns avions pu
vs pouviez	vs aviez pu
ils pouvaient	ils avaient pu

Passé simple	Passé antérieur
je pus	j' eus pu
tu pus	tu eus pu
il put	il eut pu
ns pûmes	ns eûmes pu
vs pûtes	vs eûtes pu
ils purent	ils eurent pu

Futur simple	Futur antérieur
je pourrai	j' aurai pu
tu pourras	tu auras pu
il pourra	il aura pu
ns pourrons	ns aurons pu
vs pourrez	vs aurez pu
ils pourront	ils auront pu

SUBJONCTIF

Présent	Imparfait	Passé	Plus-que-parfait
que je puisse	que je pusse	que j' aie pu	que j' eusse pu
que tu puisses	que tu pusses	que tu aies pu	que tu eusses pu
qu' il puisse	qu' il pût	qu' il ait pu	qu' il eût pu
que ns puissions	que ns pussions	que ns ayons pu	que ns eussions pu
que vs puissiez	que vs pussiez	que vs ayez pu	que vs eussiez pu
qu' ils puissent	qu' ils pussent	qu' ils aient pu	qu' ils eussent pu

CONDITIONNEL

Présent	Passé 1re forme	Passé 2e forme
je pourrais	j' aurais pu	j' eusse pu
tu pourrais	tu aurais pu	tu eusses pu
il pourrait	il aurait pu	il eût pu
ns pourrions	ns aurions pu	ns eussions pu
vs pourriez	vs auriez pu	vs eussiez pu
ils pourraient	ils auraient pu	ils eussent pu

IMPÉRATIF

inusité

INFINITIF

Présent	Passé
pouvoir	avoir pu

PARTICIPE

Présent	Passé	Passé composé
pouvant	pu	ayant pu

45 VOULOIR 3e GROUPE

L'impératif présent est rare en dehors des expressions *ne m'en veux pas, ne m'en voulez pas* que l'on trouve aussi sous la forme *ne m'en veuille pas, ne m'en veuillez pas.* La 2e personne du pluriel de l'impératif présent est employée couramment dans les formules de politesse *(veuillez agréer, veuillez recevoir...).*
Le participe passé du verbe *s'en vouloir (ils s'en sont voulu)* demeure invariable.
Remarque : noter les terminaisons du présent de l'indicatif en *x* et non en *s* comme les verbes du 3e groupe.

INDICATIF

Présent	Passé composé
je veux	j' ai voulu
tu veux	tu as voulu
il veut	il a voulu
ns voulons	ns avons voulu
vs voulez	vs avez voulu
ils veulent	ils ont voulu
Imparfait	**Plus-que-parfait**
je voulais	j' avais voulu
tu voulais	tu avais voulu
il voulait	il avait voulu
ns voulions	ns avions voulu
vs vouliez	vs aviez voulu
ils voulaient	ils avaient voulu
Passé simple	**Passé antérieur**
je voulus	j' eus voulu
tu voulus	tu eus voulu
il voulut	il eut voulu
ns voulûmes	ns eûmes voulu
vs voulûtes	vs eûtes voulu
ils voulurent	ils eurent voulu
Futur simple	**Futur antérieur**
je voudrai	j' aurai voulu
tu voudras	tu auras voulu
il voudra	il aura voulu
ns voudrons	ns aurons voulu
vs voudrez	vs aurez voulu
ils voudront	ils auront voulu

SUBJONCTIF

Présent	Imparfait
que je veuille	que je voulusse
que tu veuilles	que tu voulusses
qu' il veuille	qu' il voulût
que ns voulions	que ns voulussions
que vs vouliez	que vs voulussiez
qu' ils veuillent	qu' ils voulussent
Passé	**Plus-que-parfait**
que j' aie voulu	que j' eusse voulu
que tu aies voulu	que tu eusses voulu
qu' il ait voulu	qu' il eût voulu
que ns ayons voulu	que ns eussions voulu
que vs ayez voulu	que vs eussiez voulu
qu' ils aient voulu	qu' ils eussent voulu

CONDITIONNEL

Présent	Passé 1re forme	Passé 2e forme
je voudrais	j' aurais voulu	j' eusse voulu
tu voudrais	tu aurais voulu	tu eusses voulu
il voudrait	il aurait voulu	il eût voulu
ns voudrions	ns aurions voulu	ns eussions voulu
vs voudriez	vs auriez voulu	vs eussiez voulu
ils voudraient	ils auraient voulu	ils eussent voulu

IMPÉRATIF

Présent			Passé		
veux *ou* veuille	voulons	voulez *ou* veuillez	aie voulu	ayons voulu	ayez voulu

INFINITIF

Présent	Passé
vouloir	avoir voulu

PARTICIPE

Présent	Passé	Passé composé
voulant	voulu, e	ayant voulu

46 VALOIR 3e GROUPE

L'impératif est rare.
Ainsi se conjuguent *équivaloir* et *revaloir.*
Remarques : 1. Noter les terminaisons du présent de l'indicatif en *x* et non en *s* comme les verbes du 3e groupe. **2.** *Prévaloir* est différent de *valoir* au présent du subjonctif (voir modèle **47**).

INDICATIF

Présent	Passé composé
je vaux	j' ai valu
tu vaux	tu as valu
il vaut	il a valu
ns valons	ns avons valu
vs valez	vs avez valu
ils valent	ils ont valu
Imparfait	**Plus-que-parfait**
je valais	j' avais valu
tu valais	tu avais valu
il valait	il avait valu
ns valions	ns avions valu
vs valiez	vs aviez valu
ils valaient	ils avaient valu
Passé simple	**Passé antérieur**
je valus	j' eus valu
tu valus	tu eus valu
il valut	il eut valu
ns valûmes	ns eûmes valu
vs valûtes	vs eûtes valu
ils valurent	ils eurent valu
Futur simple	**Futur antérieur**
je vaudrai	j' aurai valu
tu vaudras	tu auras valu
il vaudra	il aura valu
ns vaudrons	ns aurons valu
vs vaudrez	vs aurez valu
ils vaudront	ils auront valu

SUBJONCTIF

Présent	Imparfait
que je vaille	que je valusse
que tu vailles	que tu valusses
qu' il vaille	qu' il valût
que ns valions	que ns valussions
que vs valiez	que vs valussiez
qu' ils vaillent	qu' ils valussent
Passé	**Plus-que-parfait**
que j' aie valu	que j' eusse valu
que tu aies valu	que tu eusses valu
qu' il ait valu	qu' il eût valu
que ns ayons valu	que ns eussions valu
que vs ayez valu	que vs eussiez valu
qu' ils aient valu	qu' ils eussent valu

CONDITIONNEL

Présent	Passé 1re forme	Passé 2e forme
je vaudrais	j' aurais valu	j' eusse valu
tu vaudrais	tu aurais valu	tu eusses valu
il vaudrait	il aurait valu	il eût valu
ns vaudrions	ns aurions valu	ns eussions valu
vs vaudriez	vs auriez valu	vs eussiez valu
ils vaudraient	ils auraient valu	ils eussent valu

IMPÉRATIF

Présent
vaux valons valez

Passé
aie valu ayons valu ayez valu

INFINITIF

Présent	Passé
valoir	avoir valu

PARTICIPE

Présent	Passé	Passé composé
valant	valu, e	ayant valu

PRÉVALOIR

3e GROUPE

Prévaloir se distingue de *valoir* uniquement au présent du subjonctif.

INDICATIF

Présent	Passé composé
je prévaux	j' ai prévalu
tu prévaux	tu as prévalu
il prévaut	il a prévalu
ns prévalons	ns avons prévalu
vs prévalez	vs avez prévalu
ils prévalent	ils ont prévalu
Imparfait	**Plus-que-parfait**
je prévalais	j' avais prévalu
tu prévalais	tu avais prévalu
il prévalait	il avait prévalu
ns prévalions	ns avions prévalu
vs prévaliez	vs aviez prévalu
ils prévalaient	ils avaient prévalu
Passé simple	**Passé antérieur**
je prévalus	j' eus prévalu
tu prévalus	tu eus prévalu
il prévalut	il eut prévalu
ns prévalûmes	ns eûmes prévalu
vs prévalûtes	vs eûtes prévalu
ils prévalurent	ils eurent prévalu
Futur simple	**Futur antérieur**
je prévaudrai	j' aurai prévalu
tu prévaudras	tu auras prévalu
il prévaudra	il aura prévalu
ns prévaudrons	ns aurons prévalu
vs prévaudrez	vs aurez prévalu
ils prévaudront	ils auront prévalu

SUBJONCTIF

Présent	Imparfait
que je prévale	que je prévalusse
que tu prévales	que tu prévalusses
qu' il prévale	qu' il prévalût
que ns prévalions	que ns prévalussions
que vs prévaliez	que vs prévalussiez
qu' ils prévalent	qu' ils prévalussent
Passé	**Plus-que-parfait**
que j' aie prévalu	que j' eusse prévalu
que tu aies prévalu	que tu eusses prévalu
qu' il ait prévalu	qu' il eût prévalu
que ns ayons prévalu	que ns eussions prévalu
que vs ayez prévalu	que vs eussiez prévalu
qu' ils aient prévalu	qu' ils eussent prévalu

CONDITIONNEL

Présent	Passé 1re forme	Passé 2e forme
je prévaudrais	j' aurais prévalu	j' eusse prévalu
tu prévaudrais	tu aurais prévalu	tu eusses prévalu
il prévaudrait	il aurait prévalu	il eût prévalu
ns prévaudrions	ns aurions prévalu	ns eussions prévalu
vs prévaudriez	vs auriez prévalu	vs eussiez prévalu
ils prévaudraient	ils auraient prévalu	ils eussent prévalu

IMPÉRATIF

Présent			Passé		
prévaux	prévalons	prévalez	aie prévalu	ayons prévalu	ayez prévalu

INFINITIF

Présent	Passé
prévaloir	avoir prévalu

PARTICIPE

Présent	Passé	Passé composé
prévalant	prévalu, e	ayant prévalu

48 MOUVOIR 3e GROUPE

L'accent circonflexe sur le *u* du participe passé disparaît au féminin et au pluriel : *mû, mue, mus, mues.* Ainsi se conjuguent *émouvoir* et *promouvoir*, mais leur participe passé ne prend pas d'accent circonflexe : *ému, promu.*
Les rectifications de l'orthographe de 1990 acceptent la suppression de l'accent circonflexe sur le participe passé masculin singulier : *mu.*
Remarque : en raison de leur conjugaison irrégulière, *émouvoir* et *promouvoir* sont souvent en concurrence avec *émotionner* et *promotionner.*

INDICATIF

Présent	Passé composé
je **meus**	j' ai mû
tu **meus**	tu as mû
il **meut**	il a mû
ns mouvons	ns avons mû
vs mouvez	vs avez mû
ils **meuvent**	ils ont mû

Imparfait	Plus-que-parfait
je mouvais	j' avais mû
tu mouvais	tu avais mû
il mouvait	il avait mû
ns mouvions	ns avions mû
vs mouviez	vs aviez mû
ils mouvaient	ils avaient mû

Passé simple	Passé antérieur
je mus	j' eus mû
tu mus	tu eus mû
il mut	il eut mû
ns mûmes	ns eûmes mû
vs mûtes	vs eûtes mû
ils murent	ils eurent mû

Futur simple	Futur antérieur
je mouvrai	j' aurai mû
tu mouvras	tu auras mû
il mouvra	il aura mû
ns mouvrons	ns aurons mû
vs mouvrez	vs aurez mû
ils mouvront	ils auront mû

SUBJONCTIF

Présent	Imparfait
que je **meuve**	que je musse
que tu **meuves**	que tu musses
qu' il **meuve**	qu' il mût
que ns mouvions	que ns mussions
que vs mouviez	que vs mussiez
qu' ils **meuvent**	qu' ils mussent

Passé	Plus-que-parfait
que j' aie mû	que j' eusse mû
que tu aies mû	que tu eusses mû
qu' il ait mû	qu' il eût mû
que ns ayons mû	que ns eussions mû
que vs ayez mû	que vs eussiez mû
qu' ils aient mû	qu' ils eussent mû

CONDITIONNEL

Présent	Passé 1re forme	Passé 2e forme
je mouvrais	j' aurais mû	j' eusse mû
tu mouvrais	tu aurais mû	tu eusses mû
il mouvrait	il aurait mû	il eût mû
ns mouvrions	ns aurions mû	ns eussions mû
vs mouvriez	vs auriez mû	vs eussiez mû
ils mouvraient	ils auraient mû	ils eussent mû

IMPÉRATIF

Présent			Passé		
meus	mouvons	mouvez	aie mû	ayons mû	ayez mû

INFINITIF

Présent	Passé
mouvoir	avoir mû

PARTICIPE

Présent	Passé	Passé composé
mouvant	mû, mue	ayant mû

49 FALLOIR 3e GROUPE

Falloir est un verbe impersonnel qui ne se conjugue donc qu'à la 3e personne du singulier. Il n'a pas de participe présent ni d'impératif.

INDICATIF		SUBJONCTIF
Présent	**Passé composé**	**Présent**
il faut	il a fallu	qu' il faille
Imparfait	**Plus-que-parfait**	**Imparfait**
il fallait	il avait fallu	qu' il fallût
Passé simple	**Passé antérieur**	**Passé**
il fallut	il eut fallu	qu' il ait fallu
Futur simple	**Futur antérieur**	**Plus-que-parfait**
il faudra	il aura fallu	qu' il eût fallu

CONDITIONNEL		
Présent	**Passé 1re forme**	**Passé 2e forme**
il faudrait	il aurait fallu	il eût fallu

IMPÉRATIF

inusité

INFINITIF		PARTICIPE		
Présent	**Passé**	**Présent**	**Passé**	**Passé composé**
falloir	avoir fallu	*inusité*	fallu	ayant fallu

50 PLEUVOIR 3e GROUPE

Pleuvoir se conjugue à la 3e personne du singulier au sens concret et à la 3e personne du pluriel au sens figuré (Ex. : *les coups pleuvent*).

INDICATIF

Présent	Passé composé
il pleut	il a plu
ils pleuvent	ils ont plu
Imparfait	**Plus-que-parfait**
il pleuvait	il avait plu
ils pleuvaient	ils avaient plu
Passé simple	**Passé antérieur**
il plut	il eut plu
ils plurent	ils eurent plu
Futur simple	**Futur antérieur**
il pleuvra	il aura plu
ils pleuvront	ils auront plu

SUBJONCTIF

Présent	Imparfait
qu'il pleuve	qu'il plût
qu'ils pleuvent	qu'ils plussent
Passé	**Plus-que-parfait**
qu'il ait plu	qu'il eût plu
qu'ils aient plu	qu'ils eussent plu

CONDITIONNEL

Présent	Passé 1re forme	Passé 2e forme
il pleuvrait	il aurait plu	il eût plu
ils pleuvraient	ils auraient plu	ils eussent plu

IMPÉRATIF

inusité

INFINITIF

Présent	Passé
pleuvoir	avoir plu

PARTICIPE

Présent	Passé	Passé composé
pleuvant	plu	ayant plu

51 DÉCHOIR 3e GROUPE

Ainsi se conjuguent *choir* et *échoir.*

Choir et *déchoir* n'ont pas d'imparfait de l'indicatif et *choir* n'a pas de subjonctif présent. *Échoir* se trouve parfois à l'imparfait *(il échéait, il échoyait).* Les formes en *-err-* du futur simple et du présent du conditionnel sont rares. *Choir* se conjugue aujourd'hui plus souvent avec *avoir* qu'avec *être. Échoir* se conjugue avec *être* et *déchoir* avec *être* ou *avoir.*

Le participe présent de *échoir (échéant)* apparaît dans la locution *le cas échéant.*

INDICATIF

Présent	*ou*	Passé composé	Imparfait	Plus-que-parfait
je déchois		j' ai déchu	*inusité*	j' avais déchu
tu déchois		tu as déchu		tu avais déchu
il déchoit	déchet	il a déchu		il avait déchu
ns déchoyons		ns avons déchu		ns avions déchu
vs déchoyez		vs avez déchu		vs aviez déchu
ils déchoient		ils ont déchu		ils avaient déchu

Passé simple	Passé antérieur
je déchus	j' eus déchu
tu déchus	tu eus déchu
il déchut	il eut déchu
ns déchûmes	ns eûmes déchu
vs déchûtes	vs eûtes déchu
ils déchurent	ils eurent déchu

Futur simple	*ou*	Futur antérieur
je déchoirai	décherrai	j' aurai déchu
tu déchoiras	décherras	tu auras déchu
il déchoira	décherra	il aura déchu
ns déchoirons	décherrons	ns aurons déchu
vs déchoirez	décherrez	vs aurez déchu
ils déchoiront	décherront	ils auront déchu

SUBJONCTIF

Présent	Imparfait	Passé	Plus-que-parfait
que je déchoie	que je déchusse	que j' aie déchu	que j' eusse déchu
que tu déchoies	que tu déchusses	que tu aies déchu	que tu eusses déchu
qu' il déchoie	qu' il déchût	qu' il ait déchu	qu' il eût déchu
que ns déchoyions	que ns déchussions	que ns ayons déchu	que ns eussions déchu
que vs déchoyiez	que vs déchussiez	que vs ayez déchu	que vs eussiez déchu
qu' ils déchoient	qu' ils déchussent	qu' ils aient déchu	qu' ils eussent déchu

CONDITIONNEL

Présent	*ou*	Passé 1re forme	Passé 2e forme
je déchoirais	décherrais	j' aurais déchu	j' eusse déchu
tu déchoirais	décherrais	tu aurais déchu	tu eusses déchu
il déchoirait	décherrait	il aurait déchu	il eût déchu
ns déchoirions	décherrions	ns aurions déchu	ns eussions déchu
vs déchoiriez	décherriez	vs auriez déchu	vs eussiez déchu
ils déchoiraient	décherraient	ils auraient déchu	ils eussent déchu

IMPÉRATIF

inusité

INFINITIF

Présent	Passé
déchoir	avoir déchu

PARTICIPE

Présent	Passé	Passé composé
déchéant *(rare)*	déchu, e	ayant déchu

52 RENDRE — 3e GROUPE

Les verbes en *-dre*, sauf les verbes formés sur le radical *prendre* (voir modèle **53**), les verbes en *-indre* (voir modèles **54, 55** et **56**) et les verbes en *-soudre* (voir modèle **57**) gardent le *d* de l'infinitif au singulier du présent de l'indicatif et de l'impératif. À la 3e personne du singulier de l'indicatif, ce *d* exclut la terminaison *t (il rend)*.

INDICATIF

Présent	Passé composé
je rends	j' ai rendu
tu rends	tu as rendu
il rend	il a rendu
ns rendons	ns avons rendu
vs rendez	vs avez rendu
ils rendent	ils ont rendu
Imparfait	**Plus-que-parfait**
je rendais	j' avais rendu
tu rendais	tu avais rendu
il rendait	il avait rendu
ns rendions	ns avions rendu
vs rendiez	vs aviez rendu
ils rendaient	ils avaient rendu
Passé simple	**Passé simple**
je rendis	j' eus rendu
tu rendis	tu eus rendu
il rendit	il eut rendu
ns rendîmes	ns eûmes rendu
vs rendîtes	vs eûtes rendu
ils rendirent	ils eurent rendu
Futur simple	**Futur antérieur**
je rendrai	j' aurai rendu
tu rendras	tu auras rendu
il rendra	il aura rendu
ns rendrons	ns aurons rendu
vs rendrez	vs aurez rendu
ils rendront	ils auront rendu

SUBJONCTIF

Présent	Imparfait	Passé	Plus-que-parfait
que je rende	que je rendisse	que j' aie rendu	que j' eusse rendu
que tu rendes	que tu rendisses	que tu aies rendu	que tu eusses rendu
qu' il rende	qu' il rendît	qu' il ait rendu	qu' il eût rendu
que ns rendions	que ns rendissions	que ns ayons rendu	que ns eussions rendu
que vs rendiez	que vs rendissiez	que vs ayez rendu	que vs eussiez rendu
qu' ils rendent	qu' ils rendissent	qu' ils aient rendu	qu' ils eussent rendu

CONDITIONNEL

Présent	Passé 1re forme	Passé 2e forme
je rendrais	j' aurais rendu	j' eusse rendu
tu rendrais	tu aurais rendu	tu eusses rendu
il rendrait	il aurait rendu	il eût rendu
ns rendrions	ns aurions rendu	ns eussions rendu
vs rendriez	vs auriez rendu	vs eussiez rendu
ils rendraient	ils auraient rendu	ils eussent rendu

IMPÉRATIF

Présent			Passé		
rends	rendons	rendez	aie rendu	ayons rendu	ayez rendu

INFINITIF

Présent	Passé
rendre	avoir rendu

PARTICIPE

Présent	Passé	Passé composé
rendant	rendu, e	ayant rendu

53 PRENDRE 3e GROUPE

Ainsi se conjuguent les verbes qui se terminent par *-prendre* (*apprendre, se méprendre, surprendre,* etc.).

INDICATIF

Présent	Passé composé
je prends	j' ai pris
tu prends	tu as pris
il prend	il a pris
ns prenons	ns avons pris
vs prenez	vs avez pris
ils prennent	ils ont pris
Imparfait	**Plus-que-parfait**
je prenais	j' avais pris
tu prenais	tu avais pris
il prenait	il avait pris
ns prenions	ns avions pris
vs preniez	vs aviez pris
ils prenaient	ils avaient pris
Passé simple	**Passé antérieur**
je pris	j' eus pris
tu pris	tu eus pris
il prit	il eut pris
ns prîmes	ns eûmes pris
vs prîtes	vs eûtes pris
ils prirent	ils eurent pris
Futur simple	**Futur antérieur**
je prendrai	j' aurai pris
tu prendras	tu auras pris
il prendra	il aura pris
ns prendrons	ns aurons pris
vs prendrez	vs aurez pris
ils prendront	ils auront pris

SUBJONCTIF

Présent	Imparfait
que je prenne	que je prisse
que tu prennes	que tu prisses
qu' il prenne	qu' il prît
que ns prenions	que ns prissions
que vs preniez	que vs prissiez
qu' ils prennent	qu' ils prissent
Passé	**Plus-que-parfait**
que j' aie pris	que j' eusse pris
que tu aies pris	que tu eusses pris
qu' il ait pris	qu' il eût pris
que ns ayons pris	que ns eussions pris
que vs ayez pris	que vs eussiez pris
qu' ils aient pris	qu' ils eussent pris

CONDITIONNEL

Présent	Passé 1re forme	Passé 2e forme
je prendrais	j' aurais pris	j' eusse pris
tu prendrais	tu aurais pris	tu eusses pris
il prendrait	il aurait pris	il eût pris
ns prendrions	ns aurions pris	ns eussions pris
vs prendriez	vs auriez pris	vs eussiez pris
ils prendraient	ils auraient pris	ils eussent pris

IMPÉRATIF

Présent			Passé		
prends	prenons	prenez	aie pris	ayons pris	ayez pris

INFINITIF

Présent	Passé
prendre	avoir pris

PARTICIPE

Présent	Passé	Passé composé
prenant	pris, se	ayant pris

54 CRAINDRE — 3e GROUPE

Contrairement aux autres verbes en *-dre* (voir modèle **52**), les verbes qui se conjuguent sur ce modèle perdent le *d* de l'infinitif, sauf au futur simple et au présent du conditionnel. Ces verbes prennent donc la terminaison *t* à la 3e personne du singulier du présent de l'indicatif *(il crain**t**)*.

Ainsi se conjuguent *contraindre* et *plaindre.*

Aux deux premières personnes du pluriel de l'imparfait de l'indicatif et du présent du subjonctif, ne pas oublier le *i* après *gn*.

INDICATIF

Présent	Passé composé
je crains	j' ai craint
tu crains	tu as craint
il craint	il a craint
ns craignons	ns avons craint
vs craignez	vs avez craint
ils craignent	ils ont craint

Imparfait	Plus-que-parfait
je craignais	j' avais craint
tu craignais	tu avais craint
il craignait	il avait craint
ns craignions	ns avions craint
vs craigniez	vs aviez craint
ils craignaient	ils avaient craint

Passé simple	Passé antérieur
je craignis	j' eus craint
tu craignis	tu eus craint
il craignit	il eut craint
ns craignîmes	ns eûmes craint
vs craignîtes	vs eûtes craint
ils craignirent	ils eurent craint

Futur simple	Futur antérieur
je craindrai	j' aurai craint
tu craindras	tu auras craint
il craindra	il aura craint
ns craindrons	ns aurons craint
vs craindrez	vs aurez craint
ils craindront	ils auront craint

SUBJONCTIF

Présent	Imparfait
que je craigne	que je craignisse
que tu craignes	que tu craignisses
qu' il craigne	qu' il craignît
que ns craignions	que ns craignissions
que vs craigniez	que vs craignissiez
qu' ils craignent	qu' ils craignissent

Passé	Plus-que-parfait
que j' aie craint	que j' eusse craint
que tu aies craint	que tu eusses craint
qu' il ait craint	qu' il eût craint
que ns ayons craint	que ns eussions craint
que vs ayez craint	que vs eussiez craint
qu' ils aient craint	qu' ils eussent craint

CONDITIONNEL

Présent	Passé 1re forme	Passé 2e forme
je craindrais	j' aurais craint	j' eusse craint
tu craindrais	tu aurais craint	tu eusses craint
il craindrait	il aurait craint	il eût craint
ns craindrions	ns aurions craint	ns eussions craint
vs craindriez	vs auriez craint	vs eussiez craint
ils craindraient	ils auraient craint	ils eussent craint

IMPÉRATIF

Présent			Passé		
crains	craignons	craignez	aie craint	ayons craint	ayez craint

INFINITIF

Présent	Passé
craindre	avoir craint

PARTICIPE

Présent	Passé	Passé composé
craignant	craint, te	ayant craint

55 PEINDRE 3e GROUPE

Contrairement aux autres verbes en *-dre* (voir modèle **52**), les verbes qui se conjuguent sur ce modèle perdent le *d* de l'infinitif, sauf au futur simple et au présent du conditionnel. Ces verbes prennent donc la terminaison *t* à la 3e personne du singulier du présent de l'indicatif *(il pein**t**)*.
Ainsi se conjuguent tous les verbes qui se terminent par *-eindre.*
Aux deux premières personnes du pluriel de l'imparfait de l'indicatif et du présent du subjonctif, ne pas oublier le *i* après *gn*.

INDICATIF

Présent	Passé composé
je peins	j' ai peint
tu peins	tu as peint
il peint	il a peint
ns peignons	ns avons peint
vs peignez	vs avez peint
ils peignent	ils ont peint

Imparfait	Plus-que-parfait
je peignais	j' avais peint
tu peignais	tu avais peint
il peignait	il avait peint
ns peignions	ns avions peint
vs peigniez	vs aviez peint
ils peignaient	ils avaient peint

Passé simple	Passé antérieur
je peignis	j' eus peint
tu peignis	tu eus peint
il peignit	il eut peint
ns peignîmes	ns eûmes peint
vs peignîtes	vs eûtes peint
ils peignirent	ils eurent peint

Futur simple	Futur antérieur
je peindrai	j' aurai peint
tu peindras	tu auras peint
il peindra	il aura peint
ns peindrons	ns aurons peint
vs peindrez	vs aurez peint
ils peindront	ils auront peint

SUBJONCTIF

Présent	Imparfait
que je peigne	que je peignisse
que tu peignes	que tu peignisses
qu' il peigne	qu' il peignît
que ns peignions	que ns peignissions
que vs peigniez	que vs peignissiez
qu' ils peignent	qu' ils peignissent

Passé	Plus-que-parfait
que j' aie peint	que j' eusse peint
que tu aies peint	que tu eusses peint
qu' il ait peint	qu' il eût peint
que ns ayons peint	que ns eussions peint
que vs ayez peint	que vs eussiez peint
qu' ils aient peint	qu' ils eussent peint

CONDITIONNEL

Présent	Passé 1re forme	Passé 2e forme
je peindrais	j' aurais peint	j' eusse peint
tu peindrais	tu aurais peint	tu eusses peint
il peindrait	il aurait peint	il eût peint
ns peindrions	ns aurions peint	ns eussions peint
vs peindriez	vs auriez peint	vs eussiez peint
ils peindraient	ils auraient peint	ils eussent peint

IMPÉRATIF

Présent			Passé		
peins	peignons	peignez	aie peint	ayons peint	ayez peint

INFINITIF

Présent	Passé
peindre	avoir peint

PARTICIPE

Présent	Passé	Passé composé
peignant	peint, te	ayant peint

56 JOINDRE 3e GROUPE

Ainsi se conjuguent les verbes *adjoindre, conjoindre, disjoindre, enjoindre, rejoindre* et aussi *oindre* et *poindre,* rares aujourd'hui.
Contrairement aux autres verbes en *-dre* (voir modèle **52**), ces verbes perdent le *d* de l'infinitif sauf au futur simple et au présent du conditionnel. Ces verbes prennent donc la terminaison *t* à la 3e personne du singulier du présent de l'indicatif *(je join**s**, il join**t**)*.
Aux deux premières personnes du pluriel de l'imparfait de l'indicatif et du présent du subjonctif, ne pas oublier le *i* après *gn*.

INDICATIF

Présent	**Passé composé**
je joins	j' ai joint
tu joins	tu as joint
il joint	il a joint
ns joignons	ns avons joint
vs joignez	vs avez joint
ils joignent	ils ont joint
Imparfait	**Plus-que-parfait**
je joignais	j' avais joint
tu joignais	tu avais joint
il joignait	il avait joint
ns joignions	ns avions joint
vs joigniez	vs aviez joint
ils joignaient	ils avaient joint
Passé simple	**Passé antérieur**
je joignis	j' eus joint
tu joignis	tu eus joint
il joignit	il eut joint
ns joignîmes	ns eûmes joint
vs joignîtes	vs eûtes joint
ils joignirent	ils eurent joint
Futur simple	**Futur antérieur**
je joindrai	j' aurai joint
tu joindras	tu auras joint
il joindra	il aura joint
ns joindrons	ns aurons joint
vs joindrez	vs aurez joint
ils joindront	ils auront joint

SUBJONCTIF

Présent	**Imparfait**	**Passé**	**Plus-que-parfait**
que je joigne	que je joignisse	que j' aie joint	que j' eusse joint
que tu joignes	que tu joignisses	que tu aies joint	que tu eusses joint
qu' il joigne	qu' il joignît	qu' il ait joint	qu' il eût joint
que ns joignions	que ns joignissions	que ns ayons joint	que ns eussions joint
que vs joigniez	que vs joignissiez	que vs ayez joint	que vs eussiez joint
qu' ils joignent	qu' ils joignissent	qu' ils aient joint	qu' ils eussent joint

CONDITIONNEL

Présent	**Passé 1re forme**	**Passé 2e forme**
je joindrais	j' aurais joint	j' eusse joint
tu joindrais	tu aurais joint	tu eusses joint
il joindrait	il aurait joint	il eût joint
ns joindrions	ns aurions joint	ns eussions joint
vs joindriez	vs auriez joint	vs eussiez joint
ils joindraient	ils auraient joint	ils eussent joint

IMPÉRATIF

Présent			**Passé**		
joins	joignons	joignez	aie joint	ayons joint	ayez joint

INFINITIF

Présent	**Passé**
joindre	avoir joint

PARTICIPE

Présent	**Passé**	**Passé composé**
joignant	joint, te	ayant joint

57 RÉSOUDRE 3e GROUPE

Contrairement aux autres verbes en -*dre* (voir modèle **52**), les verbes qui se conjuguent sur ce modèle perdent le *d* de l'infinitif sauf au futur simple et au présent du conditionnel. Ces verbes prennent donc la terminaison *t* à la 3e personne du singulier du présent de l'indicatif *(il résou**t**)*.

Ainsi se conjuguent *absoudre* et *dissoudre*. Mais leur participe passé est *absous, absoute* et *dissous, dissoute* (et non pas en -*u*).

INDICATIF

Présent	Passé composé
je résous	j' ai résolu
tu résous	tu as résolu
il résout	il a résolu
ns résolvons	ns avons résolu
vs résolvez	vs avez résolu
ils résolvent	ils ont résolu

Imparfait	Plus-que-parfait
je résolvais	j' avais résolu
tu résolvais	tu avais résolu
il résolvait	il avait résolu
ns résolvions	ns avions résolu
vs résolviez	vs aviez résolu
ils résolvaient	ils avaient résolu

Passé simple	Passé antérieur
je résolus	j' eus résolu
tu résolus	tu eus résolu
il résolut	il eut résolu
ns résolûmes	ns eûmes résolu
vs résolûtes	vs eûtes résolu
ils résolurent	ils eurent résolu

Futur simple	Futur antérieur
je résoudrai	j' aurai résolu
tu résoudras	tu auras résolu
il résoudra	il aura résolu
ns résoudrons	ns aurons résolu
vs résoudrez	vs aurez résolu
ils résoudront	ils auront résolu

SUBJONCTIF

Présent	Imparfait
que je résolve	que je résolusse
que tu résolves	que tu résolusses
qu' il résolve	qu' il résolût
que ns résolvions	que ns résolussions
que vs résolviez	que vs résolussiez
qu' ils résolvent	qu' ils résolussent

Passé	Plus-que-parfait
que j' aie résolu	que j' eusse résolu
que tu aies résolu	que tu eusses résolu
qu' il ait résolu	qu' il eût résolu
que ns ayons résolu	que ns eussions résolu
que vs ayez résolu	que vs eussiez résolu
qu' ils aient résolu	qu' ils eussent résolu

CONDITIONNEL

Présent	Passé 1re forme	Passé 2e forme
je résoudrais	j' aurais résolu	j' eusse résolu
tu résoudrais	tu aurais résolu	tu eusses résolu
il résoudrait	il aurait résolu	il eût résolu
ns résoudrions	ns aurions résolu	ns eussions résolu
vs résoudriez	vs auriez résolu	vs eussiez résolu
ils résoudraient	ils auraient résolu	ils eussent résolu

IMPÉRATIF

Présent			Passé		
résous	résolvons	résolvez	aie résolu	ayons résolu	ayez résolu

INFINITIF

Présent	Passé
résoudre	avoir résolu

PARTICIPE

Présent	Passé	Passé composé
résolvant	résolu, e	ayant résolu

58 COUDRE 3e GROUPE

Ainsi se conjuguent *découdre* et *recoudre*.
Ces verbes gardent le *d* de l'infinitif au singulier du présent de l'indicatif et de l'impératif. À la 3e personne du singulier, ce *d* exclut la terminaison *t (il coud)*.

INDICATIF

Présent	Passé composé
je couds	j' ai cousu
tu couds	tu as cousu
il coud	il a cousu
ns cousons	ns avons cousu
vs cousez	vs avez cousu
ils cousent	ils ont cousu
Imparfait	**Plus-que-parfait**
je cousais	j' avais cousu
tu cousais	tu avais cousu
il cousait	il avait cousu
ns cousions	ns avions cousu
vs cousiez	vs aviez cousu
ils cousaient	ils avaient cousu
Passé simple	**Passé antérieur**
je cousis	j' eus cousu
tu cousis	tu eus cousu
il cousit	il eut cousu
ns cousîmes	ns eûmes cousu
vs cousîtes	vs eûtes cousu
ils cousirent	ils eurent cousu
Futur simple	**Futur antérieur**
je coudrai	j' aurai cousu
tu coudras	tu auras cousu
il coudra	il aura cousu
ns coudrons	ns aurons cousu
vs coudrez	vs aurez cousu
ils coudront	ils auront cousu

SUBJONCTIF

Présent	Imparfait
que je couse	que je cousisse
que tu couses	que tu cousisses
qu' il couse	qu' il cousît
que ns cousions	que ns cousissions
que vs cousiez	que vs cousissiez
qu' ils cousent	qu' ils cousissent
Passé	**Plus-que-parfait**
que j' aie cousu	que j' eusse cousu
que tu aies cousu	que tu eusses cousu
qu' il ait cousu	qu' il eût cousu
que ns ayons cousu	que ns eussions cousu
que vs ayez cousu	que vs eussiez cousu
qu' ils aient cousu	qu' ils eussent cousu

CONDITIONNEL

Présent	Passé 1re forme	Passé 2e forme
je coudrais	j' aurais cousu	j' eusse cousu
tu coudrais	tu aurais cousu	tu eusses cousu
il coudrait	il aurait cousu	il eût cousu
ns coudrions	ns aurions cousu	ns eussions cousu
vs coudriez	vs auriez cousu	vs eussiez cousu
ils coudraient	ils auraient cousu	ils eussent cousu

IMPÉRATIF

Présent			Passé		
couds	cousons	cousez	aie cousu	ayons cousu	ayez cousu

INFINITIF

Présent	Passé
coudre	avoir cousu

PARTICIPE

Présent	Passé	Passé composé
cousant	cousu, e	ayant cousu

59 MOUDRE 3e GROUPE

Ainsi se conjuguent *émoudre* (rare) et *remoudre.*
Ces verbes gardent le *d* de l'infinitif au singulier du présent de l'indicatif et de l'impératif. À la 3e personne du singulier, ce *d* exclut la terminaison *t (il moud).*
Certaines formes en *-l-* sont homonymes des formes correspondantes du verbe du 1er groupe *mouler.*

INDICATIF

Présent	Passé composé
je mouds	j' ai moulu
tu mouds	tu as moulu
il moud	il a moulu
ns moulons	ns avons moulu
vs moulez	vs avez moulu
ils moulent	ils ont moulu
Imparfait	**Plus-que-parfait**
je moulais	j' avais moulu
tu moulais	tu avais moulu
il moulait	il avait moulu
ns moulions	ns avions moulu
vs mouliez	vs aviez moulu
ils moulaient	ils avaient moulu
Passé simple	**Passé antérieur**
je moulus	j' eus moulu
tu moulus	tu eus moulu
il moulut	il eut moulu
ns moulûmes	ns eûmes moulu
vs moulûtes	vs eûtes moulu
ils moulurent	ils eurent moulu
Futur simple	**Futur antérieur**
je moudrai	j' aurai moulu
tu moudras	tu auras moulu
il moudra	il aura moulu
ns moudrons	ns aurons moulu
vs moudrez	vs aurez moulu
ils moudront	ils auront moulu

SUBJONCTIF

Présent	Imparfait
que je moule	que je moulusse
que tu moules	que tu moulusses
qu' il moule	qu' il moulût
que ns moulions	que ns moulussions
que vs mouliez	que vs moulussiez
qu' ils moulent	qu' ils moulussent
Passé	**Plus-que-parfait**
que j' aie moulu	que j' eusse moulu
que tu aies moulu	que tu eusses moulu
qu' il ait moulu	qu' il eût moulu
que ns ayons moulu	que ns eussions moulu
que vs ayez moulu	que vs eussiez moulu
qu' ils aient moulu	qu' ils eussent moulu

CONDITIONNEL

Présent	Passé 1re forme	Passé 2e forme
je moudrais	j' aurais moulu	j' eusse moulu
tu moudrais	tu aurais moulu	tu eusses moulu
il moudrait	il aurait moulu	il eût moulu
ns moudrions	ns aurions moulu	ns eussions moulu
vs moudriez	vs auriez moulu	vs eussiez moulu
ils moudraient	ils auraient moulu	ils eussent moulu

IMPÉRATIF

Présent	Passé
mouds moulons moulez	aie moulu ayons moulu ayez moulu

INFINITIF

Présent	Passé
moudre	avoir moulu

PARTICIPE

Présent	Passé	Passé composé
moulant	moulu, e	ayant moulu

60 ROMPRE 3ᵉ GROUPE

Ces verbes gardent le *p* de l'infinitif dans toute leur conjugaison. Mais à la différence des verbes en *-dre* (voir modèle **52**), le *p* est compatible avec la terminaison *t* de la 3ᵉ personne du singulier *(il rom**pt**)*.
Ainsi se conjuguent *corrompre* et *interrompre*.

INDICATIF

Présent	Passé composé
je romps	j' ai rompu
tu romps	tu as rompu
il rompt	il a rompu
ns rompons	ns avons rompu
vs rompez	vs avez rompu
ils rompent	ils ont rompu
Imparfait	**Plus-que-parfait**
je rompais	j' avais rompu
tu rompais	tu avais rompu
il rompait	il avait rompu
ns rompions	ns avions rompu
vs rompiez	vs aviez rompu
ils rompaient	ils avaient rompu
Passé simple	**Passé antérieur**
je rompis	j' eus rompu
tu rompis	tu eus rompu
il rompit	il eut rompu
ns rompîmes	ns eûmes rompu
vs rompîtes	vs eûtes rompu
ils rompirent	ils eurent rompu
Futur simple	**Futur antérieur**
je romprai	j' aurai rompu
tu rompras	tu auras rompu
il rompra	il aura rompu
ns romprons	ns aurons rompu
vs romprez	vs aurez rompu
ils rompront	ils auront rompu

SUBJONCTIF

Présent	Imparfait
que je rompe	que je rompisse
que tu rompes	que tu rompisses
qu' il rompe	qu' il rompît
que ns rompions	que ns rompissions
que vs rompiez	que vs rompissiez
qu' ils rompent	qu' ils rompissent
Passé	**Plus-que-parfait**
que j' aie rompu	que j' eusse rompu
que tu aies rompu	que tu eusses rompu
qu' il ait rompu	qu' il eût rompu
que ns ayons rompu	que ns eussions rompu
que vs ayez rompu	que vs eussiez rompu
qu' ils aient rompu	qu' ils eussent rompu

CONDITIONNEL

Présent	Passé 1ʳᵉ forme	Passé 2ᵉ forme
je romprais	j' aurais rompu	j' eusse rompu
tu romprais	tu aurais rompu	tu eusses rompu
il romprait	il aurait rompu	il eût rompu
ns romprions	ns aurions rompu	ns eussions rompu
vs rompriez	vs auriez rompu	vs eussiez rompu
ils rompraient	ils auraient rompu	ils eussent rompu

IMPÉRATIF

Présent	Passé
romps rompons rompez	aie rompu ayons rompu ayez rompu

INFINITIF

Présent	Passé
rompre	avoir rompu

PARTICIPE

Présent	Passé	Passé composé
rompant	rompu, e	ayant rompu

61 VAINCRE 3e GROUPE

Le *c* de l'infinitif se change en *qu* devant une voyelle autre que *u (il vainquit, que je vainque).*
À la 3e personne du singulier du présent de l'indicatif, le maintien du *c* de l'infinitif exclut la terminaison *t (il vain**c**).*
Ainsi se conjugue *convaincre.*

INDICATIF

Présent	Passé composé
je vaincs	j' ai vaincu
tu vaincs	tu as vaincu
il vainc	il a vaincu
ns vainquons	ns avons vaincu
vs vainquez	vs avez vaincu
ils vainquent	ils ont vaincu
Imparfait	**Plus-que-parfait**
je vainquais	j' avais vaincu
tu vainquais	tu avais vaincu
il vainquait	il avait vaincu
ns vainquions	ns avions vaincu
vs vainquiez	vs aviez vaincu
ils vainquaient	ils avaient vaincu
Passé simple	**Passé antérieur**
je vainquis	j' eus vaincu
tu vainquis	tu eus vaincu
il vainquit	il eut vaincu
ns vainquîmes	ns eûmes vaincu
vs vainquîtes	vs eûtes vaincu
ils vainquirent	ils eurent vaincu
Futur simple	**Futur antérieur**
je vaincrai	j' aurai vaincu
tu vaincras	tu auras vaincu
il vaincra	il aura vaincu
ns vaincrons	ns aurons vaincu
vs vaincrez	vs aurez vaincu
ils vaincront	ils auront vaincu

SUBJONCTIF

Présent	Imparfait
que je vainque	que je vainquisse
que tu vainques	que tu vainquisses
qu' il vainque	qu' il vainquît
que ns vainquions	que ns vainquissions
que vs vainquiez	que vs vainquissiez
qu' ils vainquent	qu' ils vainquissent
Passé	**Plus-que-parfait**
que j' aie vaincu	que j' eusse vaincu
que tu aies vaincu	que tu eusses vaincu
qu' il ait vaincu	qu' il eût vaincu
que ns ayons vaincu	que ns eussions vaincu
que vs ayez vaincu	que vs eussiez vaincu
qu' ils aient vaincu	qu' ils eussent vaincu

CONDITIONNEL

Présent	Passé 1re forme	Passé 2e forme
je vaincrais	j' aurais vaincu	j' eusse vaincu
tu vaincrais	tu aurais vaincu	tu eusses vaincu
il vaincrait	il aurait vaincu	il eût vaincu
ns vaincrions	ns aurions vaincu	ns eussions vaincu
vs vaincriez	vs auriez vaincu	vs eussiez vaincu
ils vaincraient	ils auraient vaincu	ils eussent vaincu

IMPÉRATIF

Présent			Passé		
vaincs	vainquons	vainquez	aie vaincu	ayons vaincu	ayez vaincu

INFINITIF

Présent	Passé
vaincre	avoir vaincu

PARTICIPE

Présent	Passé	Passé composé
vainquant	vaincu, e	ayant vaincu

62 BATTRE 3e GROUPE

Tous les verbes de la famille de *battre* se conjuguent sur ce modèle (*combattre, rabattre*, etc.). Les formes du singulier du présent de l'indicatif et de l'impératif ne prennent qu'un seul *t*.
Les formes du singulier du présent de l'indicatif et de l'impératif perdent un *t* du radical.
Foutre et *se contrefoutre* (familiers) se conjuguent sur ce modèle.

INDICATIF

Présent	Passé composé
je bats	j' ai battu
tu bats	tu as battu
il bat	il a battu
ns battons	ns avons battu
vs battez	vs avez battu
ils battent	ils ont battu

Imparfait	Plus-que-parfait
je battais	j' avais battu
tu battais	tu avais battu
il battait	il avait battu
ns battions	ns avions battu
vs battiez	vs aviez battu
ils battaient	ils avaient battu

Passé simple	Passé antérieur
je battis	j' eus battu
tu battis	tu eus battu
il battit	il eut battu
ns battîmes	ns eûmes battu
vs battîtes	vs eûtes battu
ils battirent	ils eurent battu

Futur simple	Futur antérieur
je battrai	j' aurai battu
tu battras	tu auras battu
il battra	il aura battu
ns battrons	ns aurons battu
vs battrez	vs aurez battu
ils battront	ils auront battu

SUBJONCTIF

Présent	Imparfait
que je batte	que je battisse
que tu battes	que tu battisses
qu' il batte	qu' il battît
que ns battions	que ns battissions
que vs battiez	que vs battissiez
qu' ils battent	qu' ils battissent

Passé	Plus-que-parfait
que j' aie battu	que j' eusse battu
que tu aies battu	que tu eusses battu
qu' il ait battu	qu' il eût battu
que ns ayons battu	que ns eussions battu
que vs ayez battu	que vs eussiez battu
qu' ils aient battu	qu' ils eussent battu

CONDITIONNEL

Présent	Passé 1re forme	Passé 2e forme
je battrais	j' aurais battu	j' eusse battu
tu battrais	tu aurais battu	tu eusses battu
il battrait	il aurait battu	il eût battu
ns battrions	ns aurions battu	ns eussions battu
vs battriez	vs auriez battu	vs eussiez battu
ils battraient	ils auraient battu	ils eussent battu

IMPÉRATIF

Présent			Passé		
bats	battons	battez	aie battu	ayons battu	ayez battu

INFINITIF

Présent	Passé
battre	avoir battu

PARTICIPE

Présent	Passé	Passé composé
battant	battu, e	ayant battu

tableaux de conjugaison types

63 METTRE 3e GROUPE

Tous les verbes de la famille de *mettre* se conjuguent sur ce modèle (*commettre, remettre*, etc.).
Les formes du singulier du présent de l'indicatif et de l'impératif ne prennent qu'un seul *t*.

INDICATIF

Présent	Passé composé
je mets	j' ai mis
tu mets	tu as mis
il met	il a mis
ns mettons	ns avons mis
vs mettez	vs avez mis
ils mettent	ils ont mis

Imparfait	Plus-que-parfait
je mettais	j' avais mis
tu mettais	tu avais mis
il mettait	il avait mis
ns mettions	ns avions mis
vs mettiez	vs aviez mis
ils mettaient	ils avaient mis

Passé simple	Passé antérieur
je mis	j' eus mis
tu mis	tu eus mis
il mit	il eut mis
ns mîmes	ns eûmes mis
vs mîtes	vs eûtes mis
ils mirent	ils eurent mis

Futur simple	Futur antérieur
je mettrai	j' aurai mis
tu mettras	tu auras mis
il mettra	il aura mis
ns mettrons	ns aurons mis
vs mettrez	vs aurez mis
ils mettront	ils auront mis

SUBJONCTIF

Présent	Imparfait
que je mette	que je misse
que tu mettes	que tu misses
qu' il mette	qu' il mît
que ns mettions	que ns missions
que vs mettiez	que vs missiez
qu' ils mettent	qu' ils missent

Passé	Plus-que-parfait
que j' aie mis	que j' eusse mis
que tu aies mis	que tu eusses mis
qu' il ait mis	qu' il eût mis
que ns ayons mis	que ns eussions mis
que vs ayez mis	que vs eussiez mis
qu' ils aient mis	qu' ils eussent mis

CONDITIONNEL

Présent	Passé 1re forme	Passé 2e forme
je mettrais	j' aurais mis	j' eusse mis
tu mettrais	tu aurais mis	tu eusses mis
il mettrait	il aurait mis	il eût mis
ns mettrions	ns aurions mis	ns eussions mis
vs mettriez	vs auriez mis	vs eussiez mis
ils mettraient	ils auraient mis	ils eussent mis

IMPÉRATIF

Présent			Passé		
mets	mettons	mettez	aie mis	ayons mis	ayez mis

INFINITIF

Présent	Passé
mettre	avoir mis

PARTICIPE

Présent	Passé	Passé composé
mettant	mis, se	ayant mis

64 CONNAÎTRE 3e GROUPE

Se conjuguent sur ce modèle *connaître, paraître, paître* et les verbes de leur famille. Tous les verbes en *-aître* prennent un accent circonflexe sur le *i* du radical qui précède un *t (il connaît, il paraîtra).*
Remarques : 1. Les rectifications de l'orthographe de 1990 proposent d'harmoniser la conjugaison de ces verbes en écrivant *i* sans accent à toutes les formes *(il connait, il paraitra).* **2.** *Paître* n'est employé ni aux temps composés ni au passé simple ni à l'imparfait du subjonctif.

INDICATIF

Présent	Passé composé
je connais	j' ai connu
tu connais	tu as connu
il connaît	il a connu
ns connaissons	ns avons connu
vs connaissez	vs avez connu
ils connaissent	ils ont connu
Imparfait	**Plus-que-parfait**
je connaissais	j' avais connu
tu connaissais	tu avais connu
il connaissait	il avait connu
ns connaissions	ns avions connu
vs connaissiez	vs aviez connu
ils connaissaient	ils avaient connu
Passé simple	**Passé antérieur**
je connus	j' eus connu
tu connus	tu eus connu
il connut	il eut connu
ns connûmes	ns eûmes connu
vs connûtes	vs eûtes connu
ils connurent	ils eurent connu
Futur simple	**Futur antérieur**
je connaîtrai	j' aurai connu
tu connaîtras	tu auras connu
il connaîtra	il aura connu
ns connaîtrons	ns aurons connu
vs connaîtrez	vs aurez connu
ils connaîtront	ils auront connu

SUBJONCTIF

Présent	Passé
que je connaisse	que j' aie connu
que tu connaisses	que tu aies connu
qu' il connaisse	qu' il ait connu
que ns connaissions	que ns ayons connu
que vs connaissiez	que vs ayez connu
qu' ils connaissent	qu' ils aient connu
Imparfait	**Plus-que-parfait**
que je connusse	que j' eusse connu
que tu connusses	que tu eusses connu
qu' il connût	qu' il eût connu
que ns connussions	que ns eussions connu
que vs connussiez	que vs eussiez connu
qu' ils connussent	qu' ils eussent connu

CONDITIONNEL

Présent	Passé 1re forme	Passé 2e forme
je connaîtrais	j' aurais connu	j' eusse connu
tu connaîtrais	tu aurais connu	tu eusses connu
il connaîtrait	il aurait connu	il eût connu
ns connaîtrions	ns aurions connu	ns eussions connu
vs connaîtriez	vs auriez connu	vs eussiez connu
ils connaîtraient	ils auraient connu	ils eussent connu

IMPÉRATIF

Présent			Passé		
connais	connaissons	connaissez	aie connu	ayons connu	ayez connu

INFINITIF

Présent	Passé
connaître	avoir connu

PARTICIPE

Présent	Passé	Passé composé
connaissant	connu, e	ayant connu

65 NAÎTRE 3e GROUPE

Naître et *renaître* prennent un accent circonflexe sur le *i* du radical qui précède un *t* *(il naît, il renaîtra).*
Remarque : les rectifications de l'orthographe de 1990 proposent d'harmoniser la conjugaison de ces verbes en écrivant *i* sans accent à toutes les formes *(il nait, il renaitra).* À noter la forme particulière du participe passé *né.*

INDICATIF

Présent	Passé composé
je nais	je suis né
tu nais	tu es né
il naît	il est né
ns naissons	ns sommes nés
vs naissez	vs êtes nés
ils naissent	ils sont nés
Imparfait	**Plus-que-parfait**
je naissais	j' étais né
tu naissais	tu étais né
il naissait	il était né
ns naissions	ns étions nés
vs naissiez	vs étiez nés
ils naissaient	ils étaient nés
Passé simple	**Passé antérieur**
je naquis	je fus né
tu naquis	tu fus né
il naquit	il fut né
ns naquîmes	ns fûmes nés
vs naquîtes	vs fûtes nés
ils naquirent	ils furent nés
Futur simple	**Futur antérieur**
je naîtrai	je serai né
tu naîtras	tu seras né
il naîtra	il sera né
ns naîtrons	ns serons nés
vs naîtrez	vs serez nés
ils naîtront	ils seront nés

SUBJONCTIF

Présent	Imparfait	Passé	Plus-que-parfait
que je naisse	que je naquisse	que je sois né	que je fusse né
que tu naisses	que tu naquisses	que tu sois né	que tu fusses né
qu' il naisse	qu' il naquît	qu' il soit né	qu' il fût né
que ns naissions	que ns naquissions	que ns soyons nés	que ns fussions nés
que vs naissiez	que vs naquissiez	que vs soyez nés	que vs fussiez nés
qu' ils naissent	qu' ils naquissent	qu' ils soient nés	qu' ils fussent nés

CONDITIONNEL

Présent	Passé 1re forme	Passé 2e forme
je naîtrais	je serais né	je fusse né
tu naîtrais	tu serais né	tu fusses né
il naîtrait	il serait né	il fût né
ns naîtrions	ns serions nés	ns fussions nés
vs naîtriez	vs seriez nés	vs fussiez nés
ils naîtraient	ils seraient nés	ils fussent nés

IMPÉRATIF

Présent			Passé		
nais	naissons	naissez	sois né	soyons nés	soyez nés

INFINITIF

Présent	Passé
naître	être né

PARTICIPE

Présent	Passé	Passé composé
naissant	né, e	étant né

66 CROÎTRE 3e GROUPE

Le verbe *croître* maintient l'accent circonflexe sur le *i* pour toutes les formes homonymes de celles de *croire (croître / il croît, il a crû – croire / il croit, il a cru)*.
Ainsi se conjuguent les composés de *croître* : *accroître, décroître* et *recroître*. Mais ces verbes ne prennent un accent circonflexe sur le *i* du radical que s'il précède un *t* *(il accroî**t**)*.
Le participe passé de *accroître* et *décroître* s'écrit sans accent circonflexe *(accru, décru)*.

INDICATIF

Présent	Passé composé
je croîs	j' ai crû
tu croîs	tu as crû
il croît	il a crû
ns croissons	ns avons crû
vs croissez	vs avez crû
ils croissent	ils ont crû

Imparfait	Plus-que-parfait
je croissais	j' avais crû
tu croissais	tu avais crû
il croissait	il avait crû
ns croissions	ns avions crû
vs croissiez	vs aviez crû
ils croissaient	ils avaient crû

Passé simple	Passé antérieur
je crûs	j' eus crû
tu crûs	tu eus crû
il crût	il eut crû
ns crûmes	ns eûmes crû
vs crûtes	vs eûtes crû
ils crûrent	ils eurent crû

Futur simple	Futur antérieur
je croîtrai	j' aurai crû
tu croîtras	tu auras crû
il croîtra	il aura crû
ns croîtrons	ns aurons crû
vs croîtrez	vs aurez crû
ils croîtront	ils auront crû

SUBJONCTIF

Présent	Imparfait
que je croisse	que je crûsse
que tu croisses	que tu crûsses
qu' il croisse	qu' il crût
que ns croissions	que ns crûssions
que vs croissiez	que vs crûssiez
qu' ils croissent	qu' ils crûssent

Passé	Plus-que-parfait
que j' aie crû	que j' eusse crû
que tu aies crû	que tu eusses crû
qu' il ait crû	qu' il eût crû
que ns ayons crû	que ns eussions crû
que vs ayez crû	que vs eussiez crû
qu' ils aient crû	qu' ils eussent crû

CONDITIONNEL

Présent	Passé 1re forme	Passé 2e forme
je croîtrais	j' aurais crû	j' eusse crû
tu croîtrais	tu aurais crû	tu eusses crû
il croîtrait	il aurait crû	il eût crû
ns croîtrions	ns aurions crû	ns eussions crû
vs croîtriez	vs auriez crû	vs eussiez crû
ils croîtraient	ils auraient crû	ils eussent crû

IMPÉRATIF

Présent			Passé		
croîs	croissons	croissez	aie crû	ayons crû	ayez crû

INFINITIF

Présent	Passé
croître	avoir crû

PARTICIPE

Présent	Passé	Passé composé
croissant	crû, crue	ayant crû

67 CROIRE 3e GROUPE

Seul le verbe *croire* se conjugue sur ce modèle.
On ne place jamais d'accent circonflexe sur les formes de ce verbe, sauf aux deux premières personnes du pluriel du passé simple et à la 3e personne du singulier de l'imparfait du subjonctif qui sont alors homonymes de celles du verbe *croître*.
À la 3e personne du pluriel du présent de l'indicatif et du présent du subjonctif, on doit placer un *i* et non un *y* ; erreur très fréquente, surtout à l'oral.
Accroire ne s'utilise qu'à l'infinitif.

INDICATIF

Présent	Passé composé
je crois	j' ai cru
tu crois	tu as cru
il croit	il a cru
ns croyons	ns avons cru
vs croyez	vs avez cru
ils croient	ils ont cru

Imparfait	Plus-que-parfait
je croyais	j' avais cru
tu croyais	tu avais cru
il croyait	il avait cru
ns croyions	ns avions cru
vs croyiez	vs aviez cru
ils croyaient	ils avaient cru

Passé simple	Passé antérieur
je crus	j' eus cru
tu crus	tu eus cru
il crut	il eut cru
ns crûmes	ns eûmes cru
vs crûtes	vs eûtes cru
ils crurent	ils eurent cru

Futur simple	Futur antérieur
je croirai	j' aurai cru
tu croiras	tu auras cru
il croira	il aura cru
ns croirons	ns aurons cru
vs croirez	vs aurez cru
ils croiront	ils auront cru

SUBJONCTIF

Présent	Imparfait	Passé	Plus-que-parfait
que je croie	que je crusse	que j' aie cru	que j' eusse cru
que tu croies	que tu crusses	que tu aies cru	que tu eusses cru
qu' il croie	qu' il crût	qu' il ait cru	qu' il eût cru
que ns croyions	que ns crussions	que ns ayons cru	que ns eussions cru
que vs croyiez	que vs crussiez	que vs ayez cru	que vs eussiez cru
qu' ils croient	qu' ils crussent	qu' ils aient cru	qu' ils eussent cru

CONDITIONNEL

Présent	Passé 1re forme	Passé 2e forme
je croirais	j' aurais cru	j' eusse cru
tu croirais	tu aurais cru	tu eusses cru
il croirait	il aurait cru	il eût cru
ns croirions	ns aurions cru	ns eussions cru
vs croiriez	vs auriez cru	vs eussiez cru
ils croiraient	ils auraient cru	ils eussent cru

IMPÉRATIF

Présent			Passé		
crois	croyons	croyez	aie cru	ayons cru	ayez cru

INFINITIF

Présent	Passé
croire	avoir cru

PARTICIPE

Présent	Passé	Passé composé
croyant	cru, e	ayant cru

68 PLAIRE 3e GROUPE

Ainsi se conjuguent *complaire, déplaire* et *taire*. Ce dernier ne prend pas d'accent circonflexe à la 3e personne du singulier du présent de l'indicatif *(il tait)* et a un participe passé variable *(elles se sont tues)*, alors que celui de *plaire, déplaire, complaire* est invariable *(elles se sont plu)*.

Remarque : les rectifications de l'orthographe de 1990 proposent d'écrire *i* sans accent *(il plait)*.

INDICATIF

Présent	Passé composé
je plais	j' ai plu
tu plais	tu as plu
il plaît	il a plu
ns plaisons	ns avons plu
vs plaisez	vs avez plu
ils plaisent	ils ont plu
Imparfait	**Plus-que-parfait**
je plaisais	j' avais plu
tu plaisais	tu avais plu
il plaisait	il avait plu
ns plaisions	ns avions plu
vs plaisiez	vs aviez plu
ils plaisaient	ils avaient plu
Passé simple	**Passé antérieur**
je plus	j' eus plu
tu plus	tu eus plu
il plut	il eut plu
ns plûmes	ns eûmes plu
vs plûtes	vs eûtes plu
ils plurent	ils eurent plu
Futur simple	**Futur antérieur**
je plairai	j' aurai plu
tu plairas	tu auras plu
il plaira	il aura plu
ns plairons	ns aurons plu
vs plairez	vs aurez plu
ils plairont	ils auront plu

SUBJONCTIF

Présent	Imparfait
que je plaise	que je plusse
que tu plaises	que tu plusses
qu' il plaise	qu' il plût
que ns plaisions	que ns plussions
que vs plaisiez	que vs plussiez
qu' ils plaisent	qu' ils plussent
Passé	**Plus-que-parfait**
que j' aie plu	que j' eusse plu
que tu aies plu	que tu eusses plu
qu' il ait plu	qu' il eût plu
que ns ayons plu	que ns eussions plu
que vs ayez plu	que vs eussiez plu
qu' ils aient plu	qu' ils eussent plu

CONDITIONNEL

Présent	Passé 1re forme	Passé 2e forme
je plairais	j' aurais plu	j' eusse plu
tu plairais	tu aurais plu	tu eusses plu
il plairait	il aurait plu	il eût plu
ns plairions	ns aurions plu	ns eussions plu
vs plairiez	vs auriez plu	vs eussiez plu
ils plairaient	ils auraient plu	ils eussent plu

IMPÉRATIF

Présent			Passé		
plais	plaisons	plaisez	aie plu	ayons plu	ayez plu

INFINITIF

Présent	Passé
plaire	avoir plu

PARTICIPE

Présent	Passé	Passé composé
plaisant	plu	ayant plu

69 TRAIRE — 3e GROUPE

Ainsi se conjuguent les verbes de la famille de *traire* (*extraire*, *abstraire*, etc.) et *braire*, qui ne s'emploie qu'aux troisièmes personnes du présent de l'indicatif, du futur simple et du conditionnel présent.
À la 3e personne du pluriel du présent de l'indicatif et du présent du subjonctif, on doit placer un *i* et non un *y*.

INDICATIF

Présent	Passé composé	
je trais	j' ai	trait
tu trais	tu as	trait
il trait	il a	trait
ns trayons	ns avons	trait
vs trayez	vs avez	trait
ils traient	ils ont	trait

Imparfait	Plus-que-parfait	
je trayais	j' avais	trait
tu trayais	tu avais	trait
il trayait	il avait	trait
ns trayions	ns avions	trait
vs trayiez	vs aviez	trait
ils trayaient	ils avaient	trait

Passé simple	Passé antérieur	
inusité	j' eus	trait
	tu eus	trait
	il eut	trait
	ns eûmes	trait
	vs eûtes	trait
	ils eurent	trait

Futur simple	Futur antérieur	
je trairai	j' aurai	trait
tu trairas	tu auras	trait
il traira	il aura	trait
ns trairons	ns aurons	trait
vs trairez	vs aurez	trait
ils trairont	ils auront	trait

SUBJONCTIF

Présent
que je traie
que tu traies
qu' il traie
que ns trayions
que vs trayiez
qu' ils traient

Imparfait
inusité

Passé	
que j' aie	trait
que tu aies	trait
qu' il ait	trait
que ns ayons	trait
que vs ayez	trait
qu' ils aient	trait

Plus-que-parfait	
que j' eusse	trait
que tu eusses	trait
qu' il eût	trait
que ns eussions	trait
que vs eussiez	trait
qu' ils eussent	trait

CONDITIONNEL

Présent	Passé 1re forme		Passé 2e forme	
je trairais	j' aurais	trait	j' eusse	trait
tu trairais	tu aurais	trait	tu eusses	trait
il trairait	il aurait	trait	il eût	trait
ns trairions	ns aurions	trait	ns eussions	trait
vs trairiez	vs auriez	trait	vs eussiez	trait
ils trairaient	ils auraient	trait	ils eussent	trait

IMPÉRATIF

Présent			Passé		
trais	trayons	trayez	aie trait	ayons trait	ayez trait

INFINITIF

Présent	Passé
traire	avoir trait

PARTICIPE

Présent	Passé	Passé composé
trayant	trait, te	ayant trait

70 SUIVRE 3e GROUPE

Se conjuguent sur ce modèle *poursuivre* et *s'ensuivre*.

Remarques : 1. La forme *je suis* est homonyme de la 1re personne du singulier du présent de l'indicatif du verbe *être*. **2.** *s'ensuivre* ne se conjugue qu'à la 3e personne (du singulier ou du pluriel) et plus particulièrement dans l'expression *et tout ce qui s'ensuit*.

INDICATIF

Présent	Passé composé
je suis	j' ai suivi
tu suis	tu as suivi
il suit	il a suivi
ns suivons	ns avons suivi
vs suivez	vs avez suivi
ils suivent	ils ont suivi
Imparfait	**Plus-que-parfait**
je suivais	j' avais suivi
tu suivais	tu avais suivi
il suivait	il avait suivi
ns suivions	ns avions suivi
vs suiviez	vs aviez suivi
ils suivaient	ils avaient suivi
Passé simple	**Passé antérieur**
je suivis	j' eus suivi
tu suivis	tu eus suivi
il suivit	il eut suivi
ns suivîmes	ns eûmes suivi
vs suivîtes	vs eûtes suivi
ils suivirent	ils eurent suivi
Futur simple	**Futur antérieur**
je suivrai	j' aurai suivi
tu suivras	tu auras suivi
il suivra	il aura suivi
ns suivrons	ns aurons suivi
vs suivrez	vs aurez suivi
ils suivront	ils auront suivi

SUBJONCTIF

Présent	Imparfait
que je suive	que je suivisse
que tu suives	que tu suivisses
qu' il suive	qu' il suivît
que ns suivions	que ns suivissions
que vs suiviez	que vs suivissiez
qu' ils suivent	qu' ils suivissent
Passé	**Plus-que-parfait**
que j' aie suivi	que j' eusse suivi
que tu aies suivi	que tu eusses suivi
qu' il ait suivi	qu' il eût suivi
que ns ayons suivi	que ns eussions suivi
que vs ayez suivi	que vs eussiez suivi
qu' ils aient suivi	qu' ils eussent suivi

CONDITIONNEL

Présent	Passé 1re forme	Passé 2e forme
je suivrais	j' aurais suivi	j' eusse suivi
tu suivrais	tu aurais suivi	tu eusses suivi
il suivrait	il aurait suivi	il eût suivi
ns suivrions	ns aurions suivi	ns eussions suivi
vs suivriez	vs auriez suivi	vs eussiez suivi
ils suivraient	ils auraient suivi	ils eussent suivi

IMPÉRATIF

Présent			Passé		
suis	suivons	suivez	aie suivi	ayons suivi	ayez suivi

INFINITIF

Présent	Passé
suivre	avoir suivi

PARTICIPE

Présent	Passé	Passé composé
suivant	suivi, e	ayant suivi

VIVRE

3e GROUPE

Ainsi se conjuguent *revivre* et *survivre*.
Le participe passé de *survivre (survécu)* est invariable.

INDICATIF

Présent	Passé composé
je vis	j' ai vécu
tu vis	tu as vécu
il vit	il a vécu
ns vivons	ns avons vécu
vs vivez	vs avez vécu
ils vivent	ils ont vécu
Imparfait	**Plus-que-parfait**
je vivais	j' avais vécu
tu vivais	tu avais vécu
il vivait	il avait vécu
ns vivions	ns avions vécu
vs viviez	vs aviez vécu
ils vivaient	ils avaient vécu
Passé simple	**Passé antérieur**
je vécus	j' eus vécu
tu vécus	tu eus vécu
il vécut	il eut vécu
ns vécûmes	ns eûmes vécu
vs vécûtes	vs eûtes vécu
ils vécurent	ils eurent vécu
Futur simple	**Futur antérieur**
je vivrai	j' aurai vécu
tu vivras	tu auras vécu
il vivra	il aura vécu
ns vivrons	ns aurons vécu
vs vivrez	vs aurez vécu
ils vivront	ils auront vécu

SUBJONCTIF

Présent	Imparfait
que je vive	que je vécusse
que tu vives	que tu vécusses
qu' il vive	qu' il vécût
que ns vivions	que ns vécussions
que vs viviez	que vs vécussiez
qu' ils vivent	qu' ils vécussent
Passé	**Plus-que-parfait**
que j' aie vécu	que j' eusse vécu
que tu aies vécu	que tu eusses vécu
qu' il ait vécu	qu' il eût vécu
que ns ayons vécu	que ns eussions vécu
que vs ayez vécu	que vs eussiez vécu
qu' ils aient vécu	qu' ils eussent vécu

CONDITIONNEL

Présent	Passé 1re forme	Passé 2e forme
je vivrais	j' aurais vécu	j' eusse vécu
tu vivrais	tu aurais vécu	tu eusses vécu
il vivrait	il aurait vécu	il eût vécu
ns vivrions	ns aurions vécu	ns eussions vécu
vs vivriez	vs auriez vécu	vs eussiez vécu
ils vivraient	ils auraient vécu	ils eussent vécu

IMPÉRATIF

Présent			Passé		
vis	vivons	vivez	aie vécu	ayons vécu	ayez vécu

INFINITIF

Présent	Passé
vivre	avoir vécu

PARTICIPE

Présent	Passé	Passé composé
vivant	vécu, e	ayant vécu

72 SUFFIRE — 3ᵉ GROUPE

Se conjuguent sur ce modèle *confire* et *frire*, mais leur participe passé est en *-it (confit, confite ; frit, frite)* et *circoncire*, mais son participe passé est en *-is (circoncis, circoncise)*.
Remarque : *frire* ne s'emploie couramment qu'à l'infinitif et au participe passé. On trouve parfois le présent de l'indicatif (mais seulement au singulier), le futur simple et les temps composés.
Le participe passé *suffi* est invariable, même à la forme pronominale : *ils se sont suffi à eux-mêmes.*

INDICATIF

Présent	Passé composé
je suffis	j' ai suffi
tu suffis	tu as suffi
il suffit	il a suffi
ns suffisons	ns avons suffi
vs suffisez	vs avez suffi
ils suffisent	ils ont suffi

Imparfait	Plus-que-parfait
je suffisais	j' avais suffi
tu suffisais	tu avais suffi
il suffisait	il avait suffi
ns suffisions	ns avions suffi
vs suffisiez	vs aviez suffi
ils suffisaient	ils avaient suffi

Passé simple	Passé antérieur
je suffis	j' eus suffi
tu suffis	tu eus suffi
il suffit	il eut suffi
ns suffîmes	ns eûmes suffi
vs suffîtes	vs eûtes suffi
ils suffirent	ils eurent suffi

Futur simple	Futur antérieur
je suffirai	j' aurai suffi
tu suffiras	tu auras suffi
il suffira	il aura suffi
ns suffirons	ns aurons suffi
vs suffirez	vs aurez suffi
ils suffiront	ils auront suffi

SUBJONCTIF

Présent	Imparfait
que je suffise	que je suffisse
que tu suffises	que tu suffisses
qu' il suffise	qu' il suffît
que ns suffisions	que ns suffissions
que vs suffisiez	que vs suffissiez
qu' ils suffisent	qu' ils suffissent

Passé	Plus-que-parfait
que j' aie suffi	que j' eusse suffi
que tu aies suffi	que tu eusses suffi
qu' il ait suffi	qu' il eût suffi
que ns ayons suffi	que ns eussions suffi
que vs ayez suffi	que vs eussiez suffi
qu' ils aient suffi	qu' ils eussent suffi

CONDITIONNEL

Présent	Passé 1ʳᵉ forme	Passé 2ᵉ forme
je suffirais	j' aurais suffi	j' eusse suffi
tu suffirais	tu aurais suffi	tu eusses suffi
il suffirait	il aurait suffi	il eût suffi
ns suffirions	ns aurions suffi	ns eussions suffi
vs suffiriez	vs auriez suffi	vs eussiez suffi
ils suffiraient	ils auraient suffi	ils eussent suffi

IMPÉRATIF

Présent			Passé		
suffis	suffisons	suffisez	aie suffi	ayons suffi	ayez suffi

INFINITIF

Présent	Passé
suffire	avoir suffi

PARTICIPE

Présent	Passé	Passé composé
suffisant	suffi	ayant suffi

73 DIRE — 3e GROUPE

Dire (et *redire*) ont la particularité d'avoir leur 2e personne du pluriel du présent de l'indicatif et de l'impératif en *-tes*, et non en *-ez*.

Les autres verbes qui se conjuguent sur ce modèle *(contredire, dédire, interdire, médire* et *prédire)* font bien leur 2e personne du pluriel en *-ez* (Ex. : *vous contredis**ez**, vous prédis**ez***).

INDICATIF		SUBJONCTIF
Présent	**Passé composé**	**Présent**
je dis	j' ai dit	que je dise
tu dis	tu as dit	que tu dises
il dit	il a dit	qu' il dise
ns disons	ns avons dit	que ns disions
vs dites	vs avez dit	que vs disiez
ils disent	ils ont dit	qu' ils disent
Imparfait	**Plus-que-parfait**	**Imparfait**
je disais	j' avais dit	que je disse
tu disais	tu avais dit	que tu disses
il disait	il avait dit	qu' il dît
ns disions	ns avions dit	que ns dissions
vs disiez	vs aviez dit	que vs dissiez
ils disaient	ils avaient dit	qu' ils dissent
Passé simple	**Passé antérieur**	**Passé**
je dis	j' eus dit	que j' aie dit
tu dis	tu eus dit	que tu aies dit
il dit	il eut dit	qu' il ait dit
ns dîmes	ns eûmes dit	que ns ayons dit
vs dîtes	vs eûtes dit	que vs ayez dit
ils dirent	ils eurent dit	qu' ils aient dit
Futur simple	**Futur antérieur**	**Plus-que-parfait**
je dirai	j' aurai dit	que j' eusse dit
tu diras	tu auras dit	que tu eusses dit
il dira	il aura dit	qu' il eût dit
ns dirons	ns aurons dit	que ns eussions dit
vs direz	vs aurez dit	que vs eussiez dit
ils diront	ils auront dit	qu' ils eussent dit

CONDITIONNEL		
Présent	**Passé 1re forme**	**Passé 2e forme**
je dirais	j' aurais dit	j' eusse dit
tu dirais	tu aurais dit	tu eusses dit
il dirait	il aurait dit	il eût dit
ns dirions	ns aurions dit	ns eussions dit
vs diriez	vs auriez dit	vs eussiez dit
ils diraient	ils auraient dit	ils eussent dit

IMPÉRATIF					
Présent			**Passé**		
dis	disons	dites	aie dit	ayons dit	ayez dit

INFINITIF		PARTICIPE		
Présent	**Passé**	**Présent**	**Passé**	**Passé composé**
dire	avoir dit	disant	dit, te	ayant dit

74 MAUDIRE 3e GROUPE

Bien que construit sur *dire, maudire* ne garde de ce verbe que l'infinitif et le participe passé. Tout le reste de sa conjugaison se fait sur le modèle des verbes du 2e groupe (voir modèle **20**) : *nous maudissons, maudissant.*

INDICATIF

Présent	Passé composé
je maudis	j' ai maudit
tu maudis	tu as maudit
il maudit	il a maudit
ns maudissons	ns avons maudit
vs maudissez	vs avez maudit
ils maudissent	ils ont maudit
Imparfait	**Plus-que-parfait**
je maudissais	j' avais maudit
tu maudissais	tu avais maudit
il maudissait	il avait maudit
ns maudissions	ns avions maudit
vs maudissiez	vs aviez maudit
ils maudissaient	ils avaient maudit
Passé simple	**Passé antérieur**
je maudis	j' eus maudit
tu maudis	tu eus maudit
il maudit	il eut maudit
ns maudîmes	ns eûmes maudit
vs maudîtes	vs eûtes maudit
ils maudirent	ils eurent maudit
Futur simple	**Futur antérieur**
je maudirai	j' aurai maudit
tu maudiras	tu auras maudit
il maudira	il aura maudit
ns maudirons	ns aurons maudit
vs maudirez	vs aurez maudit
ils maudiront	ils auront maudit

SUBJONCTIF

Présent	Imparfait
que je maudisse	que je maudisse
que tu maudisses	que tu maudisses
qu' il maudisse	qu' il maudît
que ns maudissions	que ns maudissions
que vs maudissiez	que vs maudissiez
qu' ils maudissent	qu' ils maudissent
Passé	**Plus-que-parfait**
que j' aie maudit	que j' eusse maudit
que tu aies maudit	que tu eusses maudit
qu' il ait maudit	qu' il eût maudit
que ns ayons maudit	que ns eussions maudit
que vs ayez maudit	que vs eussiez maudit
qu' ils aient maudit	qu' ils eussent maudit

CONDITIONNEL

Présent	Passé 1re forme	Passé 2e forme
je maudirais	j' aurais maudit	j' eusse maudit
tu maudirais	tu aurais maudit	tu eusses maudit
il maudirait	il aurait maudit	il eût maudit
ns maudirions	ns aurions maudit	ns eussions maudit
vs maudiriez	vs auriez maudit	vs eussiez maudit
ils maudiraient	ils auraient maudit	ils eussent maudit

IMPÉRATIF

Présent			Passé		
maudis	maudissons	maudissez	aie maudit	ayons maudit	ayez maudit

INFINITIF / PARTICIPE

Infinitif Présent	Infinitif Passé	Participe Présent	Participe Passé	Passé composé
maudire	avoir maudit	maudissant	maudit, te	ayant maudit

Ainsi se conjuguent *relire, élire* et *réélire.*
Remarque : *élire* et *réélire* ont bien un passé simple en *-u- (ils élurent)* et non pas en *-i-* comme on le rencontre parfois, peut-être par confusion avec son synonyme *choisir.*

INDICATIF

Présent	Passé composé
je lis	j' ai lu
tu lis	tu as lu
il lit	il a lu
ns lisons	ns avons lu
vs lisez	vs avez lu
ils lisent	ils ont lu
Imparfait	**Plus-que-parfait**
je lisais	j' avais lu
tu lisais	tu avais lu
il lisait	il avait lu
ns lisions	ns avions lu
vs lisiez	vs aviez lu
ils lisaient	ils avaient lu
Passé simple	**Passé antérieur**
je lus	j' eus lu
tu lus	tu eus lu
il lut	il eut lu
ns lûmes	ns eûmes lu
vs lûtes	vs eûtes lu
ils lurent	ils eurent lu
Futur simple	**Futur antérieur**
je lirai	j' aurai lu
tu liras	tu auras lu
il lira	il aura lu
ns lirons	ns aurons lu
vs lirez	vs aurez lu
ils liront	ils auront lu

SUBJONCTIF

Présent
que je lise
que tu lises
qu' il lise
que ns lisions
que vs lisiez
qu' ils lisent
Imparfait
que je lusse
que tu lusses
qu' il lût
que ns lussions
que vs lussiez
qu' ils lussent
Passé
que j' aie lu
que tu aies lu
qu' il ait lu
que ns ayons lu
que vs ayez lu
qu' ils aient lu
Plus-que-parfait
que j' eusse lu
que tu eusses lu
qu' il eût lu
que ns eussions lu
que vs eussiez lu
qu' ils eussent lu

CONDITIONNEL

Présent	Passé 1re forme	Passé 2e forme
je lirais	j' aurais lu	j' eusse lu
tu lirais	tu aurais lu	tu eusses lu
il lirait	il aurait lu	il eût lu
ns lirions	ns aurions lu	ns eussions lu
vs liriez	vs auriez lu	vs eussiez lu
ils liraient	ils auraient lu	ils eussent lu

IMPÉRATIF

Présent			Passé		
lis	lisons	lisez	aie lu	ayons lu	ayez lu

INFINITIF

Présent	Passé
lire	avoir lu

PARTICIPE

Présent	Passé	Passé composé
lisant	lu, e	ayant lu

76 ÉCRIRE — 3e GROUPE

Ainsi se conjuguent tous les verbes qui se terminent par *-crire.*

INDICATIF

Présent	Passé composé	Imparfait	Plus-que-parfait
j' écris	j' ai écrit	j' écrivais	j' avais écrit
tu écris	tu as écrit	tu écrivais	tu avais écrit
il écrit	il a écrit	il écrivait	il avait écrit
ns écrivons	ns avons écrit	ns écrivions	ns avions écrit
vs écrivez	vs avez écrit	vs écriviez	vs aviez écrit
ils écrivent	ils ont écrit	ils écrivaient	ils avaient écrit

Passé simple	Passé antérieur	Futur simple	Futur antérieur
j' écrivis	j' eus écrit	j' écrirai	j' aurai écrit
tu écrivis	tu eus écrit	tu écriras	tu auras écrit
il écrivit	il eut écrit	il écrira	il aura écrit
ns écrivîmes	ns eûmes écrit	ns écrirons	ns aurons écrit
vs écrivîtes	vs eûtes écrit	vs écrirez	vs aurez écrit
ils écrivirent	ils eurent écrit	ils écriront	ils auront écrit

SUBJONCTIF

Présent	Imparfait	Passé	Plus-que-parfait
que j' écrive	que j' écrivisse	que j' aie écrit	que j' eusse écrit
que tu écrives	que tu écrivisses	que tu aies écrit	que tu eusses écrit
qu' il écrive	qu' il écrivît	qu' il ait écrit	qu' il eût écrit
que ns écrivions	que ns écrivissions	que ns ayons écrit	que ns eussions écrit
que vs écriviez	que vs écrivissiez	que vs ayez écrit	que vs eussiez écrit
qu' ils écrivent	qu' ils écrivissent	qu' ils aient écrit	qu' ils eussent écrit

CONDITIONNEL

Présent	Passé 1re forme	Passé 2e forme
j' écrirais	j' aurais écrit	j' eusse écrit
tu écrirais	tu aurais écrit	tu eusses écrit
il écrirait	il aurait écrit	il eût écrit
ns écririons	ns aurions écrit	ns eussions écrit
vs écririez	vs auriez écrit	vs eussiez écrit
ils écriraient	ils auraient écrit	ils eussent écrit

IMPÉRATIF

Présent			Passé		
écris	écrivons	écrivez	aie écrit	ayons écrit	ayez écrit

INFINITIF

Présent	Passé
écrire	avoir écrit

PARTICIPE

Présent	Passé	Passé composé
écrivant	écrit, te	ayant écrit

RIRE

3e GROUPE

Ainsi se conjugue le verbe *sourire.*
Remarque : noter le participe passé invariable des deux verbes *(elles se sont souri en se reconnaissant* et *ils se sont ri des difficultés).*
Aux deux premières personnes du pluriel de l'imparfait de l'indicatif et du présent du subjonctif, ne pas oublier les deux *i*, un pour le radical et un pour la terminaison.

INDICATIF

Présent	Passé composé
je ris	j' ai ri
tu ris	tu as ri
il rit	il a ri
ns rions	ns avons ri
vs riez	vs avez ri
ils rient	ils ont ri

Imparfait	Plus-que-parfait
je riais	j' avais ri
tu riais	tu avais ri
il riait	il avait ri
ns riions	ns avions ri
vs riiez	vs aviez ri
ils riaient	ils avaient ri

Passé simple	Passé antérieur
je ris	j' eus ri
tu ris	tu eus ri
il rit	il eut ri
ns rîmes	ns eûmes ri
vs rîtes	vs eûtes ri
ils rirent	ils eurent ri

Futur simple	Futur antérieur
je rirai	j' aurai ri
tu riras	tu auras ri
il rira	il aura ri
ns rirons	ns aurons ri
vs rirez	vs aurez ri
ils riront	ils auront ri

SUBJONCTIF

Présent	Imparfait
que je rie	que je risse
que tu ries	que tu risses
qu' il rie	qu' il rît
que ns riions	que ns rissions
que vs riiez	que vs rissiez
qu' ils rient	qu' ils rissent

Passé	Plus-que-parfait
que j' aie ri	que j' eusse ri
que tu aies ri	que tu eusses ri
qu' il ait ri	qu' il eût ri
que ns ayons ri	que ns eussions ri
que vs ayez ri	que vs eussiez ri
qu' ils aient ri	qu' ils eussent ri

CONDITIONNEL

Présent	Passé 1re forme	Passé 2e forme
je rirais	j' aurais ri	j' eusse ri
tu rirais	tu aurais ri	tu eusses ri
il rirait	il aurait ri	il eût ri
ns ririons	ns aurions ri	ns eussions ri
vs ririez	vs auriez ri	vs eussiez ri
ils riraient	ils auraient ri	ils eussent ri

IMPÉRATIF

Présent			Passé		
ris	rions	riez	aie ri	ayons ri	ayez ri

INFINITIF

Présent	Passé
rire	avoir ri

PARTICIPE

Présent	Passé	Passé composé
riant	ri	ayant ri

78 CONDUIRE 3ᵉ GROUPE

Ainsi se conjuguent tous les verbes en *-uire*, sauf *bruire* (voir remarque modèle **20**). *Luire, reluire, nuire* ont un participe passé invariable en *-ui (lui, relui, nui).*

INDICATIF

Présent	Passé composé	Imparfait	Plus-que-parfait
je conduis	j' ai conduit	je conduisais	j' avais conduit
tu conduis	tu as conduit	tu conduisais	tu avais conduit
il conduit	il a conduit	il conduisait	il avait conduit
ns conduisons	ns avons conduit	ns conduisions	ns avions conduit
vs conduisez	vs avez conduit	vs conduisiez	vs aviez conduit
ils conduisent	ils ont conduit	ils conduisaient	ils avaient conduit

Passé simple	Passé antérieur	Futur simple	Futur antérieur
je conduisis	j' eus conduit	je conduirai	j' aurai conduit
tu conduisis	tu eus conduit	tu conduiras	tu auras conduit
il conduisit	il eut conduit	il conduira	il aura conduit
ns conduisîmes	ns eûmes conduit	ns conduirons	ns aurons conduit
vs conduisîtes	vs eûtes conduit	vs conduirez	vs aurez conduit
ils conduisirent	ils eurent conduit	ils conduiront	ils auront conduit

SUBJONCTIF

Présent	Imparfait	Passé	Plus-que-parfait
que je conduise	que je conduisisse	que j' aie conduit	que j' eusse conduit
que tu conduises	que tu conduisisses	que tu aies conduit	que tu eusses conduit
qu' il conduise	qu' il conduisît	qu' il ait conduit	qu' il eût conduit
que ns conduisions	que ns conduisissions	que ns ayons conduit	que ns eussions conduit
que vs conduisiez	que vs conduisissiez	que vs ayez conduit	que vs eussiez conduit
qu' ils conduisent	qu' ils conduisissent	qu' ils aient conduit	qu' ils eussent conduit

CONDITIONNEL

Présent	Passé 1ʳᵉ forme	Passé 2ᵉ forme
je conduirais	j' aurais conduit	j' eusse conduit
tu conduirais	tu aurais conduit	tu eusses conduit
il conduirait	il aurait conduit	il eût conduit
ns conduirions	ns aurions conduit	ns eussions conduit
vs conduiriez	vs auriez conduit	vs eussiez conduit
ils conduiraient	ils auraient conduit	ils eussent conduit

IMPÉRATIF

Présent			Passé		
conduis	conduisons	conduisez	aie conduit	ayons conduit	ayez conduit

INFINITIF

Présent	Passé
conduire	avoir conduit

PARTICIPE

Présent	Passé	Passé composé
conduisant	conduit, te	ayant conduit

79 BOIRE — 3e GROUPE

Boire est le seul verbe à se conjuguer sur ce modèle.

INDICATIF

Présent	Passé composé
je bois	j' ai bu
tu bois	tu as bu
il boit	il a bu
ns buvons	ns avons bu
vs buvez	vs avez bu
ils boivent	ils ont bu
Imparfait	**Plus-que-parfait**
je buvais	j' avais bu
tu buvais	tu avais bu
il buvait	il avait bu
ns buvions	ns avions bu
vs buviez	vs aviez bu
ils buvaient	ils avaient bu
Passé simple	**Passé antérieur**
je bus	j' eus bu
tu bus	tu eus bu
il but	il eut bu
ns bûmes	ns eûmes bu
vs bûtes	vs eûtes bu
ils burent	ils eurent bu
Futur simple	**Futur antérieur**
je boirai	j' aurai bu
tu boiras	tu auras bu
il boira	il aura bu
ns boirons	ns aurons bu
vs boirez	vs aurez bu
ils boiront	ils auront bu

SUBJONCTIF

Présent	Imparfait
que je boive	que je busse
que tu boives	que tu busses
qu' il boive	qu' il bût
que ns buvions	que ns bussions
que vs buviez	que vs bussiez
qu' ils boivent	qu' ils bussent
Passé	**Plus-que-parfait**
que j' aie bu	que j' eusse bu
que tu aies bu	que tu eusses bu
qu' il ait bu	qu' il eût bu
que ns ayons bu	que ns eussions bu
que vs ayez bu	que vs eussiez bu
qu' ils aient bu	qu' ils eussent bu

CONDITIONNEL

Présent	Passé 1re forme	Passé 2e forme
je boirais	j' aurais bu	j' eusse bu
tu boirais	tu aurais bu	tu eusses bu
il boirait	il aurait bu	il eût bu
ns boirions	ns aurions bu	ns eussions bu
vs boiriez	vs auriez bu	vs eussiez bu
ils boiraient	ils auraient bu	ils eussent bu

IMPÉRATIF

Présent			Passé		
bois	buvons	buvez	aie bu	ayons bu	ayez bu

INFINITIF

Présent	Passé
boire	avoir bu

PARTICIPE

Présent	Passé	Passé composé
buvant	bu, e	ayant bu

80 CONCLURE 3e GROUPE

Ainsi se conjuguent *exclure* et *inclure*, mais ce dernier a un participe passé en *-us* : *inclus, incluse.*

Remarque : au futur simple, veiller à ne pas conjuguer ces verbes comme des verbes en *-uer* du 1er groupe *(diluer → vous diluerez / conclure → vous conclurez).*

INDICATIF

Présent	Passé composé
je conclus	j' ai conclu
tu conclus	tu as conclu
il conclut	il a conclu
ns concluons	ns avons conclu
vs concluez	vs avez conclu
ils concluent	ils ont conclu
Imparfait	**Plus-que-parfait**
je concluais	j' avais conclu
tu concluais	tu avais conclu
il concluait	il avait conclu
ns concluions	ns avions conclu
vs concluiez	vs aviez conclu
ils concluaient	ils avaient conclu
Passé simple	**Passé antérieur**
je conclus	j' eus conclu
tu conclus	tu eus conclu
il conclut	il eut conclu
ns conclûmes	ns eûmes conclu
vs conclûtes	vs eûtes conclu
ils conclurent	ils eurent conclu
Futur simple	**Futur antérieur**
je conclurai	j' aurai conclu
tu concluras	tu auras conclu
il conclura	il aura conclu
ns conclurons	ns aurons conclu
vs conclurez	vs aurez conclu
ils concluront	ils auront conclu

SUBJONCTIF

Présent
que je conclue
que tu conclues
qu' il conclue
que ns concluions
que vs concluiez
qu' ils concluent
Imparfait
que je conclusse
que tu conclusses
qu' il conclût
que ns conclussions
que vs conclussiez
qu' ils conclussent
Passé
que j' aie conclu
que tu aies conclu
qu' il ait conclu
que ns ayons conclu
que vs ayez conclu
qu' ils aient conclu
Plus-que-parfait
que j' eusse conclu
que tu eusses conclu
qu' il eût conclu
que ns eussions conclu
que vs eussiez conclu
qu' ils eussent conclu

CONDITIONNEL

Présent	Passé 1re forme	Passé 2e forme
je conclurais	j' aurais conclu	j' eusse conclu
tu conclurais	tu aurais conclu	tu eusses conclu
il conclurait	il aurait conclu	il eût conclu
ns conclurions	ns aurions conclu	ns eussions conclu
vs concluriez	vs auriez conclu	vs eussiez conclu
ils concluraient	ils auraient conclu	ils eussent conclu

IMPÉRATIF

Présent			Passé		
conclus	concluons	concluez	aie conclu	ayons conclu	ayez conclu

INFINITIF / PARTICIPE

INFINITIF Présent	INFINITIF Passé	PARTICIPE Présent	PARTICIPE Passé	PARTICIPE Passé composé
conclure	avoir conclu	concluant	conclu, e	ayant conclu

81 CLORE 3e GROUPE

Clore prend un accent circonflexe sur le *o* qui précède *t*. Pour les verbes *éclore* et *enclore* qui se conjuguent sur ce modèle, certains dictionnaires donnent les formes avec un accent circonflexe, d'autres sans. Pour mettre fin à ces hésitations, les rectifications de l'orthographe de 1990 proposent d'écrire toutes les formes sans accent circonflexe.

Remarque : *éclore* ne s'emploie qu'à la 3e personne alors que *enclore* se rencontre aux deux premières personnes du pluriel *(nous enclosons, vous enclosez)*.

INDICATIF

Présent	Passé composé
je clos	j' ai clos
tu clos	tu as clos
il clôt	il a clos
inusité	ns avons clos
inusité	vs avez clos
ils closent	ils ont clos

Imparfait	Plus-que-parfait
inusité	j' avais clos
	tu avais clos
	il avait clos
	ns avions clos
	vs aviez clos
	ils avaient clos

Passé simple	Passé antérieur
inusité	j' eus clos
	tu eus clos
	il eut clos
	ns eûmes clos
	vs eûtes clos
	ils eurent clos

Futur simple	Futur antérieur
je clorai	j' aurai clos
tu cloras	tu auras clos
il clora	il aura clos
ns clorons	ns aurons clos
vs clorez	vs aurez clos
ils cloront	ils auront clos

SUBJONCTIF

Présent	Imparfait
que je close	*inusité*
que tu closes	
qu' il close	
que ns closions	
que vs closiez	
qu' ils closent	

Passé	Plus-que-parfait
que j' aie clos	que j' eusse clos
que tu aies clos	que tu eusses clos
qu' il ait clos	qu' il eût clos
que ns ayons clos	que ns eussions clos
que vs ayez clos	que vs eussiez clos
qu' ils aient clos	qu' ils eussent clos

CONDITIONNEL

Présent	Passé 1re forme	Passé 2e forme
je clorais	j' aurais clos	j' eusse clos
tu clorais	tu aurais clos	tu eusses clos
il clorait	il aurait clos	il eût clos
ns clorions	ns aurions clos	ns eussions clos
vs cloriez	vs auriez clos	vs eussiez clos
ils cloraient	ils auraient clos	ils eussent clos

IMPÉRATIF

Présent		Passé		
clos	*inusité*	aie clos	ayons clos	ayez clos

INFINITIF

Présent	Passé
clore	avoir clos

PARTICIPE

Présent	Passé	Passé composé
closant	clos, se	ayant clos

82 FAIRE 3e GROUPE

Faire et les verbes de sa famille ont la particularité d'avoir leur 2e personne du pluriel du présent de l'indicatif et de l'impératif en *-tes*, et non en *-ez*.
Remarque : noter la prononciation [fə] pour la 1re personne du pluriel du présent de l'indicatif, pour toutes les formes de l'imparfait de l'indicatif, pour la 1re personne du pluriel de l'impératif et pour le participe présent.

INDICATIF

Présent	Passé composé
je fais	j' ai fait
tu fais	tu as fait
il fait	il a fait
ns faisons	ns avons fait
vs faites	vs avez fait
ils font	ils ont fait

Imparfait	Plus-que-parfait
je faisais	j' avais fait
tu faisais	tu avais fait
il faisait	il avait fait
ns faisions	ns avions fait
vs faisiez	vs aviez fait
ils faisaient	ils avaient fait

Passé simple	Passé antérieur
je fis	j' eus fait
tu fis	tu eus fait
il fit	il eut fait
ns fîmes	ns eûmes fait
vs fîtes	vs eûtes fait
ils firent	ils eurent fait

Futur simple	Futur antérieur
je ferai	j' aurai fait
tu feras	tu auras fait
il fera	il aura fait
ns ferons	ns aurons fait
vs ferez	vs aurez fait
ils feront	ils auront fait

SUBJONCTIF

Présent	Imparfait
que je fasse	que je fisse
que tu fasses	que tu fisses
qu' il fasse	qu' il fît
que ns fassions	que ns fissions
que vs fassiez	que vs fissiez
qu' ils fassent	qu' ils fissent

Passé	Plus-que-parfait
que j' aie fait	que j' eusse fait
que tu aies fait	que tu eusses fait
qu' il ait fait	qu' il eût fait
que ns ayons fait	que ns eussions fait
que vs ayez fait	que vs eussiez fait
qu' ils aient fait	qu' ils eussent fait

CONDITIONNEL

Présent	Passé 1re forme	Passé 2e forme
je ferais	j' aurais fait	j' eusse fait
tu ferais	tu aurais fait	tu eusses fait
il ferait	il aurait fait	il eût fait
ns ferions	ns aurions fait	ns eussions fait
vs feriez	vs auriez fait	vs eussiez fait
ils feraient	ils auraient fait	ils eussent fait

IMPÉRATIF

Présent			Passé		
fais	faisons	faites	aie fait	ayons fait	ayez fait

INFINITIF

Présent	Passé
faire	avoir fait

PARTICIPE

Présent	Passé	Passé composé
faisant	fait, te	ayant fait

83 ALLER 3e GROUPE

L'impératif singulier s'écrit sans *s (va)* sauf si le verbe est suivi du pronom complément *y (vas-y)*.
S'en aller se conjugue comme *aller*. Noter la 2e personne du singulier de l'impératif présent avec élision du pronom réfléchi : *va-t'en.*

INDICATIF

Présent	Passé composé	
je vais	je suis	allé
tu vas	tu es	allé
il va	il est	allé
ns allons	ns sommes	allés
vs allez	vs êtes	allés
ils vont	ils sont	allés
Imparfait	**Plus-que-parfait**	
j' allais	j' étais	allé
tu allais	tu étais	allé
il allait	il était	allé
ns allions	ns étions	allés
vs alliez	vs étiez	allés
ils allaient	ils étaient	allés
Passé simple	**Passé antérieur**	
j' allai	je fus	allé
tu allas	tu fus	allé
il alla	il fut	allé
ns allâmes	ns fûmes	allés
vs allâtes	vs fûtes	allés
ils allèrent	ils furent	allés
Futur simple	**Futur antérieur**	
j' irai	je serai	allé
tu iras	tu seras	allé
il ira	il sera	allé
ns irons	ns serons	allés
vs irez	vs serez	allés
ils iront	ils seront	allés

SUBJONCTIF

Présent	
que j' aille	
que tu ailles	
qu' il aille	
que ns allions	
que vs alliez	
qu' ils aillent	
Imparfait	
que j' allasse	
que tu allasses	
qu' il allât	
que ns allassions	
que vs allassiez	
qu' ils allassent	
Passé	
que je sois	allé
que tu sois	allé
qu' il soit	allé
que ns soyons	allés
que vs soyez	allés
qu' ils soient	allés
Plus-que-parfait	
que je fusse	allé
que tu fusses	allé
qu' il fût	allé
que ns fussions	allés
que vs fussiez	allés
qu' ils fussent	allés

CONDITIONNEL

Présent	Passé 1re forme		Passé 2e forme	
j' irais	je serais	allé	je fusse	allé
tu irais	tu serais	allé	tu fusses	allé
il irait	il serait	allé	il fût	allé
ns irions	ns serions	allés	ns fussions	allés
vs iriez	vs seriez	allés	vs fussiez	allés
ils iraient	ils seraient	allés	ils fussent	allés

IMPÉRATIF

Présent			Passé		
va	allons	allez	sois allé	soyons allés	soyez allés

INFINITIF

Présent	Passé
aller	être allé

PARTICIPE

Présent	Passé	Passé composé
allant	allé, e	étant allé

INDEX DES VERBES

Les nombres indiqués ici en couleur correspondent aux numéros des tableaux de conjugaison types.
Les verbes en gras sont les verbes modèles.

A

abaisser ... 3
abandonner ... 3
abasourdir ... 20
abâtardir ... 20
abattre ... 62
abcéder (s') ... 9
abdiquer ... 3
abêtir ... 20
abhorrer ... 3
abîmer ... 3
abjurer ... 3
abolir ... 20
abominer ... 3
abonder ... 3
abonner ... 3
abonnir ... 20
aborder ... 3
aboucher ... 3
abouler ... 3
abouter ... 3
aboutir ... 20
aboyer ... 18
abraser ... 3
abréger ... 10
abreuver ... 3
abriter ... 3
abroger ... 7
abrutir ... 20
absenter (s') ... 3
absorber ... 3
absoudre ... 57
abstenir (s') ... 27
abstraire ... 69
abuser ... 3
acagnarder (s') ... 3
accabler ... 3
accaparer ... 3
accastiller ... 3
accéder ... 9
accélérer ... 9
accentuer ... 3
accepter ... 3
accessoiriser ... 3
accidenter ... 3
acclamer ... 3
acclimater ... 3
accointer (s') ... 3
accoler ... 3
accommoder ... 3
accompagner ... 3
accomplir ... 20
accorder ... 3
accoster ... 3
accoter ... 3
accoucher ... 3
accouder (s') ... 3
accoupler ... 3
accourir ... 25
accoutrer ... 3
accoutumer ... 3
accréditer ... 3
accrocher ... 3
accroire ... 67
accroître ... 66
accroupir (s') ... 20
accueillir ... 30
acculer ... 3
acculturer ... 3
accumuler ... 3
accuser ... 3
acérer ... 9
acétifier ... 4
achalander ... 3
acharner (s') ... 3
acheminer ... 3
acheter ... 15
achever ... 11
achopper ... 3
achromatiser ... 3
acidifier ... 4
aciduler ... 3
aciérer ... 9
acoquiner (s') ... 3
acquérir ... 28
acquiescer ... 6
acquitter ... 3
acter ... 3
actionner ... 3
activer ... 3
actualiser ... 3
adapter ... 3
additionner ... 3
adhérer ... 9
adjectiver ... 3
adjoindre ... 56
adjuger ... 7
adjurer ... 3
admettre ... 63
administrer ... 3
admirer ... 3
admonester ... 3
adonner (s') ... 3
adopter ... 3
adorer ... 3
adosser ... 3
adouber ... 3
adoucir ... 20
adresser ... 3
adsorber ... 3
aduler ... 3
adultérer ... 9
advenir ... 27
aérer ... 9
affabuler ... 3
affadir ... 20
affaiblir ... 20
affairer (s') ... 3
affaisser ... 3
affaler ... 3
affamer ... 3
affecter ... 3
affectionner ... 3
affermer ... 3
affermir ... 20
afficher ... 3
affiler ... 3
affilier ... 4
affiner ... 3
affirmer ... 3
affleurer ... 3
affliger ... 7
afflouer ... 3
affluer ... 3
affoler ... 3
affouiller ... 3
affour(r)ager ... 7
affourcher ... 3
affranchir ... 20
affréter ... 9
affriander ... 3
affrioler ... 3
affronter ... 3
affubler ... 3
affurer ... 3
affûter ... 3
africaniser ... 3

Index des verbes

Index des verbes

C

G

H

Index des verbes

J

N

O

P

Index des verbes

Q

R

S

W

Y

Z

INDEX DES NOTIONS CLÉS

A

B

C

D

E

F

G

H

I J K

Q

R

S

T

U V

X Y Z

Alphabet phonétique

12 voyelles			
[a]	**a**mi ; m**a**t	[ɔ]	s**o**rt ; d**o**nner
[ɑ]	m**â**t ; b**as**	[ø]	bl**eu** ; n**œu**d
[e]	caf**é** ; parl**er**	[œ]	b**eu**rre ; **œ**uf
[ɛ]	m**è**re ; b**e**lle ; f**ê**te	[ə]	ch**e**min ; r**e**voir
[i]	**i**c**i** ; pl**i**	[u]	f**ou** ; g**oû**t
[o]	s**o**t ; **eau** ; r**ô**le	[y]	**u**ser ; m**û**r

4 voyelles nasales			
[ɑ̃]	bl**an**c ; v**en**dre	[œ̃]	br**un** ; parf**um**
[ɛ̃]	f**in** ; pl**ein** ; p**ain**	[ɔ̃]	m**on**de ; s**om**bre

3 semi-consonnes (ou semi-voyelles)			
[j]	**y**aourt ; ra**il** ; r**i**en	[ɥ]	n**u**it ; l**u**i
[w]	**ou**i ; r**ou**age		

17 consonnes			
[b]	**b**ar**b**e ; ta**b**le	[ʀ]	**r**a**r**e ; pou**r**
[k]	**c**ave ; mar**qu**er ; s**k**i	[s]	**s**ur ; tra**c**e ; le**ç**on
[d]	**d**ur ; su**d**	[t]	**t**ous ; re**t**ard
[f]	**f**eu ; **ph**oto	[v]	**v**i**v**re ; **w**agon
[g]	**g**ant ; va**gu**e	[z]	ro**s**e ; **z**éro
[l]	**l**une ; rou**l**er ; vi**ll**e	[ʃ]	**ch**at ; ri**ch**e
[m]	**m**ain ; per**m**is	[ʒ]	**j**eton ; man**g**er
[n]	**n**avire ; fari**n**e	[ɲ]	vi**gn**e ; a**gn**eau
[p]	**p**oule ; ta**p**er		

Remarque : les deux phonèmes [ɛ̃] et [œ̃] tendent à être confondus dans beaucoup de régions.

Achevé d'imprimer en Italie par Europrinting
Dépôt légal: Juillet 2010 - Edition:02 16/0060/0